LOS PROFETAS
DEL
ANTIGUO TESTAMENTO

LOS PROFETAS
DEL
ANTIGUO TESTAMENTO

Por
Kyle M. Yates

Traducción libre por
Simón Corona

EDITORIAL MUNDO HISPANO

EDITORIAL MUNDO HISPANO

7000 Alabama Street, El Paso, TX 79904, EE. UU. de A.

www.editorialmundohispano.org

Nuestra pasión: Comunicar el mensaje de Jesucristo y facilitar la formación de discípulos por medios impresos y electrónicos.

Primera edición: 1954
Décimonovena edición: 2019

Clasificación Decimal Dewey: 224

Temas: 1. Biblia. A.T. Profetas
2. Profetas

ISBN: 978-0-311-04026-1
EMH Núm. 04026

500 2 19

Impreso en Colombia
Printed in Colombia

PREFACIO

Los profetas del Antiguo Testamento fueron predicadores definidos, de gran valor y de un dinamismo casi incomparable. Veintinueve centurias de predicación o de conocimiento acerca de ella, son lapso más que suficiente para aprender mucho de su estilo, predicación y carácter. Sus escritos están al alcance de todos, y han proveído rico y abundante material para una predicación atractiva y eficaz. Las verdades presentadas en sus escritos son las mismas que las generaciones de cualquier época necesitan.

Este libro es el producto de 20 años de experiencia en la enseñanza del Antiguo Testamento en los salones de clase. Grupos entusiastas de estudiantes se han asociado en una investigación lo más amplia posible, para buscar y determinar la abundancia y el valor de la predicación que de ellos se puede derivar. Muchos de los ya graduados en los diversos seminarios y universidades, han hecho muy valiosas contribuciones con sus esfuerzos a esta magna y preciosa tarea. Conozco varios resultados de las investigaciones y el arreglo de ellas, en que se pone el material más valioso al alcance de la mano de los maestros, de los ocupados ministros del evangelio o de los estudiantes, a fin de hacer accesible a ellos de manera fácil y conveniente el gran acervo de verdades tan buenas y útiles en los días de los profetas, pero a la vez tan necesarias en nuestros tiempos.

He procurado guiar hasta donde me ha sido posible, a la mayor claridad en los asuntos críticos y problemas que naturalmente se han suscitado en conexión con el estudio de alguno de los profetas. Será fácil obtener material sobre estos problemas en cualquiera de las buenas introducciones de general aceptación. El propósito principal aquí, es presentar un panorama general de las condiciones religiosas, éticas, políticas, geográficas, históricas y sociales; una descripción del autor; el contenido de su mensaje, las enseñanzas de valor permanente que puedan ser proclamadas en nuestro día. Si estos estudios logran añadir poder y eficiencia a los esfuerzos de nuestros predicadores y maestros en su tarea de instrucción popular, habremos alcanzado nuestro propósito.

Kyle M. Yates

Septiembre 1 de 1942.
Louisville, Kentucky.

CONTENIDO

Sociales
Religiosos
El Hombre
  Su Habilitación
  Su Obra
  Su Carácter
Lecciones Prácticas de Valor Permanente

Antecedentes
  Políticos
  Sociales
  Religiosos
El Hombre
  Los Hechos de su Vida
  Su Carácter
  Su Contribución a la Causa de Jehová
  Una Apreciación del Hombre
Lecciones Prácticas de Valor Permanente

Antecedentes
  Históricos y Políticos
  Condiciones Sociales
  Condiciones Religiosas
El Hombre de Dios
  Su Hogar
  Su Habilitación
  Su Preparación
  Su Llamamiento
  Su Misión
  Su Vida Personal

Su Carácter
Valuación Personal
El Libro
   El Aspecto Psicológico del Mensaje
   El Estilo
   Bosquejo
   La Integridad del Libro
   El Valor del Libro
Porciones Predicables
   Su Idea Acerca de Dios
   El Peligro del Privilegio
   La Justicia es un Principio Elemental y Eterno
   Descuido e Indiferencia
   Una Adoración que Ofende a Dios
   Lecciones Prácticas de Valor Permanente

Antecedentes
   Históricos y Políticos
   Condiciones Sociales
   Condiciones Religiosas
El Hombre de Dios
   Su Casamiento
   Su Habilitación
   Su Carácter
   Valuación Personal
El Libro
   Introducción
   Bosquejo del Libro
   Integridad del Libro
Porciones Predicables
   Grandes Ideas Religiosas

El Hombre
El Libro
    El Tema
    El Estilo
    Bosquejo
Grandes Ideas Religiosas del Libro
Lecciones Prácticas de Valor Permanente

Antecedentes
El Hombre
El Libro
Lecciones Prácticas de Valor Permanente

La Tierra de Edom
El Profeta
El Libro
    La Ocasión y la Fecha
    Bosquejo
Lecciones Prácticas de Valor Permanente

La Epoca
    En Jerusalem
    En Babilonia
El Hombre
    Su Llamamiento
    Su Misión
    Su Método
    Su Carácter
El Libro
    Introducción

INTRODUCCION

Los profetas del Antiguo Testamento son grandes y dinámicas figuras (del pensamiento) que hablan a la humanidad, lo mismo entonces que ahora, con tremendos desafíos. No hay en todos los campos de la Literatura, de suyo tan vasta y extensa, un grupo de hombres como los profetas, que presente cuadros de tan plenos y vívidos colores. Los estudiantes diligentes hallarán en ellos, aspectos sorprendentes de las condiciones políticas, sociales y religiosas en el período del Antiguo Testamento, que no podrían hallar en otra parte y de ninguna otra manera. Estos hombres de Dios nos dan una interpretación de la Historia, que nosotros no hubiéramos podido producir si aquélla se hubiera perdido; ni hubiéramos podido ver, y mucho menos apreciar, el desenvolvimiento gradual de los eternos propósitos de Dios en relación con su pueblo escogido.

Los escritos proféticos arrojan brillantes haces de luz sobre los problemas de nuestros días y las situaciones especialmente, malas y peligrosas de nuestro mundo, anunciando los eternos y santos propósitos de Dios y su providencia divina, que operan donde quiera que prevalecen circunstancias idénticas o similares. Constituye una verdad indiscutible, afirmar que los planes de Dios son tan reales y verdaderos, como lo fueron en la época del Antiguo Testamento. Si somos ahora culpables de los mismos pecados en que cayeron los antiguos, estemos seguros de que seremos objeto del mismo castigo. Es para cada investigador, tarea relativamente fácil, echar mano de la Palabra de Dios en nuestro día y analizar la situación y hallar en los términos de las antiguas Escrituras de Dios, las prescripciones para corregir una situación similar.

Un estudio cuidadoso del carácter y temperamento de estos hombres, influirá segura y provechosamente para modelar nuestras vidas de acuerdo con sus normas. Después de un examen minucioso de su personalidad, tendremos una concepción austera de su elevada conducta moral. Nuestra presentación de la verdad adquirirá nuevos matices, nuestra imaginación depurada cobrará nueva actividad. Reconociendo la cercanía de Dios a nosotros, saldremos a ocupar nuestros lugares de honor como campeones contra la opresión ejercida por los déspotas de la tierra, preparados y dispuestos a permanecer aun solos en nuestra empresa, teniendo por compañero a Dios a quien debemos ser fieles hasta el fin. Cuando comprendamos que somos pueblo escogido de Dios, nuestra vida llegará a tener un nuevo significado, con un incontenible deseo de hacer su voluntad.

Un estudio del desenvolvimiento gradual de los planes de Dios, nos conducirá directamente a Cristo, como el perfecto cumplimiento de la profecía. El toma el sitio de honor como el Rey de reyes, como el Señor de señores, como el Gran Sacerdote; el Siervo suficiente que sufrió nuestros pecados en su propio cuerpo en la Cruz. Este es indudablemente un estudio maravilloso. Quiera el Espíritu Santo conducirnos a lo largo de estas consideraciones.

LOS NOMBRES APLICADOS A LOS PROFETAS

Algunos nombres fueron usados como títulos distintivos para estos hombres de Dios, los cuales siempre que hablaban al pueblo, eran portadores de un mensaje distintivamente divino.

La palabra *Ro'eh*, "Vidente", se halla once veces en el Antiguo Testamento para describir al profeta, como un hombre de percepciones espirituales excepcionales. El término indica la visión penetrante característica en la mayoría de los profetas. Samuel fue un vidente que alcanzó gran reputación en su comunidad, considerado como un hombre singularmente afortunado, por el hecho de haber sido favorecido por Dios, dándole algunas respuestas sobre lo desconocido.

La palabra *Chozeh* se registra 22 veces en el Antiguo Testamento para denotar la misma idea de un vidente, o de uno que llevaba una vida religiosa contemplativa. Balaam, Gad, y algunos otros de los escritores son llamados con estos nombres. Las funciones de vidente y excrutador de lo futuro de los profetas primitivos, alcanzaron su más alta expresión en los profetas posteriores. Ambos títulos dan énfasis al modo en que los profetas recibían los mensajes en vez de darlo a la calidad de ellos como portavoces de ese mensaje.

La palabra *Nabhi* hallada 300 veces en el Antiguo Testamento, pone la fuerza e importancia en la expresión del mensaje y no en la visión. No debemos dogmatizar acerca del origen de la palabra, porque probablemente viene de un pronombre de la antigua raíz semítica Naba, cuyo significado es: "publicar, proclamar, hablar".

Hay una notable similitud entre este verbo y sus co-

rrelativos en el asirio y el árabe, con algunas de sus sig-
nificaciones. En el árabe, parece referirse a la manifestación o proclamación de un mensaje especial, comunicado por una persona, también especialmente elegida
para anunciarlo. En Exodo 7:1, Moisés desempeña al
lado de Aarón su hermano, el papel de un profeta. En
Deuteronomio 18:18; Jeremías 1:9 y 15:19, se habla
del profeta, en general, como de un hombre calificado
por Dios, y comisionado para proclamar la verdad del
Señor al hombre. La palabra "profeta" en español, y la
misma palabra expresada en el griego "propheetes", describen a una persona que no habla por sí misma sino en
nombre de otra. La idea de predicción de eventos futuros cercanos o remotos, está a la simple vista en todo el
Antiguo Testamento. Sin embargo, los profetas fueron
en primer lugar y prominentemente cada uno en su propia esfera, maestros y predicadores; testigos del Altísimo a la vez que vaticinadores de lo futuro.

Los profetas fueron designados, o conocidos, con otros
muchos nombres tales como: atalaya, hombre de Dios,
siervo de Jehová, mensajero de Dios, intérprete y hombre del Espíritu. Cada uno de estos nombres, se usó en
conexión con determinadas circunstancias y condiciones
peculiares de ciertas regiones o de la nación. Quizá el
título mejor aplicado, era el de: "intérprete", porque interpretar la voluntad de Dios al hombre, era la tarea
primordial del profeta.

SEÑALES INHERENTES AL PROFETA VERDADERO

¿Cómo debería ser reconocido el profeta? ¿Cuáles
eran las señales distintivas que lo caracterizaban?

1. La primera señal que había que descubrir en él,

era su individualismo único, y su carácter austero e independiente que no transigía con el hombre, con el pecado ni con las circunstancias.

2. La convicción inseparable de todo profeta legítimo, de haber sido llamado por Dios y comisionado por él en las tareas divinas. Debería realizar en su propia experiencia, que era no menos que el portavoz del Señor, y que las indicaciones de Dios deberían ser estricta y fielmente cumplidas.

3. Tener conciencia plena del privilegio de participar en el Consejo divino de Jehová. Debía estar caracterizado por una comunión vital y constante con Dios, por cuanto era el portador de los secretos del Arcano divino supremamente necesarios para el hombre.

4. El verdadero profeta se distinguía también por su disposición pronta para actuar enérgicamente en ocasiones, en circunstancias y en asuntos, en los que los demás no se atrevían a poner su mano. Por su fortaleza física, pero más por su carácter moral, atraían la atención de las muchedumbres en cualquier parte. Por su destacada sensibilidad moral, y la elevada concepción espiritual de la vida, chocaban espontáneamente con las gentes cuyas ideas rayaban en la vulgaridad y el egoísmo, despertándose contra ellos la oposición en todas partes.

5. Los profetas llamados por Dios, tenían conciencia bien establecida de la presencia de la autoridad divina en ellos, bajo cualquier circunstancia y aun en las emergencias y pruebas más tremendas. Es verdad generalmente aceptada, que frecuentemente quedaron solos en el escenario de la lucha, teniendo, prácticamente, por enemigos, a todos sus contemporáneos incluyendo en éstos a veces, aun a los caudillos religiosos (sacerdotes y

profetas convencionalistas) quienes siempre estaban dispuestos a transigir con el populacho y a seguir la corriente, camino proverbial de la menor resistencia.

6. El profeta de Dios, era un hombre de constante, poderosa y ferviente oración. Su vida austera y solitaria, le proporcionaba la oportunidad de mantenerse en relación diaria con su Dios.

7. Todo profeta auténtico, fue consagrado, limpio en su carácter. En toda la línea profética, con todo y ser tan larga, no hallamos ni la más leve señal de inmoralidad, que justifique la crítica que de algunos de ellos hacen ciertos críticos mordaces. Cada uno vivió una vida separada de los otros, pero siempre límpida.

8. Todo profeta que mereció este honroso nombre, criticó invariablemente los males sociales. No escaparon a su admonición perturbadora: reyes, sacerdotes, príncipes, ancianos, nobles y jueces, a quienes valerosa y hasta temerariamente denunciaron. No hablaron lenguaje abstracto ni se detuvieron en inútiles especulaciones. Guiados por la voluntad divina, levantaron su voz en airada y violenta protesta contra toda persona o institución que debía ser denunciada.

9. Era, finalmente, el profeta de Dios, un agente revelador del futuro al pueblo. Es verdad indudablemente establecida, que su trabajo principal era la predicación y enseñanza concernientes a su tiempo, y a su época, pero no hemos de perder de vista la idea de que una buena parte de su ministerio, consistió en revelar lo que Jehová se proponía para el futuro.

EL ORDEN DEL LLAMAMIENTO DE LOS PROFETAS

Es imposible dar en un orden preciso, la fecha exacta en que cada uno de estos hombres de Dios hizo entrega de su mensaje a sus contemporáneos. Vamos a dar una lista de ellos con las fechas aproximadas. Un estudio más o menos detallado de los hechos y las circunstancias nos autorizan a indicar el orden siguiente:

Profetas Primitivos:

Moisés	De 1447 a 1400 A. de C. En Egipto y el desierto.			
Samuel	En	1100		En Israel.
Elías	En	870		En Israel.
Eliseo	En	850		En Israel.
Joel	De	835 a	820	En Jerusalem.
Jonás	En	800		En Israel.

Profeta de la Octava Centuria:

Amós	En	760		En Israel.
Oseas	En	745		En Israel.
Isaías	De	740 a	698	En Jerusalem.
Miqueas	En	735		En Jerusalem.

Profetas de la Séptima Centuria:

Sofonías	De	630 a	622·	En Jerusalem.
Jeremías	De	626 a	585	En Jerusalem y Egipto.
Nahum	De	625 a	612	En Jerusalem.
Habacuc	De	610 a	605	En Jerusalem.

Profetas del Exilio:

Ezequiel	En	592	En Babilonia.
Abdías	En	586	En Jerusalem o Babilonia

Profetas de la Restauración:

Haggeo	En	520	En Jerusalem.
Zacarías	En	520	En Jerusalem.
Malaquías	En	435	En Jerusalem.

LA PSICOLOGIA DE LA PROFECIA

¿Cómo recibieron los profetas sus mensajes y cómo hicieron entrega de ellos a sus auditorios? ¿En qué forma participaba Dios en la comunicación de su mensaje a los oyentes? ¿Cómo pueden explicarse los diversos trances o condiciones especiales en que los videntes deberían estar, tales como: el sueño, la contemplación y el éxtasis? En los días primitivos hubo una tendencia muy pronunciada hacia la predicción, el augurio, la clarividencia y la adivinación. En Samuel se manifestaron estas características de clarividencia, en virtud de las cuales pudo solucionar dilemas, encontrar objetos perdidos, escudriñar lo desconocido y contestar preguntas de muy difícil respuesta. Saúl, arrebatado una ocasión por una fuerte emoción religiosa, profetizó juntamente con los videntes. Eliseo inquirió en otra ocasión, acerca de un trovador a fin de que pudiera estar bajo las condiciones requeridas y correctas del espíritu profético.

Estas manifestaciones tempranas inherentes al espíritu de la profecía son completamente superadas en los días postreros de los profetas. Las raíces proféticas cuyas características han sido descritas, y que se remontan a los tiempos primitivos más lejanos, en los días de la profecía hebrea desaparecen por completo. Después de los días de Elías, la profecía hebrea alcanza una gran concisión de pensamiento y un maravilloso crecimiento en su sentido religioso, ético, y espiritual en su naturaleza.

Consideramos como cosa necesaria e importante decir que los profetas al recibir las revelaciones de parte de Dios, no sufrían de manera alguna, pérdida total ni parcial de su personalidad. Permanecían como todo ser normal pero con una conciencia clara, evidente e inequívoca de la dirección divina sobre su personalidad. Tenían una sensibilidad espiritual tan sutil en su alma de que estaban en la mano de Dios, que respondían pronta y espontáneamente a cualquier indicación divina de Jehová. Tenían conciencia plena de su relación vital con el Señor, quien les daba la comunicación directa de su mensaje y la consiguiente responsabilidad de entregarlo fiel y oportunamente al pueblo. El profesor Sampey dice a este respecto: "El proceso mental del profeta, era estimulado y guiado por el Espíritu Santo, que lo investía de poder. La imaginación, la memoria y la razón, permanecían inalterables tanto como su intuición espiritual. El Espíritu de Dios eligió a los hombres según su propósito haciendo un balance completo de sus poderes morales, intelectuales y espirituales. Posiblemente la mente del profeta osciló desde el trance al éxtasis, en cuyos estados mentales el Espíritu presidía y comunicaba la verdad divina. Los profetas de Jehová, se asemejaban muy poco a los derviches con sus movimientos convulsivos y lamentos."[1]

Una de las pruebas mejores acerca del verdadero profeta, era que conservaba un dominio consciente sobre sí, tanto cuando recibía, como cuando pronunciaba el mensaje. No eran instrumentos ciegos e inconscientes al servicio de Dios. Parece que Jeremías puede ser citado como un ejemplo de quien recibió sus mejores y más sublimes revelaciones, mientras más consciente y normal se hallaba. El fue guiado por el Espíritu Santo a sentir y a percibir las verdades más apro-

---

[1] *Syllabus for Old Testament Study*, p. 152.

piadas, necesarias y valiosas para su situación. Completa y normalmente entró en la posesión de la verdad para su tiempo. Ciertamente, él no sacrificó, ni ninguno de los profetas, la conciencia propia.

El profeta de Dios nunca renunció a su personalidad cuando recibía el anuncio oficial de su mensaje, estaba alerta y consciente de las necesidades de sí mismo y de su pueblo. En ningún sentido era un instrumento pasivo; las palabras que fluían de su boca tenían el sello distintivo de la personalidad del mensajero, aunque eran de Dios. Así queda explicada, de paso, la diferencia de estilo en todos los siervos de Dios. Aquellas palabras comunicadas a oídos del profeta, eran verdaderamente el mensaje de Dios a su pueblo, pero comunicado en lenguaje y estilo humanos. Las mismas verdades celestiales fueron comunicadas a Isaías y a Miqueas. Aquél las expresó en un lenguaje retórico y cortesano; en tanto que éste, las manifiesta en un estilo carente de hermosura, llano, casi vulgar. En cada caso, se hallaba el pensamiento completo de Dios, pero manifestado al través de dos personalidades distintas.

EL SACERDOTE Y EL PROFETA

En la historia religiosa del mundo alcanzan prominencia dos poderes mentales: el sacerdotal y el profético. El sacerdote pone el énfasis en el ritual y las ceremonias del culto, hallando verdadero placer en las meras formas de la religión, y difícilmente puede adorar a Dios excepto por medio de elaboradas ceremonias y liturgia. La moral en el sistema sacerdotal, ocupa un lugar importante, pero nunca el primer lugar. El formulismo ha llegado a ser uno de los más censurables y graves pecados religiosos. El profeta, en cambio, pone el énfasis primordial en la vida, la conducta y la moral, como elementos inseparables de ella. El profeta se opone abierta y constantemente a toda persona que cumple negligente y descuidadamente las reglas del deber. Condena la ira, denuncia la lujuria y censura el orgullo e insiste infatigablemente en la aplicación de los eternos principios de la Palabra de Dios a la vida. Para él, la conducta es mucho más importante que las ceremonias. El profeta es un maestro moral, un reformador de la conducta, un "perturbador peligroso" de la mente y corazón humanos. Está en constante oposición y batalla contra el pecado, contra los vicios y las caídas de orden moral, y contra los que pretenden incitar a los hombres contra la santidad de la vida.

En el Nuevo Testamento, Cristo adopta idéntica actitud contra los escribas y fariseos, quienes estaban embrollados en festividades, reglas y ceremonias, que apartaron el corazón del pueblo, de su Dios. El énfasis de Jesús fue el énfasis profético. El sostenía que los hombres deben cambiar sus vidas, y comportarse como criaturas bondadosas, puso el énfasis exactamente, donde el profeta lo colocó: en la vida. Jesús nunca se dio a sí mismo el título de sacerdote. Cuando se invitó a los discípulos a que expresaran las opiniones recogidas entre las gentes acerca de quién era Cristo, lo llamaron con el nombre de algunos de los profetas, pero nunca con alguno de los de los sacerdotes. El autor de la carta a los hebreos habla de él como un sacerdote, pero rápidamente se apresura a decir que no tiene ninguna conexión con la familia sacerdotal, excepto alguna semejanza alegórica con Melchisedec. Cuando el cristianismo perdió por causa de los hombres su simplicidad y pureza originales, y con ella su poder, degenerando en una religión sacerdotal, el énfasis, como era natural esperarlo, fue puesto en el ceremonial. El resultado natural de este cambio fue la erección, en la iglesia, de un ritual lleno de esplendor con una suprema apelación a los sentidos, pero con una negativa insinuación al alma. Estos resultados desastrosos, serán siempre ciertos cuando fallemos en obtener la aplicación vital de la religión verdadera a la conducta de la vida humana.

MOISES

1447 A. de C.

El gran hombre de los tiempos del Antiguo Testamento, es relativamente desconocido para nuestro pueblo en general. Un examen aunque sea ligero de algunos de sus hechos quizá logre despertar algún grado de interés en jóvenes y adultos. La descripción de este hombre, valerosamente abriéndose paso en medio de tantos peligros y dificultades, seguramente cautivará pasajera o permanentemente la admiración de cada uno. La significativa contribución que en materia religiosa él dio a la Biblia, lo coloca en un sitio de prominencia desde donde él llama seria y poderosamente nuestra atención. De él se dice: "Nunca más se levantó profeta en Israel como Moisés, a quien haya conocido Jehová cara a cara." Deut. 34:10.

ANTECEDENTES

Las condiciones políticas de la tierra de Egipto, constituyen el fondo perfecto y el escenario para que en ellos se forjara la gigantesca figura de Moisés. El pequeño grupo de personas introducido por Jacob en la tierra de Egipto, en los días de José, habían alcanzado una multiplicación sorprendente. Durante el gobierno ejercido en Egipto por los Hyksos, o "reyes pastores" los hebreos disfrutaron de libertad, de prosperidad y felicidad ilimitadas.

Cuando la dinastía de estos reyes, amigos de los semitas, fueron depuestos del poder por Amosis I en 1580 A. de C., se estableció un nuevo orden de cosas en la tierra. El primer paso represivo del gobierno contra los Israelitas, fue reducirlos a la esclavitud. El segundo, condenable por inhumano y criminal, consistió en ordenar que todo varón de los hebreos fuera muerto al nacer. Los hebreos en edad de prestar algún servicio o ejecutar algún trabajo, fueron empleados en la construcción de ciudades para el reino. No es posible conocer con exactitud el lapso de la esclavizante condición ni la intensidad de ésta. Algunos investigadores sitúan el éxodo hebreo entre los años 1290 a 1220 A. de C., indicando que el faraón opresor fue Ramesés II. Otro grupo señala el año de 1447 A. de C., como el más evidente. En tal caso, el éxodo se efectuó durante el gobierno de Thotmose que reinó entre 1501 y 1447.

En cualquier caso no hay ninguna duda de que este período fue uno de supremacía egipcia. Las dinastías XVIII y XIX fueron excepcionalmente fuertes. Las cartas del Tell el-Amarna (1375 a 1350 A. de C.) contienen información abundante acerca de las condiciones políticas del mundo entonces conocido, durante estos turbulentos días. En el Norte, el Imperio de los Heteos, rápidamente llegó a convertirse en uno de los poderes mundiales de entonces. En el Este, los Asirios estaban dando señales inequívocas de que pronto llegarían a ser un problema militar.

Condiciones sociales. Moisés nació en medio de una comunidad de esclavos. Los hebreos fueron obligados a hacer trabajos forzados en el programa de expansión del gobierno, viviendo en condiciones que de ningún modo pueden considerarse como buenas. Por muchísimos años, la vida de los israelitas consistió en apacentar sus ganados, en el cultivo de la tierra en pequeña escala y en el cuidado de sus hijos. La vida familiar estaba caracterizada por el mantenimiento y prácticas de algunos de los preceptos religiosos de sus antepasados. Amram y Jocabed, padres de Moisés mantuvieron la unidad de la familia dando a sus hijos la mejor educación religiosa que les fue posible.

En la corte egipcia el lujo fastuoso y la idea de esclavitud, eran dominantes. Fue indudablemente, una época de prosperidad plena. Por las rutas de navegación y las comunicaciones terrestres fluían las herramientas de costosa manufactura, para incrementar la vanidad y el lujo. Mientras esto acontecía en la corte, afuera, los esclavos israelitas, edificaban con gran mengua de sus fuerzas, en faenas agotadoras: ciudades, escuelas; bibliotecas y murallas. Pobre e infortunado pueblo israelita, ¡cómo fue oprimido!

Moisés estuvo en íntima relación con ambas condiciones: la de la corte y la de los esclavos. El conocía los anhelos, la miseria y los deseos de su pueblo. El era uno de los cortesanos mejor relacionados con el lujo, comodidades y privilegios de la corte. Había sido educado en el mejor sistema y los mejores conocimientos de su tiempo. Los cuarenta años de permanencia en Egipto, dejaron en él, impresiones imborrables de toda índole.

Condiciones religiosas. Nos es casi imposible saber cuáles eran las condiciones religiosas y cuáles los sistemas seguidos en la educación religiosa en la vida de los habitantes de la tierra de Gosén probablemente cada hogar tenía un programa peculiar de educación para sus hijos. En el hogar de los esclavos, este programa pudo haber sido lamentablemente descuidado. Pero como quiera que haya sido, fundadamente podemos creer que manifiestos o latentes, estaban impresos en cada alma los principios de fe traídos a Egipto por Jacob y sus descendientes. Cuando Moisés comenzó a enseñarles los principios de la religión de Jehová, descubrió que ellos tenían los cimientos sobre los que podían edificarse las grandes verdades religiosas. Debemos recordar sin embargo, que el pueblo ignoraba las profundidades del pensamiento de Dios.

Entre los egipcios, él, Moisés, podía advertir un sistema religioso más o menos elaborado y completo en cuanto a ceremonias, creencias y observancias. La religión ocupaba un lugar prominente en la vida y en el pensamiento de los egipcios. Sus templos espaciosos, estaban adornados extravagantemente. Muchos de sus dioses lograron congregar a grandes multitudes en torno de sí mismos, recibiendo multitud de presentes. En todas direcciones los sacerdotes y las ceremonias deslumbraban al ojo humano. Puede afirmarse sin ninguna exageración, que esta fue la edad de oro y de fastuosidad religiosa de la nación egipcia y Moisés debió haber sido un observador, un estudiante infatigable de todo este boato religioso.

EL HOMBRE

Los hechos de su vida. La vida de Moisés puede ser fácilmente dividida en tres períodos de cuarenta años cada uno.

1. SU ESTANCIA EN EGIPTO. Nació de padres

piadosos y buenos, poco después fue adoptado por la familia real; educado en todas las artes y la sabiduría que podían proporcionar las universidades egipcias de su tiempo; en estas condiciones ventajosamente incomparables, eligió identificarse con su pueblo. Un poco más tarde se vio obligado a huir de Egipto.

2. EN EL DESIERTO. Habiendo escapado a tierra de Madián formó allá un hogar dedicándose a la vida pastoril en la casa de su suegro y adaptándose a la vida del desierto conociendo por sí mismo y de una manera directa la tierra por la que más tarde habría de conducir como caudillo a la nación libertada. Habiendo recibido el llamamiento directo de parte de Dios frente a la zarza, regresó a Egipto para asumir la tarea de libertador juntamente con Aarón su hermano.

3. LAS PEREGRINACIONES EN EL DESIERTO. Moisés rescató a los israelitas de Egipto bajo el signo del poder de Jehová manifestado en el Mar Rojo, recibe la Tora en el Sinaí, enseña y prepara al pueblo, pierde un día la paciencia y cae en el pecado que le impide entrar en la tierra prometida, predica en los llanos de Moab y finalmente es llevado por Dios al hogar celestial.

FACTORES QUE LO HABILITARON PARA LA TAREA

1. Su temprana preparación en un hogar piadoso.
2. La influencia de la esclavitud en su juventud.
3. La inutilidad del lujo, lección aprendida en la corte.
4. El conocimiento directo de la cultura, artes y religión de los egipcios.
5. Su fracaso en un intento prematuro de libertar a su pueblo.

6. La disciplina de la soledad en las asperezas del desierto.
7. La contribución de Ragüel su suegro y de los cineos, a su teología.
8. La rica experiencia de la comunión con Dios en la soledad del desierto.
9. El perfecto conocimiento geográfico de la tierra de las peregrinaciones de Israel.
10. El desafío de una tarea extraordinaria, a un hombre ordinario.
11. La certeza de que era un hombre de Dios y de que él continuaría revelándose a su mensajero.

Su personalidad. Ella será una auxiliar muy eficaz en el cuidadoso examen que se haga en torno de Moisés. ¿Cuáles son las características distintivas en él? Moisés era de una potencia espiritual, mental y física inconfundibles. En verdad nadie puede considerar a Moisés desde uno de estos ángulos o de todos, sin quedar vivamente impresionado acerca de él en un sentido evidentemente real estaba plenamente identificado con su pueblo. Su vigorosa pasión social fue una corriente incontenible y palpable en todos los días de su vida. Fue tan completamente desinteresado y generoso, que muchos de sus actos son estimados como increíbles.

Su apasionante devoción por Jehová, su vigorosa fe en los propósitos y planes de Dios, su sensibilidad hacia la justicia y la intensidad espiritual·de su alma, lo destacan como un verdadero caudillo de hombres. El estaba bajo la poderosa mano de Dios y toda su vida fue influída conscientemente por esto. Hacia los términos de su vida terrenal, vio casi terminada la tarea que había sido puesta sobre sus hombros. Estuvo en tal grado relacionado con Dios que le fue relativamente fácil entender los propósitos e interpretar clara e inequívocamente la voluntad divina.

Su religión. Moisés ciertamente no descubrió en el desierto una nueva religión o traía del desierto la idea de un nuevo Dios. No. El edificó su enseñanza nueva, sobre los cimientos que ya habían sido puestos en los tempranos días de su vida. Mucho de lo que parecía nuevo fue recibido durante los cuarenta años de residencia con los cineos. Ragüel y los otros maestros religiosos de Madián, estaban en condiciones de dar a este universitario brillante una gran porción de conocimientos que lo capacitarían para dar forma a su teología. Es ciertamente interesante saber que un hombre de Ur de los caldeos, un sacerdote de Salem, un Balaam del desierto, un sacerdote de los cineos, o un maestro de Egipto, llegaran a dar una contribución tan valiosa para la formación de un sistema de teología, que es verdaderamente la voluntad de Dios revelada al hombre. De este modo, Abraham, Melchisedec, Ragüel y Balaam, contribuyeron al establecimiento de la religión de Jehová. Nunca sabremos cuánta fue la contribución de los cineos a sus primos esclavizados en Egipto. Probablemente ellos habían conservado muchos de los elementos primitivos de la religión revelada por Dios a los patriarcas.

De cualquier modo, la religión de Moisés fue en un sentido muy completo, el producto de una experiencia personal con Dios en los desiertos árabes. Fue la suya, una revelación personal de Dios al hombre. En todo caso, fue una revelación "recibida" no "creada". Dios descendió a su discípulo, quien había estado estudian-

do durante ocho años, con el clímax más grande de
sus estudios; hallando en una revelación divina los elementos suficientes para el establecimiento de su religión. En la potencia misma de Jehová descansó para
la gran tarea de la liberación, confiando en que al co-
nocerla Israel, la abrazaría.

Su idea acerca de Dios. En la teología de Moisés la
idea sobre los propósitos de Dios acerca del pueblo
elegido, es manifiestamente clara. Este propósito de
Dios es evidente. La voluntad de Dios no solamente
en relación con su pueblo sino para con el mundo entero, está claramente bosquejada. Se pide a Moisés que
esté en una expectativa constante respecto al desenvolvimiento progresivo de tales propósitos. Moisés es consciente también, de que la voluntad de Dios revelada en
los días pasados a pretéritas generaciones, es de naturaleza profunda también en los días presentes.

El Dios de Moisés posee un carácter moral inigualable. Las normas éticas más elevadas proceden y hallan su expresión máxima, en él. El Dios de Moisés
tiene un carácter tan elevado, como profundo y desea
que su pueblo halle una especie de espejo en su naturaleza ética.

Jehová posee una personalidad distintiva y Moisés lo
presentó y representó como si se tratara de un hombre.
Tal era el realismo de la personalidad de Dios, para
Moisés. Dios conoció a Moisés cara a cara y viceversa.
En relación con la experiencia de la zarza, Harrell dice: "Jehová adquirió realidad para Moisés, hablando
claramente de su justicia, teniendo compasión y propósitos hacia su pueblo Israel." La contribución de Moisés a la religión revelada puede resumirse así: (1) Sólo
Jehová es Dios de Israel; (2) El es en sí, el principio de

la justicia y demanda en consecuencia, la rectitud de
su pueblo; (3) Es un Dios accesible y compasivo, hecho
comprobado en la liberación de Egipto y en las constantes manifestaciones de su providencia. Estas son
concepciones grandiosas por supuesto. Analizándolas
detenidamente, halla uno las raíces de donde parten las
ideas de la Soberanía, la Santidad y el Amor divinos.
Estas son las piedras angulares sobre las que los profetas levantaron el templo de la fe, el pináculo de la
cual, es Jesús de Nazareth.[1]

He aquí al Dios compasivo quien ejerce su cuidado
y protección en el cautiverio, lo liberta de la servidum-
bre, lo conduce en su travesía por el desierto, les habla por medio del profeta y los ama con un amor inmortal. El Dios de Moisés es aquel que cumple exacta
y oportunamente su palabra, es el Dios que tiene el
derecho de esperar constantemente que su pueblo cum-
pla la parte que en la Alianza le corresponde. Puesto
que Dios es Espíritu, ha de ser adorado espiritualmente.

Una apreciación escrituraria del hombre. Deut. 18:
15-18; 34:10; Núm. 12:3-6; Ex. 40:16; Heb. 11:24-28;
Mat. 17:3; Luc. 16:31; Juan 5:46; Hech. 7:22 y Rev. 15:
3. Algunos han dicho que "el trabajo de los profetas
posteriores, es la continuación de la influencia establecida por Moisés." Renán dice que Moisés es "un Coloso
en medio de otros genios de la humanidad". Los profetas posteriores a Moisés y autores del Antiguo Testamento no reclaman en ninguna parte ni el derecho
ni la pretensión de ser heraldos de una nueva doctrina.
En cada caso cada uno de ellos deja la impresión des-

---

[1] *The Prophets of Israel,* p. 32. Usado con permiso de los editores:
The Cokesbury Press.

pués de ser leído u oído, de que son campeones de
exactamente los mismos principios que fueron dados
a la nación en sus primeros días de infancia pero olvidados por causas diferentes. Así fue como Moisés estableció los principios básicos de la religión a los que
los profetas posteriores a él se refirieron siempre para
apoyo de gran parte de sus reclamos y admoniciones.

Moisés fue indudablemente el emancipador de los
esclavos y oprimidos de Israel. Bajo la dirección de
Dios se consumó el milagro de las edades. Como un
gran creador de la personalidad humana estaba perfectamente capacitado para lograr la unidad de un
pueblo que por su condición de esclavo estaba esparcido y con toda esperanza de libertad perdida. El creó
en ellos el estado consciente de nación con lo cual
hizo posible la estabilidad y la unidad. Moisés fue para
los israelitas, un caudillo que estableció los primeros
elementos de verdad que los condujo a través de tantos peligros, dificultades y crisis. Por causa de su apasionante devoción por Jehová, fue capaz de sufrir y
soportar las incomprensiones dándoles convicciones religiosas que perduraron por siglos aun bajo las circunstancias más adversas. Moisés, como maestro ocupa un sitial muy honroso entre los grandes maestros
de todos los tiempos.

El pueblo de Israel gastó sus primeros cuarenta años
de libertad en la escuela de Moisés. Ellos se sentaron
a los pies de uno de los más distinguidos escritores de
la humanidad. Ante la presencia de tal hombre de oración el pueblo recibió constante estímulo para tener
una fe firme y profunda en Dios. Moisés fue reconocido especialmente como un hombre manso, fue en
verdad el príncipe de los intercesores; su fe y pacien-

cia fueron una constante advertencia para todos los
que le rodeaban. Su voluntad estaba sujeta a la de Dios.
Estaba vitalmente consagrado al conocimiento de Dios
y de su voluntad. Fue el hombre más temeroso de Dios
en su tiempo.

Como legislador, es Moisés, si no el más grande, sí
uno de los que han alcanzado mayor renombre en la
legislación humana. Hammurabi ha dado su contribución a las leyes y códigos de las edades. Moisés sabía
de la existencia de las leyes y se interesó en el carácter interior de ellas y parece que llegaron a constituir
su atracción especial. Es sabido sin embargo, según los
relatos que se tienen, que Moisés fue intermediario entre Dios y el hombre para la entrega del sistema de leyes conocido con el nombre de: El Pentateuco. Fue el
representante divino inspirado por Dios para redactar
los preceptos que Dios deseaba dar al mundo por medio de su pueblo. Fue un prominente profeta de Dios;
penetró a los lugares santísimos del pensamiento divino del trono del mismo Dios. Su extraordinario heroís-
mo no tiene explicación posible, fuera de su vocación
profética. Logró penetrar a las intimidades más profundas de Dios y regresar de allí con un mensaje del
Dios de los Arcanos para los hombres. Como un profeta contribuyó al cumplimiento de la más grande de
las tareas de la era del Antiguo Testamento. Deut. 34:
10; Núm. 12:6. Davidson dice: "Moisés colocó los materiales; pero puso un nuevo fuego sobre ellos y por
su calor, fundiéndolos, los convirtió en una unidad; él
produjo inspiración en el espíritu de su pueblo para que

los animara y confortara para los días que estaban por
venir."[2]

LECCIONES PRACTICAS DE VALOR PERMANENTE

1. El valor de la preparación religiosa en el hogar.
   Ex. 2:7-10; Deut. 6:6-9; Ecl. 12:1.
2. Las cualidades que debe poseer un caudillo.
3. La inutilidad de precipitar los acontecimientos.
   Ex. 2:11-15.
4. El poder extraordinario de la oración intercesoria.
   Ex. 32:9-14,31,32; 34:9; Núm. 11:2; 12:13; 14:11-24;
   Deut. 9:12-20, 25-29.
5. Las excusas infundadas, son molestas. Ex. 4:13,14.
6. Todo hombre exaltado por Dios a alguna dignidad, dará cuenta de su cargo.
7. Las entrevistas con Dios reportan: poder, sabiduría
   y autoridad. 2 Cor. 3:12-18.
8. La luz celestial brilla en el rostro y en la conciencia, cuando se está en comunión con Dios.
9. La desobediencia y la pérdida de la templanza, son
   severamente castigadas. Núm. 20:12; 27:14.
10. Cuando Dios llama a un hombre, procede a pre-
    pararlo para su misión.
11. La confianza y el poder se acrecientan en las bata-
    llas, la experiencia y la victoria.
12. Frecuentemente el hombre es endurecido por la
    dureza para trabajos duros y tareas arduas.
13. El inmenso valor de la paciencia y la perseverancia.
14. La incredulidad en las determinaciones divinas,
    produce reprensión de parte de Dios.

---

[2] *Old Testament Prophecy*, p. 32.

15. Dios es benigno y tierno para tratar con los que están desalentados y abatidos.
16. Cuando Dios nos manda proseguir, es porque él nos precede en el camino.
17. El desinterés es la señal más destacada en el hombre de Dios. Deut. 9:18-20 y 25-29.
18. Un verdadero caudillo, debe amar a su pueblo hasta el grado de dar la vida por él, si fuere necesario.
19. Dios emplea tantos años como sean necesarios, a fin de preparar a sus adalides para la obra.
20. La importancia de mantener viva la esperanza, aun contra toda esperanza.

SAMUEL

1100 A. de C.

El segundo fundador de la nación israelita, es otra gran figura de la Historia Hebrea. Pensemos en él como un niño que da sus primeros pasos; luego como un joven, quien asomándose por la ventana de su alcoba, descubre en el exterior un mundo sumido en la ignorancia, en la esclavitud, en la superstición y en la desesperación. Observa a un pueblo sin resolución que rueda como las hojas que el viento lleva en la dirección que quiere. Sin vacilar, empieza a enrollar sus mangas, y a tirar tras sí, la enorme bola de presidiario en un delirante esfuerzo para levantar al pueblo de su desesperante condición. En titánicos esfuerzos al través de su vida, continúa tratando de emplear toda su energía, en una tarea evidentemente tan imposible, como inútil. Era menester un milagro; cuando la nación cae rendida por el cansancio en la derrota política, social y religiosa, el milagro se produce.

ANTECEDENTES

Políticos. Los 300 años transcurridos entre la muerte de Moisés y el nacimiento de Samuel fue un período en que reinaron las sombras más densas en la nación de Israel. Los cananeos nunca dieron la bienvenida a los que ellos siempre consideraron como intrusos en su tierra. Los filisteos fueron siempre el problema más torturante de Israel, ya que ellos dominaban completamente gran parte del territorio donado a Israel. Por otra parte, las tribus de Israel no tenían ningún gobierno central y ninguna clase de unidad. Cada tribu era responsable de su propia seguridad, y nada hacía por la de las otras, aún cuando estuvieran sufriendo el despojo o la esclavitud. Las constantes invasiones de los siros, moabitas, cananitas, madianitas y filisteos, ocasionaron la ruina de la tierra. En cada hora crítica de la historia general o particular de los hebreos, se levantaron bajo la dirección divina, libertadores que echaron al invasor, proporcionando a la tierra un reposo que siempre fue temporal. La dirección de la mano divina jugó siempre el papel más importante. Los israelitas siempre fueron conscientes de su debilidad e incapacidad, para quitarse de encima el yugo de la opresión. Gedeón, Débora, Jefté y Samsón, fueron usados eficazmente por Dios para desbandar y derrotar a las hordas invasoras, que contra todo derecho se posesionaban de las heredades de la nación.

En Egipto, la XXI dinastía, estaba justamente tomando auge en el trono, después de la caída de la vigésima dinastía y de haber ésta fallado completamente en sus intentos de recuperación. Los días de gloria y de poder de Egipto, con toda su edad de oro, estaban próximos a desaparecer. En Asiria Tiglat Pileser I (1120 a 1090) había logrado fundar un poderoso reino al Norte de Israel, aunque hasta entonces no se había establecido relación de ninguna índole entre ambos. El Imperio Heteo estaba en decadencia; en cambio el Imperio Arameo estaba surgiendo rápidamente como una potencia guerrera.

Sociales. La situación afrontada por los hebreos en su nueva tierra, era por demás complicada. Desde los días de la conquista y distribución de la tierra, se habían introducido incontables problemas sociales. Todos los Israelitas fueron exhortados a adaptarse lo mejor que les fuera posible a su nueva tierra, y a sus nuevas condiciones de vida. Durante el período de los jueces, la situación general fue siempre muy seria. Las constantes invasiones, las guerras frecuentes, fueron causa de la inestabilidad y de la agobiante pobreza que experimentaban. No contaban con un gobierno capaz de unificarlos y conducirlos en un pujante y sólido esfuerzo contra sus infatigables y poderosos enemigos. Cuando Samuel aparece en la escena, los filisteos estaban ejerciendo una esclavitud humillante sobre Israel. Fueron privados aun de sus herreros que fabricaban o afilaban sus herramientas de labranza. Sin lugar a duda, esta era una trágica hora para Israel.

Religiosos. Es muy difícil poder juzgar bien las condiciones religiosas de un pueblo que ha vivido sin predicadores, sin instrucción ni preceptos religiosos fijos, por 300 años. En adición a esta consideración, es necesario tomar en cuenta que en torno a Israel había un considerable número de naciones con sus propios ídolos, sus deidades, sus sacerdotes, sus ritos particulares y sus ceremonias. En torno de este culto idolátrico, había ciertas prácticas inmorales y concepciones éticas muy bajas que de ningún modo podían conducir a un culto espiritual.

El Santuario central de Israel, estaba situado en Silo, donde estaban el Arca y el Sumo Sacerdote que oficiaba en el altar sagrado. Eli era el anciano sacerdote en los días en que Samuel vino a este mundo. Evidentemente él desempeñó su cargo lo mejor que le fue posible, bajo las circunstancias en que le tocó actuar. En cambio, sus hijos hicieron todo lo que estuvo en su mano, para desacreditar la religión de Jehová, haciendo que el pueblo perdiera el respeto por el lugar de adoración, por el sacerdocio y la religión espiritual.

En algunos lugares del territorio como luces dispersas, había algunos grupos de jóvenes que habían conservado su amor por la verdad y su pasión por la religión de Jehová. Estos grupos de "profetas jóvenes" estaban siempre atentos a la verdad y satisfaciendo sus anhelos religiosos. Ellos con sus almas fortalecidas en la potencia divina, estaban en aptitud de conducir a Israel a una mejor comprensión de los propósitos de Dios y de sí mismos como nación elegida.

EL HOMBRE

Su habilitación. Samuel vino al mundo con una posesión tan valiosa, que no puede ser descrita en palabras. Su madre había gastado años en agónica oración pidiendo un hijo a Dios. ¡Cuán preciosa debe ser la bendición de iniciar la vida así, bajo condiciones tan ventajosamente favorables! La buena influencia de un hogar donde se elevan ardientes plegarias de gratitud, dejan una impresión imborrable y forman parte de la hechura del hombre. La solemne dedicación de Samuel en el Santuario, cuando la madre literalmente lo devolvió como el cumplimiento de su voto a Dios, puso en las manos del Señor, al futuro caudillo de Israel. Las visitas amorosamente maternales, de año en año, cuando Ana venía al Templo a ver a su hijo, fortalecían las impresiones de éste, recibidas en sus tiernos años.

La importancia de su preparación bajo la supervisión de Elí, el sacerdote del Santuario, puede ser fácilmente exagerada. Elí falló con sus propios hijos, pero su trabajo, poco o mucho, en Samuel produjo buenos resultados. Estos años apacibles en el recinto sagrado bajo la vigilancia directa de Elí, incluyendo determinantemente en el carácter y preparación de Samuel para el trabajo de Dios.

El llamamiento hasta cierto punto misterioso hecho a este joven de parte de Dios, vino en tal manera y con tal fuerza, que nunca llegó a repetirse en ninguna otra vida. Esta experiencia hizo época en la vida de Samuel por su extraordinaria importancia. El parvulito Samuel, hubo de quedar completamente convencido, de que lo que oía, era exactamente la misma voz de Dios hablando. Llegó al convencimiento más íntimo de que Dios estaba dependiendo de él para una grandiosa tarea en lo futuro. Sus oídos habían de ser los receptores eficaces del mensaje de Jehová para el pueblo. Era menester por tanto, que Samuel estuviera dispuesto a oír las palabras de Jehová a fin de ponerlas en práctica. A lo largo de su vida, tan útil como consagrada, se manifestó en él una alta concepción de los propósitos divinos, y un notable y fructífero crecimiento en la piedad.

Su obra. Samuel llegó a ser el hombre de Dios, en una de las etapas más sombrías de la nación, que frecuentemente se hallaba en horas sumamente críticas. Como un vidente de Jehová, estableció el reino como una institución genuinamente representativa del trabajo divino. Como sacerdote, asumió funciones sagradas conferidas una vez a Aarón y a su simiente, teniendo el alto privilegio de ser el representante del pueblo ante Dios, en cada acto del sacrificio. Como caudillo, rápidamente tomó su sitio para salvar a la tierra de los frecuentes asaltos despiadados y los saqueos de parte de los enemigos. Libró al pueblo de la esclavitud ejercida sobre él por algunas naciones vecinas, dando a Israel unidad e independencia con cuyas conquistas en su mano, se agruparon en torno de su libertador y atacaron al enemigo hasta arrebatarle el poder de su mano y ponerlo en penosa fuga. Como un juez, gobernó recta y justamente, periódicamente visitaba los centros principales, a los que los hijos de Israel acudían con sus querellas para ser resueltas por Samuel.

La autoridad de Samuel fue ampliamente aceptada y reconocida por todos los israelitas y con una constancia inusitada insistió ante el pueblo en que estaba viviendo bajo una teocracia en la que Dios era el Gobernante Supremo. Como forjador de reyes, Samuel también desempeñó un papel preponderante. Saúl y David fueron investidos con su autoridad durante los días de mayor actividad de este santo varón de Jehová. Como hombre de poderosa oración, demostró su perseverancia y su poder delante de Dios y de los hombres. El pueblo y el reino dependieron de sus devotas oraciones. Jeremías lo coloca entre uno de los más grandes intercesores. Jer. 15:1.

Como profeta de Dios, Samuel fue de los más grandes. Todas las aptitudes a que se ha aludido tienen una sola y única explicación: Era un siervo de Jehová; un mensajero del Altísimo. Fue honrado por Dios con un llamamiento especial a fin de hacerle entrega de revelaciones para el pueblo que de otra manera no hubie-

ran venido. Fue Samuel, la boca de Dios en una hora
de gran necesidad. Como maestro, ocupó un sitio distinguido. Todo el pueblo recibió grandes beneficios
de su instrucción, pero fueron particularmente benefi-
ciados en este sentido, los hijos de los profetas, quienes
recibieron la contribución más valiosa en materia de
pensamiento. Sus actividades en el campo de la educación teológica, dieron forma y fondo al pensamiento
divino destacándose como un siervo conocedor del pensamiento divino. Leslie dice acerca de esto: "En este
punto precisamente, fue donde Samuel hizo su mejor
trabajo y dio su mayor contribución. Samuel tenía una
gran suma de sabiduría que de ninguna manera estaba
en pugna con los principios elementales hallados en
otros ni con los éxtasis tan comunes en su tiempo, (1
de Sam. 19:20) antes bien, los utilizaba como agentes
auxiliares en la conducción y conquista de los grandes
adjetivos de Israel. Bajo la dirección de su mano se estableció en Israel el entusiasmo y fervor religiosos expresados en una gran devoción por Jehová."[1]

James dice: "Samuel señala y establece un nuevo
principio en Israel. El es el primer gran hombre de
Dios después de Moisés. Es la segunda cumbre en la
interminable serie de alturas de los personajes de la
historia hebrea, formando rango especial con Moisés
y Cristo. Cuando Samuel murió, Israel estaba en condiciones de esperar y de vivir un futuro mejor. El vivió
dentro de una pureza austera, sin comprometerse en
nada con nadie que pudiera manchar su buena reputación y su prístino carácter; tenía una elevado concep-

---

[1] *Old Testament Religion,* p. 118. Usado con permiso de los editores: The Abingdon Press.

to de la vida, y un énfasis especial en la adquisición de
la felicidad de su pueblo que constituía un ardiente
deseo de Israel. Con una gran pasión, se dio a la causa
de Dios, que hizo suya mostrando por ella un gran
amor, grande fe y perseverancia, desde su mocedad
hasta su vejez, en lo que habría de llegar a ser Israel:
un presente para el mundo."[2]

Su carácter. Samuel era profundamente religioso. De
sus experiencias imperecederas de la infancia, que llegaron a ser convicción arraigada de su vida, dio evidencias en incontables ocasiones en su vida. Fue obediente
tanto con Dios como con Elí. Esta cualidad de su carácter continuó hasta la terminación de su carrera sobre la tierra. Poseía las cualidades requeridas para una
gran misión, por las cuales Dios lo llamó de entre otros
muchos de su generación para situarlo en una posición
muy alta y distinguida. Cuando Dios elige a uno así,
de tan gran multitud, es evidente que posee cualidades
fuera de lo común. Era magnánimo en sus pensamientos y en sus actos; su vida fue ante todo, irreprochable.
Siendo ya anciano convocó al pueblo y le dio la oportunidad de que lo acusara y lo enjuiciara, si esto procedía; pero ninguna voz acusatoria se levantó en su contra. Un hombre de tamaña integridad moral, podía
ciertamente permanecer impávido ante una muchedumbre como la que logró reunir, sin experimentar va-
cilación alguna. Era poseedor de una ardiente pasión
de igualdad social y de justicia humana que lo mantuvo constantemente ocupado en el bien de todas las
clases sociales. En esta hermosa tarea consumió su vi-

---

[2] *Personalities of the Old Testament,* pp. 54, 95. Usado con permiso
de los editores: Charles Scribner's Sons.

da; literalmente puede afirmarse que él llevó sobre sus hombros y en su corazón, a su nación.

LECCIONES PRACTICAS DE VALOR PERMANENTE

1. El trabajo que es capaz de realizar el hombre que permite que Dios lo guíe.
2. La piedad personal nunca puede substituir a la disciplina paternal.
3. Siempre es provechoso y útil, escuchar la voz de Dios.
4. Siempre es justo y bueno responder con mansedumbre cuando él llama.
5. Evidentemente obedecer, es mucho mejor que los sacrificios. (1 Sam. 15:22).
6. El valor de una instrucción religiosa sana, en la juventud y el hogar.
7. La felicidad de toda vida irreprochable, que ha sido vivida en Dios.
8. Dios no se conforma con una obediencia parcial.
9. Un buen hombre de Dios, puede ser llamado para instruir a otros y ganar la estimación del pueblo.
10. Que no son irreconciliables la participación política con la dirección y prácticas religiosas.
11. Hacer alianza con el mal, es costoso y hasta mortal.
12. Dios desea usar solamente a hombres que desean ser utilizados a discreción divina.
13. El niño que es respuesta a la oración de sus padres y ha vivido en un hogar piadoso, no tiene dificultad, generalmente, para oír y obedecer la voz de Dios.

ELIAS

870 A. de C. En Israel

En la tradición judía Elías ocupa el lugar de mayor prominencia. Al través de los años ha retenido ese sitial como uno de los grandes hombres de Israel. Su vida es altamente interesante y pintoresca en virtud de las múltiples aventuras que constituyen una apelación constante a la imaginación, a la que acuden multitud de figuras en tumultuoso tropel. Una vida llena de tanto colorido, es una invitación en sí, a hacer un estudio del héroe, sus tiempos, sus contemporáneos, su mensaje y su influencia constructiva.

ANTECEDENTES

Políticos. Después de la muerte de Samuel, el recientemente establecido reino de Israel, sufrió severamente a manos de los irreconciliables y crueles filisteos. La final invasión de ellos sobre la tierra de promisión, trajo como consecuencia la muerte de Saúl y la de su hijo Jonatán. David hizo su arribo al trono del reino, primero sobre la sola tribu de Judá, pero pronto sobre todo Israel. Siguió luego su hijo Salomón con un reinado próspero y duradero. La riqueza, el lujo, los cultos idolátricos y las nuevas costumbres cortesanas, pronto minaron los cimientos del reino. El reino fue ensanchado en los días de Salomón, obteniendo entonces su extensión máxima.

En 931 A. de C., ocurrió una división política y religiosa en la nación, de la que nunca pudo deshacerse. Roboam, hijo de Salomón, falló en una crisis administrativa y su reino se vio reducido a uno de los más pequeños, por la deserción de diez de las tribus de Israel. Los disidentes eligieron por rey a Jeroboam, quien condujo al pueblo, tanto a la idolatría como al paganismo. Después de 50 años de desastres y de disturbios ascendió al trono Omri, quien estando a la cabeza del gobierno detuvo la anarquía, conquistó a Moab, estableció firmemente la monarquía, edificó la ciudad de Samaria, firmó una alianza con Siria y casó a su hijo Achab con la hija de Ethbaal de Tiro. Omri fue uno de los gobernantes más fuertes de todos los reyes del norte. Durante este período, en Moab que había llegado a ser un poderoso reino, fungía como rey Mesha. La mundialmente famosa piedra de Moab, fue levantada como un recuerdo de la liberación de Israel.

Achab, el sucesor de Omri pudo haber llegado a ser uno de los monarcas más populares y famosos, si no se hubiera sometido tan mansamente a los requerimientos pecaminosos e idolátricos de Jezabel su esposa. Jezabel, hija del sacerdote de Melkart, era una figura destacada y poderosa. Fue una apasionada, y hasta exaltada misionera, que encaminó, al igual que sus esfuerzos, su astucia, para hacer que su religión idolátrica llegara a prevalecer y a popularizarse en todos sus dominios. Bajo su vigorosa dirección, se provocó una tremenda crisis en el sentido más literal de la palabra; una batalla de vida o muerte. No solamente edificó su propio templo y estableció a centenares de profetas de Baal, sino que procuró eliminar aun por la muerte, a todo profeta de Dios logrando también apartar al pueblo de Jehová para sujetarlo a Baal.

Asiria comenzó a dar señales de vida, durante este período después de prolongados años de quietud. En el año 854 A. de C., Salmanasar III vino contra el pueblo de Palestina. La batalla se libró en Karkar y en ella se decidió la suerte de las tierras del Oeste. Achab tenía un ejército en participación con otros en esta lucha.

En Judá, el reino del Sur, Roboam, Abiam y Asa, habían reinado sobre el remanente de David. Dos invasiones serias había sufrido este pequeño reino de parte de dos reinos del Sur, que sacudieron los cimientos del pequeño Estado. Josafat, que fue rey de Judá durante el ministerio de Elías, hizo muchos y muy dignos esfuerzos para restaurar en todo lo posible la grandeza y gloria del reino de David.

Sociales. La tierra de Israel sufrió grandemente a causa de los días anárquicos que vivió, y de las invasiones. Como resultado trágico de los tumultos de aquellos días, las condiciones de vida eran intolerables. Omri puso fin a los disturbios interiores pero pronto se vio obligado a luchar en contra de algunas de las naciones vecinas. En el vasto programa de edificación de Samaria, se vio compelido a obligar a su pueblo a dar parte de su tiempo, además de sus contribuciones pecuniarias, hasta el grado de que esto le trajo complicaciones. El reino fue abatido por una sequía produciendo una tremenda miseria en el pueblo. Mientras esto acontecía a extramuros del palacio, en éste, la corte llevaba una vida de desorden y lujuria, que era una ofensa hiriente a la pobreza por la que el pueblo estaba pasando.

Jezabel, con sus sacerdotes importados y sus profetas falsos, introdujo un nuevo elemento en la vida del pueblo. Muy pronto, Israel no solamente hubo de soportar económicamente a estos funcionarios religiosos, sino que hubo de someterse a un elaborado programa de complicado ceremonial religioso. Sin embargo, un asunto más serio todavía, fue el desconocimiento y abolición, si no de derecho, sí de hecho, de los derechos privados de la propiedad. Ella no tuvo escrúpulos en mandar ejecutar a un honorable israelita por el deseo insensato de despojarlo de sus posesiones. El temor y el odio, la desconfianza y la deslealtad, pronto crearon condiciones muy serias y hubo duelo en todo el reino. El trabajo de Omri fue destruído con largueza con el advenimiento de esta princesa tiria a la corte de Israel.

Religiosos. Elías apareció en la escena, como a la mitad del período crítico del reino de Israel, en los momentos de mayor lucha. El pueblo había perdido prácticamente, toda estimación por la Ley de Jehová y abandonado los principios de la religión establecidos por Moisés y por Samuel. Había adoptado gradualmente las normas idólatras de otros pueblos y creado una atmósfera no solamente de tolerancia hacia otros cultos, sino que habían abandonado a Jehová, y se habían vuelto a las deidades gentílicas.

El casamiento de Achab con Jezabel, fue el golpe más demoledor y mortal, con el que vino la introducción de Jehová. La reina no se conformó en modo alguno con un pequeño sitio para su ídolo, como lo hicieron las mujeres extranjeras de Salomón; sino que se propuso establecer el culto en todos los dominios y posteriormente exterminar a los profetas y a cuantos en alguna forma se opusieran a sus sanguinarios propósitos. Farley dice acerca de esto: "Para obsequiar los deseos de su dictadora, Achab edificó en Samaria, un templo a Baal y también hizo otro para Astarté, diosa de los fenicios, a fin de que también el culto a ella quedara finalmente establecido. El culto a Baal, fue esencialmente el culto de un mero poder, un poder separado de la justicia, y el culto tributado a un solo poder, por un proceso meramente lógico y natural, llegó a ser literalmente, el poder del mal. No sin razón, gran cantidad de israelitas de días posteriores, designaron a esta deidad tiria como "príncipe de los demonios."[1]

Con el establecimiento de este culto idolátrico vino la más grande sensualidad e inmoralidad en el pueblo. Las normas de moral quedaron casi extinguidas y la vida religiosa del pueblo descendió a un estado alarmantemente bajo. Los profetas de Jehová fueron despiadadamente perseguidos; muchos de ellos fueron muertos, otros obligados a huir y a vivir en las cuevas o se les impuso el silencio. Una enorme mayoría del pueblo fue inhabilitado para hacer distinción clara entre Baal y Jehová. Estos días fueron de impenetrables tinieblas para la religión verdadera. El culto de Baal se fue extendiendo a todo el pueblo como una mala levadura que secretamente va leudándolo todo.

EL HOMBRE

Los hechos de su vida. Tomamos como cierto, el hecho de que Elías nació en la tierra de Galaad, al Este

---

[1] *The Progress of Prophecy,* p. 36. Usado con permiso de los editores: Fleming H. Revell Co.

del Jordán. Un breve bosquejo de su obra, puede expresarse así:

1. Su aparición en la corte de Achab.
2. Su escapatoria a Cherit, y el milagroso sostenimiento de él por los cuervos.
3. Su habitación en Sarepta de Sidón, y la resurrección del hijo de la viuda.
4. Encuentro de Elías y Achab.
5. La respuesta por fuego en el Monte Carmelo y la muerte de los falsos profetas.
6. Elías huye bajo la presión de las amenazas de Jezabel, hacia el Sur.
7. La experiencia de Elías a la sombra del Enebro.
8. En Oreb, Monte de Dios, Jehová se manifiesta a Elías de donde él regresa para ungir a Azael, como rey de Asiria; a Jehú, como rey de Israel, y a Eliseo como profeta.
9. El llamamiento de Eliseo para ser profeta, después de Elías.
10. La denuncia contra Achab, acerca de la viña de Nabot.
11. Los años de quietud, en que Elías instruye a grupos pequeños de jóvenes para el trabajo profético.
12. El traslado de Elías al cielo, y la comisión dada a Eliseo de llevar adelante la obra de Elías.

Su carácter. Elías fue un hombre corpulento, viril, osado producto de las fértiles llanuras de Galaad. Su férrea constitución física, su espíritu austero, su majestuosa figura, su inflamable indignación, su celo consumidor, y su valerosa naturaleza, hacen de él un hombre un tanto misterioso, romántico y legendario. Era un hombre tan fuerte, como débil. Su celo fue tan ilimitado, como su energía. Su continua comunión con Dios, le dio un tremendo poder en la oración. Su fe en Dios fue puesta de una manera tan completa que cualquier descripción de ella en palabras resultaría débil y pobre. Aborreció y combatió cuantas religiones falsas estuvieron al alcance de su predicación; arremetió contra el despotismo humano, hablando en favor de los derechos soberanos del pueblo. En incontables ocasiones, desplegó un marcado desinterés en el servicio a los demás, aun con peligro de su propia seguridad personal. No tuvo misericordia de los profetas de Baal cuando éstos fueron puestos en ridículo ante el pueblo, y cuando las circunstancias demandaban una victoria final, ordenó la ejecución en grupo de todos los falsos profetas. Literalmente, el fuego de Jehová lo abrasó y ardió en él el deseo de hacer la voluntad de Dios.

Su contribución a la causa de Jehová. Elías fue el campeón de Jehová en un tenebroso día de crisis cuando la verdadera religión estaba siendo barrida de sobre la tierra. El pueblo no podía, y no debía servir a dos señores, a Baal y a Jehová. Fueron compelidos por los hechos, a elegir de una vez entre Jehová y Baal, el dios tirio. La tarea de Elías, consistió esencialmente, en hacer desaparecer la religión de Baal de la tierra de Israel.

Verdaderamente, que él fue el campeón del vejado pueblo de Israel en su lucha contra la tiranía de Jezabel. Las leyes antiguas, fueron la base de la propiedad y de los derechos del pueblo. Jehová se reveló a sí mismo, como el Dios justo. La justicia fue el atributo dominante en la vida de Elías, y la norma de conducta de su vida. La religión y la moral, fueron dos cosas inseparables, según su enseñanza y sus prácticas personales. Ninguna generación debería olvidar la historia trágica de la viña de Nabot ni la ardiente denuncia de Elías contra Achab y Jezabel, de este condenable pecado.

Fue un devoto instructor de Eliseo, y de los grupos de jóvenes profetas que formaban pequeñas escuelas de teología. Estos años de reposo tranquilo y de trabajo callado con sus sucesores religiosos, produjeron muy ricos frutos. Es difícil, si no es que imposible, apreciar debida y justamente la enorme contribución, que en materia de instrucción y experiencias espirituales comunicó Elías a su generación y a la posteridad. Elías dio a Eliseo el conocimiento, la visión, el llamamiento a servir y el valor indispensable para dar cima al trabajo tan dramáticamente empezado.

Una apreciación del hombre. En alguna forma un tanto extraña, Elías ocupa un sitio honroso en la literatura mundial y entre los hombres que lo consideran un verdadero y distinguido personaje. El Nuevo Testamento hace más alusiones a Elías, que a cualquier otro de los profetas. En cada celebración de la pascua, los judíos evocan el recuerdo de Elías y siempre ponen en esa solemnidad, una silla simbólica que lo representa. En Grecia se ha dado su nombre a algunas de sus montañas. La Orden de los Carmelitas de la Iglesia Católica, lo considera como su fundador. Elías fue un hombre de Dios indudablemente. Donde quiera que él estaba, se advertía la presencia de lo divino. Cuando los hombres lo veían, sentían un santo y reverencial temor, comprendiendo siempre que estaban ante un genuino representante del Dios del cielo.

Fue un hombre de oración prevaleciente. ¿Dónde, después de él, se ha visto a hombre alguno con tal poder en la oración? Aquellas dos ocasiones en el Monte Carmelo orando primero para que no lloviera y luego para que el cielo diera sus aguas, lo sacan de lo ordinario para introducirlo en lo sublime.

Fue Elías, un hombre de fe robusta. Su invariable fe en Jehová, hizo posible que prevaleciera en la oración y continuara su decidida lucha contra la principal de las religiones falsas en su tierra, experimentando en cada peldaño ascendente, la dirección y la protección divinas.

En las horas de desesperadas crisis Elías fue el agente humano a quien Dios usó para restablecer la titubeante teocracia, parcial y aparentemente derrotada de la conciencia popular. En cada ocasión de adversidad, cuando cualquier escapatoria del problema parecía imposible, Dios puso a su hombre frente a la dificultad revistiéndolo de poder sobrenatural, realizando lo imposible de manera que el propósito de Dios fuera cumplido en cada caso.

Leslie dice: "Elías fue uno de los pocos hombres en Israel que poseyó una personalidad impresionantemente dinámica en la historia religiosa de la nación; sus espectaculares y dramáticas apariciones en los escenarios de la nación, están en perfecta armonía con las cualidades volcánicas de su ardiente espíritu." Como Sellin también dice: "Elías fue al través de la historia, como un meteoro."[2]

Ward dice: "No hay figura más romántica en todo el Antiguo Testamento, que aquella de Elías el Tisbita. Permanece ante nuestra mirada como la cúspide de una montaña. Aparece a veces majestuoso, inspirando temor reverencial; la soledad fue una demanda de su

---

2 *Ibid.*, p. 145.

espíritu austero; es admirable la forma en que triunfó en su día."[3]

Farley comenta: "¿Hubo a l g u n a vez un hombre de cuya vida podríamos inferir el valor para los conflictos de este mundo, en el cual cada hombre pelea su propia batalla? El valor de Elías manifestado cara a cara con la maldad en lugares altos; su fe en presencia de tales imposibilidades, la plenitud de sus oraciones, su fuerza y persistencia cuando los cielos eran como bronce, sus debilidades humanas desaparecieron al contacto divino de la compasión del Señor por él. Sobre todas estas grandes verdades tan reales para Elías como para nosotros, tenemos por cierto que toda vida de Dios está investida y rodeada de poderes espirituales y divinos."[4]

Taylor añade: "El valor de Lutero, la plenitud de Latimer, las devociones de Calvino y la ferviente impetuosidad de Knox, estuvieron resumidos en el carácter de este hombre de Dios."[5]

Cadman agrega: "Como un hierático, pleno de grandeza, sobresale su monumental figura. Parece recoger en sí mismo, las esperanzas y ansiedades de cristianos judíos las cuales han hecho su memoria abundante por el bien que a unos y a otros ha hecho. Elías no necesita una tumba o un epitafio que perpetúe un nombre que por su propio brillo se destaca entre los profetas de Israel."[6]

[3] *Portraits of the Prophets,* p. 111. Usado con permiso de los editores: Richard R. Smith, Inc.

[4] *Ibid.,* pp. 39,40.

[5] *Elijah,* p. 35.

[6] *The Prophets of Israel,* p. 27. Usado con permiso de los editores: The MacMillan Company.

Harrell afirma: "Elías, como una tormenta en una plácida tarde de verano, estremece repentinamente los cielos y ensombrece la atmósfera con los relámpagos y truenos de profeta; por su audacia, decisión y acción rápidas, salvó a su pueblo de la usurpación del paganismo cananeo."[7]

Macartney opina: "Elías fue uno de esos pocos mortales de quienes el mundo no fue digno. Que tal hombre vivió, nos hace regocijarnos en nuestra común humanidad." Con solemne elocuencia Wendell Phillips dice acerca de la tumba de John Brown, "El hombre creerá más firmemente en la virtud, ahora que tal hombre ha vivido y muerto en ella". El Monte Carmelo no es más grande ni majestuoso en sí mismo, que el profeta que estuvo en lo más alto de sus picachos; su rostro luce satisfecho e iluminado, después de una victoria sobre los aullidos lastimeros de los profetas de Baal."[8]

Wiener comenta: "Elías se enfrenta con el peligro de que la totalidad de la nación, sea absorbida por la religión de los fenicios. Excepción hecha de él, según todas las apariencias, todo Israel había abandonado la fe en Dios, principal fuente de sostén de la nacionalidad, sin la cual, todo esfuerzo por conseguirla debería ser abandonado."[9]

LECCIONES PRACTICAS DE VALOR PERMANENTE

1. Toda vida fundada en Dios, está rodeada por fuerzas espirituales.
2. La oración hace prevalecer al hombre sobre todas

---

[7] *Ibid.*, p. 37.
[8] *Wrestlers with God*, p. 119.
[9] *The Prophets of Israel*, p. 151.

las cosas.

4. La justicia en la nación, es más importante que su poder.

5. Ningún hombre que lucha por el establecimiento del derecho, está solo.

6. Dios no nos descarta porque huyamos, pero nos habilita para mejor servicio.

7. El descanso y el alimento son necesarios, si se ha de hacer la voluntad de Dios.

8. Un espíritu humano lleno de poder, puede cambiar las derrotas de la nación.

9. Los valles de problemas suelen ser separados de las montañas de aflicción, por unos momentos de oración.

10. Frecuentemente se es fortalecido en la vida, por momentos de reflexión y comunión con Dios.

11. El hombre de Dios debe estar seguro de la presencia divina, aun en los días más obscuros.

12. La expresión más alta de la obediencia está en continuar en nuestro puesto, aun sin saber cómo hemos de ser conservados en él.

13. Los problemas revelan las necesidades; y éstas, implican la oración.

14. La misericordia de Dios renueva nuestra fe e imparte confianza para las nuevas crisis.

15. Dios es benigno, tierno y compasivo con el que ha perdido su valor y está desalentado.

16. La tonificación para nuevas tareas, se produce sólo cuando Dios ha restaurado el espíritu.

17. La mano ayudadora de Dios está lista en toda emergencia humana.

18. Dios halla siempre manera de emplear a los hombres, con sus diversas aptitudes en su obra, como

lo hizo con: Elías, Eliseo, Pedro, Pablo y Juan.

19. Los valores tremendos que el hombre llega a alcanzar cuando está comisionado por Dios en algún trabajo especial.

A M O S

760 A. de C. en Israel

Un día, cuando la religión y las sociedades de Judá e Israel estaban en bancarrota, surgió una extraña personalidad de los desiertos de Judá, para incendiar con sus mensajes las mentes del pueblo de Israel. ¡Cuán terrible acusación hizo! ¡Cómo se avergonzaron los que la oyeron y fueron consumidos de temor! Debemos ciertamente conocer a este varón de Dios y saber las condiciones en que fue llamado. Deben interesarnos igualmente, sus contemporáneos que en el desempeño de idéntica misión, influyeron en él y en aquellos sobre quienes a su vez, él influyó. Los profetas Oseas, Isaías y Miqueas, recibieron de Amós sus arrojados impulsos, en tiempos posteriores en el ministerio profético.

ANTECEDENTES

Históricos y políticos. Desde los días del año 845 A. de C., Asiria había mostrado un interés especial en Palestina, después de haber aquella crecido admirablemente en todos sentidos. En la campaña de ese año, Achab se había unido a otros reinos pequeños, con cuyos ejércitos unidos impidieron la invasión de los asirios conducidos por Salmanasar III. Después que éste fue derrotado en la batalla de Karkar, los asirios se retiraron a sus dominios por algunos años.

Desde la ascención de Jehú al trono de Israel acaecida en 842 A. de C., el pueblo israelita estuvo padeciendo, casi sin interrupción, el duro trato dado a ellos por los asirios. Hazael, rey de Siria, tomando ventaja a los asirios cuya debilidad era ya perceptible, sucedió a Asiria en la opresión de los hebreos. Cuando, sin embargo, Adadnirari III llegó a ser rey de Asiria, él sometió a Damasco después de una vigorosa campaña contra ella, con lo que la supremacía de Siria, terminó. Esta victoria sobre Siria, dio a Israel y a su rey, un período de respiración y tranquilidad. Caída Siria, y reducidas sus guarniciones, fue tarea bien sencilla atacar otras fronteras. Cuando Joas vio que los asirios no explotaron su victoria en Siria para pelear contra Israel, éste tuvo tiempo de fortificar casi inexpugnablemente el reino. No fue sino hasta la venida de Tiglat Pileser (745-727) que la tierra afrontó el grave problema de la invasión. De este modo durante los años de 805 a 740 la tierra de Israel disfrutó de libertad. Las otras naciones que lo rodeaban, no eran lo suficientemente poderosas como para crearle un problema militar.

Jeroboam II, ascendió al trono en el año 783 A. de C., e inició un vigoroso programa de construcción. Fácilmente reconquistó posesiones territoriales arrebatadas a Israel, extendiendo sus dominios desde la entrada de Hamat, hasta el torrente de Araba. Es posible caer en exageración, al hablar de las hazañas guerreras de Jeroboam, pero fue, seguramente, uno de los más prósperos reyes de Israel.

En el reino del sur, Uzías siguió las mismas líneas de construcción que el reino del norte. Judá había logrado hacerse fuerte internamente en sus armas y fortificaciones, su comercio, así como en sus alianzas militares y políticas. Estos dos reyes agresivos, Jeroboam II y Uzías, llevaron, aunque fuera temporalmente, a sus reinos de triunfo en triunfo. Los antiguos límites del reino establecidos por David y Salomón, fueron recuperados casi en su totalidad. Este fue un período de expansión, de libertad, de prosperidad y de paz. La moneda gozó de estabilidad, y las armas fueron siempre victoriosas. El pueblo estaba orgulloso de sus armas invictas y del fiel cumplimiento de todas sus obligaciones. Ninguno experimentaba la torturante ansiedad de una invasión. Ninguno parecía imaginar, que el quebrantado poder de Asiria, resurgiría después de un adormecimiento temporal. Nada interfería a la quietud del pueblo. Nadie parecía recordar o percatarse, de que estas condiciones de calma y de tranquilidad, pueden ser preludios de días trágicos, días de tinieblas y horas de angustia.

De los versículos 1:1 y del 7:10 y 11, inferimos que Uzías y Jeroboam II, llegaron al trono cuando Amós empezó a predicar en Israel. Sabiendo que Jotam fue el gobernante durante los últimos 14 años de la vida de Uzías, podemos señalar el ministerio de Amós, entre los años 780 a 752 A. de C. Los sucesos victoriosos que dieron a Israel libertad, poder y hasta lujo, que condujo al pueblo al colapso, pueden limitarse a los años comprendidos entre 760 y 750, tiempo en que Amós apareció en el escenario. Isaías y Miqueas eran jóvenes residentes en Judá. Oseas vivía en el reino del norte. Tiglat Pileser, era a su vez, un joven con grandes sueños de conquista. Zacarías en Israel, y el débil Achaz eran posiblemente apacibles y reposados jóvenes. Posiblemente el anciano y gran predicador Jonás, estaba aun vivo cuando Amós inició su ministerio.

Condiciones sociales. Hallamos en el libro de Amós, un vívido relato de las condiciones de su tiempo. Como ya se dijo, fue un período de prosperidad sin precedente. Abundaba la salud física, el pueblo en lo general, vivía una vida cómoda y hasta cierto punto lujosa en muchos casos, satisfaciendo todos sus deseos. Edificaron casas invernales y de verano, artística y costosamente enmaderadas, adornadas con hermosas piedras y marfil. La riqueza no era desconocida en la casi totalidad de los ciudadanos. Los negocios eran buenos y productivos; los lagares rebosaban de mosto; los lechos eran de marfil y los muebles de hermosas líneas y acabados perfectos que daban una nota de comodidad y distinción en las suntuosas fiestas hogareñas o palaciegas. Aun cuando la comodidad tenía niveles regulares, había una buena porción de pueblo abandonado, cuya miseria contrastaba con la opulencia de los ricos. Así como abundaban los palacios y las mansiones señoriales, como un mudo reproche de la pobreza, se levantaban las misérrimas viviendas de los pobres. Las ciudades estaban indudablemente creciendo. La clase comercial manejaba el mayor volumen de riqueza y paulatinamente se iba apoderando de la tierra, hasta que la mayor parte de ella, quedó en manos de unos pocos. Los jueces degeneraron en la deshonestidad; los gobernantes se prostituyeron. La usura, la extorsión y los odios manifiestos o latentes, eran el pan de cada día. A lo largo de todo este estado de cosas, apenas era posible percibir un entusiasmo superficial que parecía hacerles olvidar el hecho en proceso, pero evidente, de que estaban siendo encerrados en un trágico círculo de inevitable exterminio.

Los ricos amasaron sus fortunas, a base de injusticias

y opresión. Los trabajadores de los campos sufrían crueldades en manos de los terratenientes y de los inhumanos acreedores. La deshonestidad comercial y la venalidad judicial, se aliaron contra el sufrido pueblo haciéndolo desesperar más allá de lo que la paciencia humana puede soportar. Ninguna porción de estas riquezas acumuladas, parecía pertenecer ni beneficiar a estas hambrientas y necesitadas multitudes. Las mujeres ricas de aquella tierra, tanto como sus maridos, multiplicaron sobre los campesinos sus gravámenes y sus demandas (4:1). Verdaderamente fueron horas muy tenebrosas para el pueblo escogido de Dios, llenas de trágicos presagios.

Condiciones religiosas. El pueblo había caído en un funesto ceremonial. Gran número de hebreos emprendían largas jornadas a sus santuarios de Bethel, Gilgal y Beerseba. Cánticos, asistencia puntual a los templos, elaboradas ceremonias y observancias regulares, era todo lo que constituía la religión de los hebreos en general. El pueblo era muy devoto y apegado a sus reclamaciones de ser las criaturas especiales de Dios a la vez que estaban en constante expectación escatológica sobre el porvenir. Ellos prolongaron el gran día de Jehová. Sin embargo, desafortunadamente, sus prácticas religiosas no hicieron nada por ellos en el sentido moral. Sus caudillos religiosos no lo eran por vocación, sino por profesión. Eran asalariados. La inmoralidad era cosa común y práctica cotidiana, había franca oposición a la justicia; la falta de sinceridad era manifiesta y había mucha superstición en lo que ellos solían llamar: adoración. La grosera inmoralidad era abiertamente practicada, y hasta cierto grado fomentada por los guías religiosos entre el pueblo.

Los nobles y ricos que tomaron en cierto modo las riendas de la religión y de los asuntos concernientes a ella, se mostraron completamente ajenos e indiferentes al sufrimiento de las gentes que padecían las consecuencias de la injusticia, la opresión y la violencia. Estos hombres, eran incapaces de ver interiormente, lo que el profeta Amós descubría con su penetrante mirada de una manera tan evidentemente clara. Era que ellos no conocían a Dios. Finalmente el corazón de ellos se cerró herméticamente para todo conocimiento procedente de arriba que pudiera ayudarles a entender la verdadera naturaleza de la religión. En lugar de experimentar una vida plena de espiritualidad, se dieron a la embriaguez a comidas extravagantes, a pasear en carrozas, a recostarse en suaves reclinatorios viviendo en la ociosidad, perdiendo un tiempo precioso ignorando quizá, que la retribución contra ellos, estaba siendo preparada ya.

EL HOMBRE DE DIOS

Este predicador simple y patriota, dejó su hogar en Judá y caminó 35 kilómetros para llegar a Bethel, en el reino del norte, como un mensajero de Dios.

Su hogar. Tecoa era la tierra del profeta. Una pequeña villa situada a 20 kilómetros al sur de Jerusalem, rodeada por pequeñas colinas de piedra caliza y por limitadas porciones desérticas. El Mar Muerto queda expuesto a plena vista desde Tecoa, aun cuando está a 1,215 metros de profundidad de la villa, y se halla a solamente 30 kilómetros de distancia de Tecoa. Los contornos, eran desiertos. Las montañas solitarias, donde Amós pasó largo tiempo, proveyeron la atmósfera requerida para la preparación del profeta de Dios.

Su habilitación. Amós debido a su preparación, estaba en las mejores condiciones de asumir con grandes probabilidades de buen éxito su tarea profética. El conocía el mundo en torno suyo. De una manera íntima y segura podía poner su dedo sobre cada pecado particular de su propia nación y de las naciones vecinas. Conocía tan a la perfección los pecados de Samaria, como si hubiera gastado años y años de investigación en aquel reino del que ésta era la capital. Conocía Amós todos los antecedentes de los filisteos y la historia primitiva y completa de ellos, de Siria, de Judá e Israel. Estaba enterado de las leyes, tradiciones, pecados, triunfos y fracasos de Israel en su pasado; esto le permitió hacer más efectiva y fecunda su labor. En lo que dijo o escribió, exhibió algunos conocimientos astronómicos, que había aprendido en su contacto con la naturaleza. Todos estos conocimientos le fueron muy útiles, de un modo excepcional, en la interpretación de la voluntad divina al pueblo.

Su preparación. Su vida, vivida en los yermos de Judea, y la soledad, le proporcionaron una preparación adecuada para un ministerio efectivo. La vida solitaria y austera, la gloria de la naturaleza, la silenciosa y diaria comunión con Dios, la concentración mental, la prolongada meditación sobre grandes pensamientos, la opresión observada, la inspiración producida por las grandiosas escenas naturales, el contacto con las caravanas de viajeros y mercaderes combinados con sus dotes naturales, hicieron de él el hombre ideal para una tarea, en la cual debería hacer oír su voz condenatoria en el centro idólatra de Bethel. Los viajes a los mercados de la lana, el cuidado constante de las ovejas, en el trabajo extra como colector del fruto del sicómoro, y las horas de conversación con los mercaderes que pasando por Palestina iban o venían de Egipto, mantuvieron alerta su mente y en contacto con los elementos más esenciales a su educación. Su mejor estudio fue sobre la teología. ¡Cuán íntimamente él llegó a conocer a Dios! ¡Cuán definidas y profundas fueron sus convicciones! ¡Cuán perfectamente entendió la religión del Espíritu! ¡Cuán claramente vio al través del mal, el abandono, lo inútil y fingido de la religión, al genuino Israel!

Su llamamiento. No es posible en virtud de la falta de datos, saber detalladamente lo concerniente al llamamiento de Amós. No era miembro de ningún grupo profético. No había tampoco gastado tiempo ni mucho ni poco, en alguna escuela de estudios sobre lo divino. Se mostró renuente a ser clasificado como miembro del grupo de conductores del pueblo, junto con aquellos que acomodaban su vida a los deseos del populacho, predicándoles siempre bienaventuranzas y prósperos sucesos.

Amós fue compelido por una profunda convicción de que Dios lo llamaba a predicar a Bethel, a dejar las ovejas que tan amorosamente había apacentado por muchos años. Debió haber tenido el profeta su experiencia excepcional con el todo poderoso en el desierto, antes de tomar la decisión de darse al Señor. Y la mano de Dios fue siempre sobre él. No era posible, ya, ni ahora ni después, retornar.

Y Jehová me tomó de tras el ganado, y díjome Jehová: ve, y profetiza a mi pueblo Israel. (7:15).

Esta fue una imperiosa apelación que no podía ni

debía ser declinada. Ningún grado de desobediencia podía ser agradable a Dios.

Su misión. ¿Por qué debería ser enviado a Bethel? Seguramente que Jerusalem necesitaba de su mensaje. A pesar de esto, Dios deseaba hablar al reino del Norte, con palabra de fuerte eamonestación. Bethel era un pueblecito que distaba 16 Kmts. al norte de Jerusalem. Bethel era el lugar donde el santuario del culto de Baal había sido establecido, y en él adoraba Jeroboam II. Jehová dirigió su mensaje exactamente a donde estaba la denigrante mancha y a donde convergían todas las fuerzas de destrucción para quebrantar aun más, la adoración verdadera de Jehová. El materialismo, el lujo, la comodidad, las bebidas embriagantes, el soborno y la opresión, constituían la moral más baja, contribuyendo poderosamente a minar los cimientos religiosos aún más. Amós fue enviado a un pueblo, que no sentía la necesidad de la predicación. Cerraron lo mejor que les fue posible su corazón, impidiendo que entrara el buen entendimiento del mensaje espiritual. El fue llamado para hacer lo mejor que le fuera posible para ganar la atención y comunicar con toda claridad, las verdades que Dios estaba pronunciando contra ellos.

Su vida personal. Nació y creció en los desiertos. Amós estaba acostumbrado a la vida del campo. Atender los ganados, y levantar las cosechas de los árboles sicómoros, era el trabajo ordinario de todo campesino hebreo; y este era el trabajo de Amós. Sus diarias actividades entre los solitarios desiertos, habían constituído su ocupación ordinaria por muchos años. Lo único que hacía variar la monotonía de esta vida, eran sus viajes más o menos regulares, a los centros comerciales de lana, donde lograba establecer contacto con los mercaderes de diversas partes del mundo conocido, con lo que Amós estaba informado al día, de los eventos principales de las naciones.

Cuando Dios colocó su mano sobre él, consagrándolo a las actividades misioneras, fue necesario que renunciara a sus diarias tareas, dejara su tierra y emigrara a Bethel, la capital religiosa del reino. No estamos seguros de cuánto tiempo utilizó en Bethel en el desempeño de su misión. Pero sí sabemos con seguridad que hizo fiel entrega de un poderoso mensaje al pueblo y sus príncipes, mientras estaban congregados en importante festividad religiosa. Cuando él habló en nombre de Jehová contra las naciones vecinas, el pueblo aplaudió con gran entusiasmo sus palabras. Pero reaccionaron brusca y contrariamente cuando el profeta denunció los pecados de Bethel y de Samaria.

Amazías, el sacerdote, era incapaz de prevalecer contra la ardiente predicación del profeta inspirado de Dios. Finalmente, Amazías tuvo oportunidad de interrumpir y reprender al profeta sureño a quien consideró como un instruso en los asuntos religiosos del reino del norte. Este fue un encuentro clásico. El sacerdote se mostró intrépido, amenazador y arrogante apoyándose en la presencia del rey en la ciudad. El profeta a su vez, se mostró valiente y resuelto, por la conciencia que tenía de la presencia de Jehová en él. Amazías denunció a Amós delante del rey inmediatamente diciendo:

Amós se ha conjurado contra ti en medio de la casa de Israel: la tierra no puede sufrir todas sus palabras. Porque así ha dicho Amós: Jeroboam morirá a cuchillo, e Israel pasará de su tierra en cautiverio (7:10, 11).

Este fue un cargo muy serio. George Adam Smith dice: "Teniendo fortaleza en sí mismo, hizo como los hombres pequeños y vulgares; considerando que estaba haciendo uso de sus facultades, levanta la voz contra el profeta; es muy interesante observar el tono empleado por el presuntuoso sacerdote, quien asumiendo una autoridad moral e intelectual que no tenía, sino sólo su ventajoso poder político derivado de su amistad con el rey, y de su relación con él, arrogante se levanta y dice: 'Vidente, vete y huye a tierra de Judá, y come allá tu pan, y profetiza allí: y no profetices más en Bethel, porque es santuario del rey, y cabecera del reino' (7:12,13). Apelando así a lo oficial, resulta mucho más conclusiva la advertencia, que si solamente dijera porque esta es la Casa de Dios. En efecto, la arenga de Amazías, justifica el uso de los términos duros, empleados por Amós contra la religión de sus días."[1]

La fidelidad del profeta, a la postre, fue doblegada por el peso político del sacerdote, quien con la presencia del profeta vio seriamente amenazados sus intereses y su posición religiosa. Amós fue al fin expulsado de Israel. La libertad de expresión, no podía ser tolerada en Bethel. Ni un Elías, ni un Amós, podían estar seguros en un reino de esta naturaleza. Esta limitación al pensamiento, juntamente con las amenazas que tal limitación encierra, establecía la necesidad de que los profetas verdaderos, se refugiaran en lugares de mayor tranquilidad y seguridad, propicios a la meditación. Posiblemente Amós, una vez cumplida su misión, volvió a la atención de sus rebaños; trabajando diligente-

---

[1] *The Book of the Twelve Prophets,* Vol. I, p. 114. Usado con permiso de los editores: Harper & Brothers.

mente en la escritura de su libro profético para el pueblo que debería estar en condiciones de leerlo, entenderlo y practicarlo.

Su carácter. Amós fue simple, humilde; lo que puede llamarse un hombre de Dios, en toda la extensión de la palabra, al cual llamó el Señor de sus ocupaciones ordinarias de pastor de ovejas, para pronunciar el mensaje celestial a los oídos del pueblo de Israel. Fue un hombre franco, directo, valeroso y dinámico. Tenía agudo resentimiento contra las viciosas prácticas sociales. La rectitud y el sentido de justicia, ardían en su corazón cuando veía la injusticia y la deshonestidad en los ciudadanos. Sus simpatías estuvieron siempre del lado de los pobres. Sus penetrantes ojos, arrojaban fuego cuando veían en algún sitio el lujo, la extravagancia y la inmoralidad. Estas manchas sociales eran como rojas banderas en sus mejillas de hombre rústico y honrado.

Amós fue profundamente religioso. Su aguda penetración en las profundidades de Dios, fue casi increíble. Posesionado de una visión del mundo y de una perspicacia evidente sobre los problemas de carácter internacional, aparece como un visionario en medio de su pueblo, un pueblo cuya cabeza era demasiada obtusa para dicernir materias de tan profunda significación y de tan largo alcance. Su ardiente valor y su modo directo de presentar su mensaje contra los ricos, la influencia y el poder de su personalidad, lo señalan como un gran reformador social y religioso. Conocía íntimamente a Dios, siempre estuvo seguro de su llamamiento, sintió constantemente la mano de Dios sobre él y jamás tuvo miedo de comunicar la verdad a persona alguna.

Fue un hombre modelado en la rígida disciplina del desierto, y estaba atento a todo evento en las personas o en las naciones. Es Amós, un solitario habitante de los desiertos de Arabia. Un verdadero nómada de los desiertos y un eficiente pastor de sus ganados sin sujeción real a gobierno alguno. No era ciudadano del reino del norte; él podía ver a Israel desde afuera. Sin embargo, sentía cierto grado de simpatía por el rey, por los nobles, por las armas de Israel y por la nación en sí. Esto hizo, precisamente, que la denuncia contra Israel fuera franca y enérgica cuando principiaba su decadencia como pueblo.

Valuación personal. Driver dice de él: "Amós no es un rústico en el sentido ordinario de la palabra, más bien fue un hombre con dotes naturales, de viva penetración y excepcional capacidad para observar, reflexionar y para llegar a deducciones generales, consciente del amplio alcance de las realidades morales y espirituales, y de un impresivo lenguaje."[2]

Cornill añade: "Amós es uno de los personajes más atractivos que han aparecido en el escenario espiritual de la vida de Israel."[3]

Cohon agrega: "Una poquita de esperanza que ahuyenta la obscuridad; una poquita de fe en el Dios de la misericordia, quien perdona y olvida el pecado por su compasión infinita; la carencia de toda huella de melancolía; sin insinuaciones de un sentido humorístico; la ausencia de toda duda sobre sus propias convicciones, le dieron solemnidad y firmeza a las decla-

---

[2] *Joel and Amos*, p. 105. Usado con permiso de los editores: Cambridge University Press.
[3] *Prophets of Israel*, p. 42. Open Court Publishing Co., Chicago.

raciones del profeta Amós. Firme, austero, misericordioso y dogmático, denunció con brusquedad las faltas de una sociedad injusta. Inflexibilidad en la justicia: en esto consiste la grandeza de Amós."[4]

Eiselen comenta: "Amós fue el primer profeta de la octava centuria que redefinió el concepto de Jehová, abriendo con ello una era de pensamiento constructivo jamás sobrepasado en algún otro período de la historia humana."[5]

Starr dice de él: "En el desierto, que no pocas ocasiones ha sido la cuna de la religión, en donde a sus arrullos se han incubado los más grandes principios espirituales, con su delicado y tenue silencio, produjo en Amós una sensibilidad espiritual muy marcada que lo mantuvo siempre alerta y lo puso cara a cara con Dios permitiéndole ver la vida humana a la luz de los principios de la moral divina; allí formó convicción de su llamamiento, dotándolo de aquella austeridad necesaria en quien ha de desempeñar un papel tan solemne y tan grave, como lo es el cargo de mensajero de Dios, profeta y denunciante del pecado. La gravedad, la austeridad, se respiran en casi cada línea escrita por él; desdeñó, destruyó y desenmascaró los sofismas y sofistas de su día. El sacó a la luz pública las últimas realidades espirituales. Para él, Jehová no era una cosa abstracta; era el Dios viviente, el Dios de los cielos poseedor de un carácter moral precioso, un Dios

[4] *The Prophets,* p. 35. Usado con permiso de los editores: Charles Scribner's Sons.
[5] *The Prophetic Books of the Old Testament.* (Vol. 2), p. 426. Usado con permiso de los editores: Abingdon Press.

que actúa en la historia, un Dios que es fuego consu
midor."[6]

Harrell afirma: "La vasta y portentosa creación de
Dios, le proporcionó una extraordinaria visión de lo
divino. El espíritu de Amós fue robustecido como la
roca de las colinas de Tecoa; ardiente como las arenas
del desierto; grande como las alturas que se elevaban
sobre su cabeza."[7]

Walker dice: "Si Amós hubiera tenido una lengua
como látigo en manos del opresor, la hubiera esgrimi-
do, pero en términos de un corazón amoroso hacia el
oprimido. Era severo, porque amaba; su profecía se de-
rrite como metal fundido en el fuego de la piedad."[8]

Dice James: "Con cuánta claridad y precisión, puso
primero las cosas primeras. Abogó prominentemente
por la libertad, con un espíritu a prueba de titubeos y
muy por encima de lo ordinario; tonificó a los espíritus
apocados y vacilantes de su tiempo. Amós vivió en un
vasto mundo, donde la riqueza y el esplendor por
grandes que parecieran, realmente no contaban; donde los reyes parecían pequeños, donde el poder del poderoso era despreciable y en donde solamente eran
dignas de honor: la justicia, la pureza y la verdad, que
es lo que Dios considera como metas supremas de la
vida. Amós fue uno de los pocos espíritus emancipados
de la raza, y uno de los campeones más apasionados de
la causa de los pobres. En cualquier parte que el hombre ha acudido a la Biblia para hallar orientación y estímulo en la prolongada lucha de liberación de los

---

[6] *From Abraham to Christ*, p. 172. Hodder and Stoughton.

[7] *Ibid.*, p. 46.

[8] *Men Unafraid*, p. 32. Usado con permiso de los editores: Abingdon Press.

oprimidos, han hallado principalmente en Amós tal
orientación y estímulo así como en sus sucesores Isaías
y Miqueas."[9]

EL LIBRO

Cuando Amós se dio cuenta de que el pueblo de Israel no oyó y que no oiría su mensaje, volvió a Judá,
para dar forma escrita a sus proclamas. Mucho tiempo,
meditación y estudio debieron haberse dado al arreglo
ordenado de estos sermones. Seguros estamos, de que
el texto fue fiel y cuidadosamente preservado.

El aspecto psicológico del mensaje. Unos pocos ejem-
plos sobresalientes, citados del escrito de Amós, nos
mostrarán la forma en que él actuó frente a las multitudes de Bethel. Era un día de fiesta religiosa. Una in-
contable multitud se había congregado para la gran celebración de uno de los días más solemnes de Sión. Parece que Amós no tenía deseos de predicar un sermón
directo e inmediato que produjera una reacción violenta y contraproducente. Este sabio predicador de los
desiertos, se colocó en el lugar y ocasión más convenientes. Empezando por pronunciar juicios contra Damasco, capital de Siria, ganó inmediatamente la atención de sus oyentes, a la par que sus simpatías. ¡Cómo
eran aborrecibles para Israel, los hijos de Damasco!
Rápidamente abordó Amós el problema antiquísimo
de la lucha de los aguerridos y odiados filisteos, opresores de Israel. En rápida sucesión, pronuncia juicios
de ruina contra Fenicia, Edom, Amón y Moab, para
tornarse también contra la tierra de Judá. ¡Qué predi-

---

[9] *Ibid.,* p. 228.

cador tan maravilloso era este a ojos del pueblo! La muchedumbre debió haber estado frenética y haber seguido cuidadosamente el mensaje del profeta, palabra por palabra. El psicólogo más destacado de nuestros días, quizás no hubiera superado al profeta en el clásico principio de su peroración. Evidentemente, era un consumado maestro en su ocupación de predicar. Estamos seguros de que no se trataba meramente de una improvisación ni de una triquiñuela de orador vulgar. Fue el de Amós, un verdadero mensaje contra los pecadores de las naciones, pero debemos reconocer la perspicacia del profeta en el modo admirable de pronunciar sus denuncias a Israel.

El estilo. Es un poco ardua la tarea encaminada al examen de las cualidades literarias de un libro del estilo del de Amós. Pero cuando estamos frente al escrito de este profeta de Dios, descubrimos sin mucho esfuerzo su alto mérito literario. Con muy pocas excepciones, el lenguaje es puro, las oraciones son llanas y correctamente construídas, legibles, claras, enérgicas y hasta dramáticas. El lenguaje usado, es hermoso y describe con belleza y colorido las ideas y los sucesos. Uno capta la impresión de que el artista literario ha empleado todas sus herramientas para producir una obra maestra. Amós usa en profusión, la metáfora, el sarcasmo, la ironía, el paralelismo, el colorido imaginario, las frases elocuentes, las antítesis, cláusulas proporcionales y en muchos casos, se eleva sobre las alas de la más alta calidad poética. La dicción es clara y vigorosa. Puede uno contemplar al orador en su mejor actuación. Su fervor y su sinceridad, corren al través de sus discursos. Hay poder y pasión en cada línea.

Bosquejo. En la obra pueden advertirse tres divisiones naturales como sigue:

Caps.

1 y 2: Juicios contra las naciones por sus crímenes.

1:3-5 Contra Damasco, por inhumanos, crueles y por pelear contra Israel.
1:6-8 Contra los filisteos, por la esclavitud ejercida sobre Israel.
1:9,10 Contra Tiro, por el tráfico de esclavos.
1:11,12 Contra Edom, por la dureza con que trató a Israel y la falta de fraternidad.
1:13-15 Contra Amón, por la guerra y su demoníaca crueldad.
2:1-3 Contra Moab, por la crueldad y trato inhumano.
2:4,5 Contra Judá, por su deslealtad a Dios.
2:6-16 Contra Israel, por sus escandalosos pecados contra Jehová.

3 al 6: Tres mensajes contra los crímenes de Israel.

3:1-15 La necesidad del juicio sobre Israel.
4:1-13 Se denuncian: la opresión, la idolatría y la falta de arrepentimiento.
5:1-6:14 La opresión, el culto superficial y la vida licenciosa, son causa de la estrepitosa caída de Israel.

7 al 9: La determinación de Dios, de castigar a Israel, ilustrada con cinco visiones.

7:1-3 La langosta.
7:4-6 El fuego.
7:7-9 La plomada.

7:10-17 Un relato histórico.

8:1-3 El canastillo de fruta de verano.

8:4-14 Contra los explotadores del pobre.

9:1-10 Contra el Santuario y sus adoradores.

9:11-15 Un epílogo descriptivo de un nuevo día de paz, poder y esplendor.

La integridad del libro. Todos los eruditos están de acuerdo en que la obra es el producto directo de las manos de Amós, y que algunos cambios y adiciones muy pequeños han sido hechos en él. Es muy probable que el libro se escribió unos pocos meses después que el profeta fue expulsado de Bethel. Es evidentemente el resultado de un trabajo cuidadoso. El autor comenzó con un plan definido y lo condujo a un desarrollo bien orientado. La mayoría de los críticos objetan la genuinidad de la profecía contra Judá (2:4,5) y la felicidad y esperanza descritas en 9:8-15. La naturaleza de los pasajes en 4:13; 5:8, 9 y 9:5, son considerados como adiciones posteriores. Los argumentos usados en contra, en cada caso, están muy lejos de ser conclusivos.

El valor del libro. Este documento de los más significativos del período profético del Antiguo Testamento, es de un inmenso valor para el estudiante de la Biblia. Siendo uno de los documentos más antiguos del siglo octavo, contiene material de valor inmenso, que arroja luz sobre las condiciones históricas de aquella época.

Nos describe con vívidos colores y claridad meridiana, las condiciones de la sociedad israelita en esta mitad del siglo VIII. El estudiante diligente de este libro, puede hallar con el más completo colorido, expuestas en minuciosas pinceladas las condiciones sociales de la nación hebrea. Amós señala los prejuicios, el optimismo jactancioso, el crecimiento del poder y el peligroso aumento de la riqueza; el sentido de una falsa seguridad, las actitudes altaneras, el aumento de la ociocidad y del lujo; la corrupción gubernamental, la codicia femenina, el soborno y el cohecho; la inmoralidad, la profunda pobreza y el sufrimiento de la mayoría del pueblo.

Es Amós, completamente claro y específico describiendo las condiciones religiosas de Bethel. Era una religión inútil, insípida, sosa, eficaz solamente en el hecho de apartar al hombre de su Dios. Amós, cuya vida en el desierto respiró la pureza del contacto divino, se sintió profundamente afectado por el vacío, la formalidad, la crueldad y la ficción de lo que se conocía entonces con el nombre de religión. En lugar de elevar el nivel moral y llevar los preceptos éticos a concepciones y prácticas más altos, se reflejaba una pronunciada tendencia a degenerar en: la calidad del pensamiento, las buenas costumbres y la sensibilidad espiritual del pueblo. Esta era una positiva desgracia. Amós presenta al pueblo en el intento de sosegar y agradar a su dios Baal, con costosísimas ofrendas, fiestas suntuosas, días especiales, vistoso ritual que apelaba sólo a los sentidos y con pródigos signos exteriores de una fidelidad que nunca fue efectiva. Bethel, Beerseba, Dan y Gilgal, eran literalmente invadidas por las multitudes alucinadas, en busca del favor de sus deidades. Grandes cantidades eran invertidas en estas vanas ofrendas e inútiles esfuerzos por agradar a quien por su naturaleza, no podía mostrar agrado alguno. El sutil profeta de Dios, vio con toda claridad, cómo el corazón de Israel iba tras esta vanidad. En cor-

tantes frases y en irónicas palabras, expresó lo que Dios
pensaba y juzgaba de su pueblo.

El libro es especialmente valioso, por la luz abundante que arroja sobre la historia de Israel y los preceptos de la Palabra de Dios. Parece que Amós estuvo
en contacto diario con cada minuto de la historia y
de los acontecimientos en ella relatados. El profesor
James Robertson dice: "Es interesante notar cómo muchas alusiones, más o menos precisas, hechas a los antecedentes históricos, se hallan en este pequeño libro;
y la significación de ellos en nada difiere del contenido y número de las referencias actuales; aunque sub-
sisten las referencias generales, no por ello dejan de
estar implicadas las referencias individuales. Esto es,
no debe tomarse cada referencia como un hecho ais-
lado y solitario, sino como parte de otros eventos. De
manera que algunos hechos, sólo pueden ser entendidos correctamente, a la luz de otros y cuando los incidentes y circunstancias, son tomados en la consideración debida."[10] Amós demostró en el caso de Bethel, la
idólatra, que conocía íntimamente y casi minuto a minuto, la historia de los patriarcas consignada en el libro
del Génesis. El libro de Amós nos proporciona un testimonio sumamente valioso acerca de la literatura de
ese tiempo. El mensaje está concebido en completa armonía con la ley dada a Moisés y en el mismo espíritu.
Las demandas éticas del libro de la Ley de Moisés,
sirven de fundamento a las demandas de Amós halladas en su profecía. Difícilmente puede uno eludir el
sentimiento de que Amós fue un fiel intérprete del
Tora para su propio corazón y para el de sus oyen-

---

[10] *International Standard Bible Encyclopedia*, p. 123.

tes. Es esta una gran experiencia recogida por él. Amós
es el predicador de la justicia por excelencia; constantemente va y viene al través de las páginas y luz del
Pentateuco con ese tema.

En el estudio de este libro, descubrimos a un profeta actual, en cuyo trabajo de liberación su alma está
sujeta en todo a Dios, y a quien el Señor presenta como
caudillo a su propio pueblo. Cuando esto acontece, podemos conocer a Dios y la religión de Jehová puede
ser mejor entendida al través de Amós. Así es posible
distinguir las diferencias entre los profetas, producto
de las escuelas, y el verdadero hombre de Dios. Entonces pueden ser entendidos algunos o todos los requerimientos de la justicia de Dios, que pide a su pueblo
escogido elevarse a posiciones tales, que pueda aspirar
la atmósfera en que actúa y vive el intérprete de Dios.
El libro nos ayuda a ver el orden de las verdades proféticas; proporciona abundante orientación sobre los
ideales de Dios, el verdadero profeta y la religión ideal.

VALORES PREDICABLES

En adición a los valores que hemos mencionado, vale
la pena considerar de modo más concienzudo el material valioso para la predicación. Todo ministro debería
conocer íntimamente el libro de Amós.

Su idea acerca de Dios. Le fue concedido a este hombre de Dios forjado en los desiertos entender y conocer
a Dios mejor que cualquiera de los que le precedieron.
El comprobó que Jehová no era meramente el Dios
particular de Israel. Para Amós, Jehová es el Gobernador de los cielos y de la tierra, Creador de las inmen-
sas montañas, los planetas, las pléyades, los mares, el

viento, las nubes y el pueblo de toda la tierra. Las tinieblas huyen a su sola presencia; las aguas se levantan o caen a su mandato; a su sola voz, obedece el Carmelo; las langostas, el tizoncillo y las plagas, la pestilencia, el terremoto y las tormentas, acometen en todo sitio escogido por él. Para el profeta, Jehová es el Dios cuya plenitud de poderes está en su mano, listos para ser usados en cualquier momento y en cualquier lugar.

Jehová tiene el derecho de ejercer su indiscutible soberanía sobre todas las naciones con inalienable derecho de cambiarlas de un lugar a otro de la tierra así como un jugador de ajedrez por ejemplo, mueve sus piezas sobre el tablero. El puede hacer lo que quiera con: Damasco, Gaza, Tiro, Edom, Moab o Amón. Cada una puede ser sentada en el banquillo del juicio. Sus dioses: Adad, Dagón, Melkart, Chemos, no deben ser considerados como dioses ni por un momento. En los tiempos remotos, la mano de Jehová condujo las emigraciones de los filisteos trayéndolos de Caphtor y a los sirios, de Kir. Jehová está ahora y siempre listo para ejercer sus poderes inmensos sobre cualquiera de las naciones.

Vívidamente describe el profeta, la imposibilidad de escapar del ojo vigilante de Jehová. El laberinto del Carmelo con su tupida maleza; las sombras más densas del sepulcro; las más elevadas alturas de los cielos; los más profundos abismos de los mares y los más lejanos territorios enemigos, resultarán inútiles como lugares de escondite. Su mirada penetra de igual modo, al espíritu del hombre. Esta es la concepción que Amós tuvo de Dios, la misma que enseñó celosamente al pueblo.

El libro de Amós pone de manifiesto clara y evidentemente el cuidado amoroso que Dios siente y ejerce para con todas las naciones. El ha conducido a otros pueblos así como tuvo a bien guiar a Israel. No favoreció especialmente a Israel con detrimento permanente ni transitorio de otras naciones. Dios deseaba ver a todas sus criaturas igualmente fieles y bendecidas, continuar en sus caminos. Dios trató con cada nación en particular de acuerdo con su propia justicia y castigando sus pecados de un modo imparcial. Israel es juzgado bajo los mismos principios de moralidad común a otros pueblos, los cuales rigen a las naciones vecinas y a su pueblo elegido. Cada nación debía conservar tales principios básicos de humanidad, integridad, honestidad, pureza de vida y observancia de las prácticas dignas, de la religión espiritual.

En ningún lugar de su escrito, da Amós ideas especulativas y abstractas acerca de Jehová. Lo presenta en todas partes, como un principio moral que conoce a Israel íntimamente, juzga a todos los pueblos de la tierra con apego a los principios morales; principios que pueden ser hallados solamente a través de la recta conducta humana. Jehová ejerce un dominio paternal sobre los hombres, siendo su mayor placer la promoción de la felicidad humana. Como juez imparcial, sus criaturas pueden esperar confiadamente, un juicio que tendrá por base la justicia y no meramente consideraciones de orden sentimental. El ritual elaborado, no sirve sino para ofender la delicada sensibilidad de Jehová.

Es un Dios que se verá obligado a traer muy serios contratiempos y calamidades sobre su pueblo. Amós recibió la impresión de que en Jehová la paciencia había llegado al límite, en las relaciones con Israel. La retribución justa, vendría sobre todas las naciones y la ruina y el desastre se abatirían sobre ellas. Todavía

más, aún los pobres de la tierra, cuya causa defendía
Amós, sufrirían juntamente con sus ricos opresores. Salvo lo afirmado en algunos pasajes (9:8-15) el desastre
parecía ser absoluto. Nuestros mejores comentaristas,
opinan que fuera de estos pasajes que traen alguna esperanza y optimismo, todo lo demás, salido de la pluma
del profeta, es excepcionalmente sombrío. Amós conocía a Dios de un modo tan íntimo que no tuvo dificultad
en captar aun al través de la necedad del hombre y de
su alejamiento de Dios, la belleza plena del carácter divino.

El peligro del privilegio. Amós se expresó en términos muy claros en lo que respecta al pueblo escogido
de Dios. En un sentido muy real, el pueblo de Israel
constituye un tesoro especial para el Señor. El ha amado a su pueblo con un amor tierno y compasivo. La nación fue elegida como una posesión muy preciada. De
todas las familias de la tierra, tomadas como naciones,
Israel es la predilecta; aunque el Señor ama y cuida a
todos los pueblos, sus favores especiales han estado sobre Israel. Esta relación de intimidad especial entre
Dios y el pueblo escogido, establece para la nación hebrea, deberes y obligaciones más altos que para los
demás. Los privilegios siempre envuelven responsabilidades particulares.

*A vosotros solamente he conocido de todas las familias de la tierra; por tanto visitaré contra vosotros todas
vuestras maldades (3:2).*

La bondad de Dios al elegir a Israel, hace por ese
hecho, que las responsabilidades de la nación, aumenten para con él. Amós enseñó la significación verda-

dera de la elección. Ser escogidos de Dios, significa tener mayores responsabilidades; por tanto, la falta de
cumplimiento de tales obligaciones, traería consigo inevitablemente el castigo. Cristo expresó el mismo pensamiento al decir:

*Porque a cualquiera que fue dado mucho, mucho
será vuelto a demandar de él* (Lucas 12:48).

George Adam Smith dice: "La religión no es una garantía contra el juicio de Dios, no es un atenuante ni
un modo de escapar a las consecuencias. La religión
es solamente una oportunidad, la más grande oportunidad moral que el hombre tiene; la cual, si el hombre
viola o desecha, queda expuesto al juicio inexorable del
Rey de todas las naciones. A vosotros solamente he conocido; y porque no aprovechasteis las ventajas morales
de mi trato, considerándolo como un privilegio y una
cosa de qué enorgullecerse, perdón de lo pasado y seguridad por el futuro; por esto os espera el juicio más
inexorable."[11]
La justicia es un principio elemental y eterno. Dios
es justo, debe ser, y es, honesto para con su pueblo. El
abuso de la justicia, la crueldad de los ricos, la deshonestidad y el comercio de la esclavitud humana, debían ser condenados. Amós ataca valeroso y resuelta-
mente los pecados de la civilización. Los pecados inhumanos, eran menores en las otras naciones gentiles,
con todo y que no sabían mucho de las relaciones humanas, como lo eran entre los hombres y mujeres de
Israel. El cohecho, la intolerancia, el lujo, la opresión

---

[11] *Ibid.,* p. 144.

del pobre y el despojo, son más detestables y aborrecibles a los ojos de Jehová, que todas las atrocidades de las demás naciones juntas. La conducta social del pueblo, es más horrible de lo que se puede decir y comprender. Amós dice:

Porque vendieron por dinero al justo, y al pobre por un par de zapatos: que anhelan porque haya polvo de tierra sobre la cabeza de los pobres, y tuercen el camino de los humildes... y sobre las ropas empeñadas se acuestan junto a cualquier altar; y el vino de los penados beben en la casa de sus dioses (2:6-8).

Cada fase de la vida está involucrada en el mal. Las casas de invierno, las de verano y las de marfil y cualquier otro fruto de la extravagancia, serían barridos con el solo soplo del enojo de Dios. La crueldad, la inhumanidad y la locura de hombres y mujeres es amargamente denunciada por el gran libertador. Smith hace el siguiente comentario: "Hácese en Amós, una ruda descripción de la feminidad prostituída: son comparadas en su desenfreno, a los animales; los cuales en sus ansias por devorar la pastura que se les sirve, se atropellan. Así como ellos, las mujeres de Israel corrían a la satisfacción de sus apetitos y de sus inclinaciones bajas. Adviértase que no estamos hablando de Jezabel, de tan negra historia, ni de Mesalina la concupiscente y voluptuosa, ni de Lady Macbeths; sino de las matronas de Samaria. La falta de juicio y meditación, añadidos al lujo son capaces de hacer bestias de mujeres de buena cuna y educación con hogares y religión"[12] En mu-

---

[12] *Ibid.*, p. 148.

chísimas cosas ellas se constituían en guías de sus maridos, de quienes exigían satisfacciones de caprichos sin importarles que tales exigencias entrañaran el crimen.

Amós puso los cimientos profundos y fuertes, sobre los cuales más tarde Jesús edificó. Su sentido austero de la justicia absoluta, constituye el valladar más alto y potente contra el mal y la necia laxitud del pueblo de Israel. La amonestación profética, fue digna y oportuna, e hizo acto de presencia en medio del crimen, del egoísmo, la codicia, la opresión y la deshonestidad. ¡Esto, en que Amós hizo énfasis, debe ser dicho y oído en este día!

Descuido e Indiferencia. El profeta vació sobre el pueblo una descarga tremenda y mortal, cuando los acusó de vivir en el lujo, en los placeres y en la extravagancia, mientras miles y miles de sus hermanos sucumbían en la miseria más atroz, en torno de sus palacetes. No daban atención alguna a ninguno de los pordioseros que clamaban por alimento.

¡Ay de los reposados en Sión, y de los confiados en el monte de Samaria, nombrados principales entre las mismas naciones, las cuales vendrán sobre ellos, oh casa de Israel! Pasad a Calne, y mirad; y de allí id a la gran Hamath; descended luego a Gath de los Palestinos: ved si son aquellos reinos mejores que estos reinos, y si su término es mayor que vuestro término. Vosotros que dilatáis el día malo, y acercáis la silla de iniquidad; duermen en camas de marfil, y se extienden sobre sus lechos; y comen los corderos del rebaño, y los becerros de en medio del engordadero; gorjean al son de la flauta . . . beben vino en tazones, y se ungen con los ungüentos más preciosos; y no se afligen por el qu?-brantamiento de José (6:1-6).

Israel es un Estado que ha sufrido un colapso moral. La gente no siente ninguna preocupación. Los poderosos que tienen hermosas viviendas, buenos alimentos y abundancia de vino, son completamente indiferentes al clamor, a los gemidos, la pobreza y a los derechos del pueblo. ¿Para qué ocuparse de estos problemas tan insignificantes? Ellos pueden hablar eruditamente del arte, el comercio, los negocios, el patriotismo, la religión y la política, pero ni el más pequeño interés se manifiesta o se expresa en lo concerniente a los problemas dolorosos, los peligros reales y las verdaderas llagas del pueblo. La pobreza, la embriaguez, el trabajo excesivo, la inanición, el despojo de los hogares y los crímenes incontables cada vez más crueles y sombríos, están fuera de toda consideración y examen atento y necesario. Ha sido cosa común de todos los tiempos, el que los afortunados en bienes materiales y de posición desahogada, piensen que son superiores a los desposeídos de fortuna y de baja condición social, los cuales han sido siempre objeto de inhumana explotación. No pensar en las tristezas, los infortunios y las calamidades de los demás, es una sutil tentación contra la que todo corazón humano, debe contender eficazmente. Driver traduce la última cláusula del 6:6 así: "Y no enferman por la rotura (o herida) de José". El mismo comenta: "Estas palabras revelan la ironía de su posición: sumergidos en el torbellino del placer, miran con gran indiferencia las brechas y las heridas de índole política sufridas por la nación, esto es, la inminente ruina material, las señales. Las amonestaciones proféticas de la cual sólo son claramente discernidas, por el profeta."[13] Es cosa verdaderamente trágica, que en nuestro propio suelo y en este tiempo, hallemos las mismas cosas refinadamente practicadas, los mismos pecados. ¡Cuán descuidados somos! ¡Cómo final e inconscientemente nos vamos aproximando a la ruina inevitable! ¡Cómo involuntariamente estamos dejando de tomar parte en la mitigación de los males ajenos y en el desastre de los demás!

Una adoración que ofende a Dios. Amós había dado las características de una religión verdaderamente espiritual, que tenía la esencia de una adoración verdadera nacida del corazón. La religión actual de Israel, era para Dios altamente desagradable ante sus ojos. El pueblo está insultando a Dios con una religión formal desprovista de la sinceridad de corazón; ofrendas y sacrificios, habían sido despojados de toda significación espiritual. Jehová dice:

Aborrecí, abominé vuestras solemnidades, y no me darán buen olor vuestras asambleas . . . Quita de mí la multitud de tus cantares, que no escucharé las salmodias de tus instrumentos. Antes corra el juicio como las aguas, y la justicia como impetuoso arroyo (5:21, 23, 24).

El deseaba hacerles entender que no deberían esperar conquistar el favor divino al través de una observancia formulista de ritos y ceremonias. Dios no estaba demandando tanto la alabanza, los sacrificios u observancias ceremoniales, como requiriendo justicia y rectitud. Se exigía una conducta pública y privada, digna de la presencia de Jehová. Las ceremonias más elaboradas, observadas hasta en sus mínimos detalles, jamás podrán substituir a los deberes morales.

---

[13] *Ibid.,* p. 199.

Amós hizo lo mejor que pudo para ayudar a su pueblo a ver que la verdadera religión del corazón, es ética. Ellos estaban permitiendo que esto meramente ceremonial reemplazara al elemento moral. Por un lado, el humeante altar de los sacrificios, congregaba a multitudes; por otro, los suntuosos festivales religiosos, logran igual cosa; pero frecuentemente ni aquél, ni éstos, han hecho algo permanente para eliminar las lágrimas, el desastre y la opresión de las gentes; nada práctico para evitar la destrucción voraz de la embriaguez; el nauseabundo olor de la deshonestidad, el soborno y todo género de vilezas e inmoralidades. Sus corazones y sus manos estaban igualmente contaminados. Dios estaba siendo insultado en casi cada acción. Amós trató desesperadamente de traerlos a contemplar la esencia de la religión verdadera, con resultados casi siempre negativos.

LECCIONES PRACTICAS DE VALOR PERMANENTE

En adición a los mensajes que en número de 5, como principales, han sido dados, podemos señalar algunas lecciones de carácter práctico extractadas del libro.

1. El hombre desagrada a Dios por lo vacío y falta de sinceridad de su adoración.
2. Las naciones y los hombres que han sido distinguidos con favores especiales delante de Dios, tienen responsabilidades especiales también.
3. Dios es misericordioso y paciente en sus amonestaciones hacia nosotros.
4. La injusticia social, es intolerable para Dios.
5. El pecado debe ser castigado y el hombre debe sufrir las consecuencias.

6. El ocio, el lujo y la frivolidad, conducen a la senda del pecado.

7. La investidura para ejercer el poder sobre los demás, entraña graves peligros.

8. En cualquier tiempo de emergencia, Dios puede levantar a hombres de espíritu profético para hacer su voluntad.

9. La disciplina de la soledad y del desierto, es ciertamente valiosa. El desierto hizo un gran beneficio a Amós.

10. Dios amonesta con toda claridad y precisión, antes de enviar el castigo; pero no amonestará indefinidamente.

11. Farley dice: "Nuestras solemnes asambleas pueden ser desdeñadas por Dios en todo tiempo y lugar donde el mero ritual y formas exteriores son tomadas como substitutos de la comunión filial con Dios y la obediencia moral, nuestra adoración es vana y estimada por él, como estimó la adoración de Israel tiempo atrás, y nuestros santuarios como los de ellos, también caerán. Nuestros templos quedarán vacíos, sus cultos serán despreciados y el corazón y la mente de los hombres se volverán a cualquier a otra parte menos a nuestros altares."[14]

---

[14] *Ibid.*, p. 53.

OSEAS

745 A. de C. En Israel

Sigue siendo todavía una verdad aquello de que: "El mundo ama, a quien lo ama." Cuando deseamos elegir al campeón del amor en toda la literatura humana, hacemos tantas pausas como sean necesarias, a fin de examinar la obra y elegirlo como tal. Oseas, desde este importantísimo ángulo de su vida puede ocupar ventajosamente un puesto entre los más grandes enamorados del mundo. Su amor fue tan grande y tan intenso, que toda la vileza y bajeza de su tiempo, no lo pudieron eclipsar. Oseas sufrió severamente la incomprensión humana, pero por cada angustia que pasó llegó a conocer el amor infinito de Dios de una manera más clara. Gomer, su esposa, quebrantó su corazón; por este incidente, sin saberlo ella, preparó al profeta para producir en palabras, un cuadro maravilloso del amor divino. Debe ser por tanto, cuidadosamente valorizado y analizado el carácter, la vida y las enseñanzas de este hombre de raro proceder individual.

ANTECEDENTES

Históricos y políticos. El reino de Jeroboam II en Israel, estaba disfrutando de una era de paz, de plena prosperidad y hasta de lujo. Tanto en Samaria como en Jerusalem, el pueblo se mostró indulgente con la clase de vida que llevaba, plagada de debilidades y de disolución. Dieron gran impulso a la despreocupación, al ocio, a las extravagancias y a la opresión. Amós, el predicador del desierto, vino a ellos con sus mensajes quemantes, pero hicieron muy poco efecto en un pueblo, que no podía ver ninguna prueba de las serias consecuencias predichas por el profeta. Asiria estaba tan lejos y trabajaba tan quietamente, que los israelitas no pensaban en ningún peligro cercano. Uzías en Jerusalem y Jeroboam II en Samaria, tenían su propia concepción del mundo. Eran dos reinos poderosamente establecidos que podían prevalecer frente al sol. Ningún comentador secular debería estar dispuesto a poner en duda el ostentoso poder, grandeza y riqueza de estos dos pequeños reinos. Se hacía necesaria la presencia de un verdadero profeta de Jehová para denunciar los pecados y la decadencia evidencias inequívocas del veneno mortal que circulaba por la sangre de sus arterias y para señalarles las calamidades que estaban por venir sobre un pueblo de tan dura cerviz.

Zacarías, hijo de Jeroboam, fue asesinado cuando tenía apenas seis meses de haber ascendido al trono. Su asesino, al mes de estar en el trono de Israel como rey, fue depuesto y muerto por el fornido y vigoroso Manahem. La anarquía estaba plenamente iniciada. Ningún rey estaba a salvo de ser destronado por la violencia a menos que estuviera en condiciones de mantener una guardia personal cortesana, capaz de protegerlo eficazmente contra los asesinos. Tiglat Pileser, rey de Asiria, había iniciado su carrera espectacular de conquista en 745 A. de C. No había reino capaz de soportar la brutal y terrible embestida. Cuando invadió las feraces tierras del oeste, Manahem fue obligado a pagar un tributo muy pesado, a discreción del rey de Asiria. Los asirios se apresuraron a poner firmemente el yugo en la cerviz de Israel. La paz y la seguridad huyeron en la tierra de Israel y sus riquezas fueron llevadas como botín de guerra.

Pekaía no estaba capacitado para continuar victoriosamente los asuntos del reino, al morir su padre Manahem. Cuando Peka tomó sobre sí las responsabilidades del reino, se dispuso a sacudir de sí y de su sufrido pueblo, el yugo de los asirios. Rezín rey de Damasco, se unió a Peka para liberarse de la opresión asiria, pero Achaz rey de Judá rehusó formar parte de la conspiración. Esta era, sin lugar a duda, una hora crítica para todos ellos. Cuando Peka y Rezín le declararon la guerra a Judá, ésta pidió auxilio a Tiglat Pileser. En una rápida intervención en el conflicto, los asirios vinieron y salvaron a Judá de una derrota humanamente inevitable. Damasco fue gravemente trastornada, Rezín fue ignominiosamente derrotado y el reino de Israel prácticamente aniquilado. La ciudad de Samaria, asiento del reino con un rey títere que actuaba en completa y servil obediencia al gobierno asirio, fueron dejados con Oseas por rey. Achaz fue obligado por los asirios a constituirse en el Señor de Judá. Unos cuantos años después, el cuadro cambió totalmente. Amós les había pronosticado las funestas consecuencias de sus pecados, pero ellos no habían advertido ni siquiera la posibilidad de tales calamidades. Cuando Oseas probó la perfidia y la infidelidad, les anunció el sitio de Samaria por Salmanasar. Pasados tres años, vino el fin; la plaza fuerte fundada por Omri, sucumbió.

Fue durante estos días de anarquía, de profusión de sangre, de confusión, de profundas grietas en la nación, cuando Oseas el profeta predicó en Israel. Fue llamado por Dios como dispensador del mensaje a un pueblo con muy pocos nexos en los asuntos espirituales. En consecuencia, no oyeron a Amós. No mostraron ni la más mínima disposición de atender las palabras de Oseas tampoco. La disolución, la decadencia y la muerte, estaban en torno suyo. La anarquía, el caos y las violaciones a los diez mandamientos, eran flagrantes en cualquier parte. Sin mayor empacho, los aventureros podían levantarse en cualquier parte de la jornada de un monarca y asesinarlo en virtud de la falta de respeto que por ellos sentía el pueblo en general. Esta clase de gobernantes necios, egoístas y arrogantes, no tenían más miras, que la satisfacción de sus caprichos, sin importarles el sufrimiento del pueblo. Los enemigos de fuera y las luchas internas, produjeron la rápida colisión; dos siglos del arcaico reino de Jeroboam I, se vinieron al suelo. Silly, quien en su calidad de príncipe capitaneaba al pueblo, apresuró el fin, por cuanto indujo a la nación a confiar en el poder de Egipto. Egipto a su vez, prometía mucho, pero nada podía cumplir de sus ofrecimientos. Todo fue inútil, nada podía aliviar la situación dentro de los límites humanos.

En el sur, reinaron Jotam y Achaz; los profetas que llevaron la voz de Dios, fueron: Isaías y Miqueas. Oseas permaneció en tierras del norte, como representante de Dios en estos días problemáticos.

Condiciones sociales. A cualquier lado que el joven profeta dirigiera su rostro, las condiciones sociales hacían enfermar su corazón. El sentimiento general, en cuanto a la conducta humana, era que una laxitud y un agudo relajamiento, se habían apoderado de la vida de cada hombre. Los gobernantes daban muy pobre ejemplo al pueblo y rebajaban su dignidad continuamente. La propiedad tenía muy escaso valor; ninguna persona podía asegurar sus derechos sobre propiedad alguna. Las cortes de justicia estaban corrompidas. Los jueces se enriquecían por el soborno y por los excesivos impuestos que imponían al pueblo cuyos derechos eran menospreciados por la judicatura. Las conspiraciones eran tan comunes, que el pueblo no osaba poner su confianza en ninguno de los grupos sediciosos. Amós había observado la vida muelle y hasta lujosa de los hebreos acomodados. Oseas vio la misma cosa en el pueblo endurecido y criminal por las condiciones desfavorables de que estaba rodeado. La profusión de sangre derramada, los asaltos en despoblado, la muerte, el crimen y el vicio organizados, eran manifiestos en todo lugar. Los sacerdotes, con todo y haber sido escogidos por Dios, estaban encabezando las bandas de bandidos. Eran los instigadores de las exacciones fraudulentas. En un mundo de tanta confusión e inestabilidad, el pueblo había perdido la confianza en sí mismo. El temor y la incertidumbre se apoderaron de ellos rindiéndose al abandono de sí mismos.

La familia había quedado deshecha. La santidad del matrimonio y del hogar se había perdido. La adoración a los dioses traídos de tierras extranjeras, había quebrantado las reglas más elementales de moral, y acabado con todo grado de fidelidad. Es indiscutiblemente una hora angustiosa, cuando los hombres y las mujeres pierden el sentido de lo sagrado en las relaciones hogareñas. La embriaguez con todo su caudal de males inherentes, rápida e inevitablemente destruye-

ron el hogar produciéndose el libertinaje en la mente
del pueblo.

La concentración de la riqueza en las manos de unos
cuantos, había producido sus consecuencias naturales,
como el odio, las medidas de represión, el despojo, la
desesperación y las venganzas; y como corolario de todos estos males: la esclavitud humana, tan odiosa y despreciable donde quiera que se practica en cualquiera
de sus formas. Era tanta la abyección y la pobreza de
las clases media y baja de la sociedad, y tanta la arrogancia y orgullo de la aristocracia adinerada, que se
creaba una situación especial de prueba para un profeta capaz de sentir el desprecio que Dios mismo llegó a experimentar cuando tales condiciones se produjeron de tiempo en tiempo.

Condiciones religiosas. En adición a las condiciones
sociales que dieron origen a tantos pecados, debemos
considerar por algunos momentos el estado del corazón humano que ha producido tan repugnantes frutos.
El pecado gobierna todas las acciones del corazón. Los
sacerdotes han fracasado rotundamente en sus más altos y sagrados deberes, entre los que figura el de conducir al pueblo al conocimiento íntimo de la palabra
de Dios y las demandas divinas respecto de la nación.
El sacerdocio en lo general, había conducido al pueblo
por el camino del mal, haciendo atractivo el pecado, de
modo que la gente anduviera en él. Las normas morales y las demandas éticas, fueron puestas fuera de
uso y eliminadas definitivamente de la vida. Las ceremonias del culto, impuestas a los adoradores, eran
formales, sin significado y frías. Cuando ni el sacerdote
ni el ritual establecen demandas elevadas, llega a ser
casi imposible mantener el corazón humano exento de

pecado. La tendencia de entonces y de siempre, con una religión de esta naturaleza, es cerrar el corazón a todo impulso moral y santo, para caer en el descuido y el abandono de sí mismos en el mal. Los ritos licenciosos tomados del grosero paganismo, condujeron el culto y la adoración a tales excesos, que todo pensamiento y sentimiento de pureza y espiritualidad, estaban fuera de toda consideración. Las llamadas "mujeres santas" especie de sacerdotizas, eran en el fondo mujeres prostitutas colocadas estratégicamente en los santuarios principales para atraer y satisfacer la sensualidad de los hombres. El pueblo pronto se precipitó en la degeneración. La vida familiar quedó rota en mil fragmentos. Los maridos se entregaron al placer y al libertinaje; las mujeres y las hijas, eran tan culpables como ellos de idénticos pecados. Esta inexplicable tragedia era la que contemplaba Oseas en la tierra de Jeohvá.

La idolatría y la adoración a los dioses traídos de naciones vecinas, causaron grande pena y tristeza en el corazón de Dios. Oseas sintió frecuentemente en su propio corazón, las atrocidades que el pecado hacía en su pueblo, y era testigo de la infidelidad que ocasionaba tanta tristeza a Dios. El profeta habla de Israel de esta manera:

Iré tras mis amantes, que me dan mi pan y mi agua, mi lana y mi lino, mi aceite y mi bebida (2:5).

La nación estaba dispuesta a ir en pos de cualquiera que la proveyera de cosas materiales y la apacentara. Ignorando al verdadero Dador, se agrupaba en torno del que ahora o mañana, supliría sus necesidades y así en esta delirante danza de la muerte, el pueblo se enfrentaba con su propia impiedad y presunción. De ella se expresa el profeta en estos términos:

"Ciertamente yo he enriquecido, hallado he riquezas para mí" (12:9).

La nación mercenaria, rehusaba ver la tenebrosa tragedia que sin esfuerzo se exhibía por todas partes. Es mucho más fácil imaginarse que todo va bien y que ningún mal puede venir a aquel que se ha escudado y protegido detrás de sus riquezas, provisiones materiales y toda clase de reductos. Estos males y engaños unidos a la arrogante presunción, constituían un volcán en erupción plena, que sacudía el corazón del profeta haciéndolo llorar con extraña pena.

No debe olvidarse que Oseas fue a predicar a un pueblo que desde muchas generaciones antes había sido el pueblo escogido de Jehová. La nación no había acertado a entender ni a practicar las enseñanzas de la Ley y los profetas. Eran culpables de atrocidades y pecados tales, al grado de que habían sido rehusados por el amor de Uno que los había amado tan fiel y devotamente. A su infidelidad, Dios contestó con un amor entrañable. Uno de los mandamientos había sido quebrantado. De un Dios que los había escogido sacándolos de Egipto; que los había rescatado de pruebas terribles; los había establecido en la tierra de promisión, habían vergonzosamente desertado. Seguramente que esta fue una desgarradora experiencia. El profeta, cuyo corazón había sido previamente quebrantado fue elegido por Jehová para hablar en su nombre a un pueblo tan pecaminoso.

George L. Robinson ha sugerido los siguientes pasos sucesivos en la caída de Israel:

1. La carencia de conocimiento. 4:6: *Mi pueblo fue talado, porque le faltó sabiduría.*
2. El orgullo. 5:5. *Y la soberbia de Israel le desmentirá en su cara.*
3. La inestabilidad. 6:4: *La piedad vuestra, es como la nube de la mañana, y como el rocío que de madrugada viene.*
4. La mundanalidad. 7:8: *Ephraim se envolvió con los pueblos; Ephraim fue torta no vuelta.*
5. La corrupción. 9:9: *Llegaron al profundo, corrompiéronse, como en los días de Gabaa.*
6. Rebelión 11:7: *Está mi pueblo adherido a la rebelión contra mí.*
7. La idolatría. 13:2: *Y ahora añadieron a su pecado, y de su plata se han hecho según su entendimiento, estatuas de fundición.*[1]

EL HOMBRE DE DIOS

Oseas era un nativo de aquellas tierras y amaba tanto a su pueblo, que constantemente hace referencia a ellos en sus descripciones de manera que no pueden ser fácilmente olvidados. Al ser llamado como profeta de su nación, consumió sus energías y su vida en esfuerzo constante encaminado a hacer volver al corazón del pueblo a su Dios. Ninguna otra nación distrajo su atención fuera de su propio pueblo; a menos que estuviera vitalmente conectada con alguno de los aspectos de la vida de Israel.

Su casamiento. Tempranamente en su vida, sintió el amor que lo condujo al matrimonio con Gomer hija de Diblaim. Probablemente él conocía sólo una pequeña

---

[1] *The Twelve Minor Prophets,* p. 23. Harper & Brothers.

parte del carácter de su consorte. El genuino amor,
tiene la virtud de pasar por alto y olvidar, algunas faltas. Sabemos que Oseas amaba devotamente a su esposa y que estaba dispuesto a tomarla bajo juramento,
con una fidelidad que duraría por toda la vida, ella en
cambio, era superficial, insensible y frívola, ocasionando en esta forma un sufrimiento agónico al profeta. Ella
no estaba en condiciones de poder comprender la
grandeza e intensidad del amor de Oseas. Ella demostró ser indigna del amor de su esposo, pero él continuó
amándola. Nunca podremos saber el punzante dolor de
esas horas, cuando el corazón del profeta suspiraba por
la novia de su juventud. A la tragedia, había que añadir lo desconsiderado del comportamiento de ella. Hay
tres interpretaciones sobre el casamiento del profeta:
(1) Algunos comentadores creen que el acontecimiento
es literal y que al profeta le fue mandado contraer matrimonio con una mujer adúltera, y que en obediencia
a Dios, así lo hizo. (2) Muchos otros han considerado
el hecho como una alegoría, diciendo que tal matrimonio no se efectuó sino que el orador inventó esta
especie de parábola, para ilustrar la idea del amor de
Dios hacia el hombre pecador. (3) La mayoría, sin embargo, sostiene que sí se casó literalmente con una doncella pura, pero que ella cayó en el pecado, siendo infiel a su marido.

Cada una de estas interpretaciones ha tenido a buen
grupo de favorecedores. Según la luz que el pasaje proporciona y el contenido del libro en general, parece que
no es admisible que la primera y segunda sean verdaderas. La idea que Oseas está ilustrando, es que Israel
fue puro, inocente y fiel, cuando Dios escogió a la nación como su esposa. Oseas tenía esta alta concepción

de la fidelidad conyugal y por tal motivo predicó tan agresivos mensajes contra la infidelidad; de manera que no podemos imaginar que Dios le mandara o que él tomara para sí, como esposa, a una mujer impura para llevarla a su propio hogar. Seguramente que se casó, pero con una mujer pura y digna. No dudamos que fue atrapada en las redes del pecado llegando a ser adúltera después del nacimiento del primer hijo. La intensidad de la pena que vino al corazón del profeta, no puede ser descrita adecuadamente con palabras humanas. La tremenda lucha de su dolor y su vergüenza al descubrir que ella le era infiel, revela algo de lo excelso del amor verdadero. Después de algunos años de agonía, ella abandonó el hogar vendiéndose a sí misma, como esclava, a los amantes que mayor recompensa le ofrecían. Un cuadro trágico y hondamente triste de los que van declinando por la senda del mal, en pos de amores ilegítimos y de placer. Jehová de los ejércitos, sufrió cruenta agonía en su corazón cuando sus amados adoptaron una falsa posición religiosa; cómo sufrió el corazón de aquel profeta joven cuando comprobó que lo más amado de su corazón, su esposa, se había enajenado con otros, dejándolo solo.

Su habilitación. El joven Oseas recibió de Dios una dotación especial en su alma, capaz de sentir y captar, aun las cosas más sutiles de la revelación divina. La sensibilidad especial de su alma, lo colocó ventajosamente sobre otros intérpretes de los profundos misterios de la gracia. Oseas fue profundamente influído por Amós, quien en su tiempo tuvo dificultad para hallar hombres capaces de conocer a Dios como Oseas ahora lo conocía. En una tierra tan pequeña como la de Israel, está fuera de toda duda la suposición de que el joven predicador, haya fallado en escuchar, apreciar y sacar ventaja, de los cambios espirituales dictados por el anciano profeta de Tecoa. Parece que Oseas había tenido, o experimentado un dolor intenso en su corazón, por su tierra y por su pueblo. Su amor por sus vecinos, lo impelió poderosamente a predicarles, con resultados verdaderamente sorprendentes. El conocía sus pecados, sus vidas, sus faltas y sus responsabilidades. Su conocimiento de la naturaleza humana, en cada fase de la vida de las naciones, le proporcionó una preparación adecuada para volver él mismo con su pueblo, al amante Dios de Israel.

La negra tragedia doméstica, hizo por él, algo que nadie pudiera haber hecho. No es sino hasta que el corazón es oprimido por el sufrimiento indescriptible, cuando verdaderamente se siente constreñido a pregonar las insondables profundidades del amor incomparable de nuestro Dios. El destrozado romance de su vida, lo condujo a descubrir otro romance. Oseas contempló el hermoso cuadro en el que Jehová toma por esposa a una doncella esclava y vestida de harapos en la tierra de Egipto. Lo mira prodigar su tierno amor sobre ella y la infidelidad con que ella responde a sus ternuras. Oseas estaba capacitado para ver mejor que nadie el incomparable amor de Dios. El había crecido al lado de otro profeta que había manifestado gran poder en la presentación de las más altas cualidades y gloriosos atributos de Dios.

Su carácter. Oseas era quieto, apasible, reflexivo, sensible, quien a pesar de ser joven rindió su corazón, precisamente cuando mayor conciencia tenía de su propio sufrimiento y el de Dios. Tenía un estilo realista y cautivador. Poseía una penetración mental, capaz de conocer hasta los más escondidos rincones de la religión y de la vida. Conocía tan íntimamente a Jehová que estaba en posesión del mejor conocimiento en relación con los arcanos divinos. Era intensamente sensitivo. Walker dice: "Como un radioreceptor, el profeta captaba la música de las esferas y como el delicado sismógrafo que registra hasta los movimientos telúricos más imperceptibles en cualquier parte de la superficie, Oseas podía percibir lo divino. Su alma sensible, registraba lo más escondido y secreto de los juicios divinos. Esta exquisita sensibilidad lo hizo a la vez que alegre y optimista, triste y melancólico. Había bebido de las hermosas corrientes del gozo, así como de la copa de las amarguras."[2]

La vida de Oseas fue tan solitaria, que todo su ministerio tuvo un tinte especial, y una nota de extraña tristeza. Su pueblo incomprensivo y superficial, lo hirió tan profundamente, como lo había herido su propia esposa. Pero a pesar de estos desastres y por encima de todo, era un consumado optimista. El contempló algo del grandioso amor divino por los pecadores, e infirió intuitivamente la victoria que este amor algún día habría de ganar. El profeta estaba plenamente convencido de que el amor de Dios, inagotable en recursos y longanimidad, estaba poniendo los cimientos estables para la salvación del pueblo elegido. El profeta del corazón triturado se apoyó completa y definitivamente en Dios, su Padre celestial, descubriendo de este modo las promesas de victoria.

Valuación personal. Será de interés especial para los

---

[2] *Ibid.,* p. 51.

estudiantes de la Biblia, conocer algunas de las opiniones que varios eruditos externan en cuanto a Oseas.

Cadman dice: "Ningún otro de los profetas sobresalió, como Oseas, en la comprensión más amplia de la misericordia eterna de Dios. El perfecto amor que echa fuera el temor, nos envuelve en un gozo mutuo, en una recíproca confidencia y en un plano de verdad, igual. De esta manera, Oseas interpretó el único mensaje capaz de brotar de un corazón afligido. Al través de la prueba y el conflicto obtuvo su precioso conocimiento acerca de Dios quien a la vez sufría a causa de la mala conducta de su pueblo, al que a pesar de todo, no cesaría de amar, mientras quedara un pequeño remanente que temiera y buscara a Dios."[3]

Ward comenta: "Oseas tuvo el privilegio de expresar e interpretar lo eterno en lo humano esforzándose por restaurar el amor misericordioso de Dios."[4]

Robinson: "Una lección de valor permanente puede ser aprendida de Oseas, a saber: la corrupción interna de una nación, es más peligrosa para la estabilidad de ella misma que cualquier otro enemigo externo. Una lección semejante a la interior, que el verdadero patriota, es aquel que como Oseas, se identifica con su propio pueblo llevando las calamidades como si fueran suyas."[5]

Kirkpatrick: "Oseas gana en profundidad, lo que pierde en anchura. Si la enseñanza de Amós es más amplia, la de Oseas es más honda. Oseas va a las profundidades y nos conduce no sólo a considerar las accio-

---

[3] *Ibid.*, p. 44.
[4] *Ibid.*, p. 92.
[5] *Ibid.*, p. 26.

nes en sí, sino hasta hallar las corrientes ocultas que motivaron la acción."[6]

Cohon: "Oseas forma un notable contraste con Amós, y en final de cuentas, lo reemplaza. Amós estallaba en la austeridad de su vida y era inflexible como la justicia divina. Oseas es suplicante, exhorta e intima en el nombre de las misericordias de Jehová. Amós, está sumamente interesado en la deslealtad de los hombres hacia Dios. Oseas, en su retorno."[7]

Walker: "La sensibilidad manifiesta otra peculiaridad en Oseas: una curiosa combinación de delicadas ternezas y fierezas. Su concepción del amor de Dios, lo tornaba tierno en gran manera; el sentido y el recuerdo de que ese amor había sido menospreciado, lo constituía en un león. La expontaneidad con que sus lágrimas salían, era admirable. Sus estallidos eran como flamas de un volcán que acababan por ser tan sutiles y ligeras, como los pétalos y la fragancia de un lirio."[8]

Stor: "Oseas, disciplinado por una lenta agonía producida por un dolor profundo, enterneció su corazón con su amor, percibió lo que podía ser la tristeza en el corazón de Dios. Estuvo siempre detrás de el Señor confirmando por la Ley, que Dios es amor; nunca se olvidó del juicio, pero estimó que tenía mayor y mejor oportunidad que otros, para ganar a su pueblo a fin de que procediera al arrepentimiento, si él intercedía constantemente para salvarlo del merecido y justo castigo divino."[9]

---

[6] *The Doctrine of the Prophets*, p. 138. Usado con permiso de los editores: The Macmillan Company.

[7] *Ibid.*, p. 49.

[8] *Ibid.*, p. 52.

[9] *Ibid.*, p. 184.

James: "Indudablemente, en la enseñanza de Oseas, acerca del amor de Dios, es en lo que el cristianismo halla su principal valor. Esto tiene dos corolarios: Uno es que el sufrimiento por el pecado es educacional; otro, es que, finalmente el tierno amor del Padre, libra de cualquier conflicto a sus hijos."[10]

Merrill dice: "Bendigamos al Dios de los profetas, por las preciosas verdades que proclaman y por las preciosas verdades que manifestaron, por el hermoso espíritu y grandiosa experiencia, tan plena de esperanza con tantos elementos de la verdad, dejándonos indicios tan claros del camino de salvación, inmortalizando la verdad de que Dios es amor y sobre todas las cosas, un amor práctico y profundo. Estando cerca de Oseas nos sentimos también cerca de Cristo."[11]

Bewer: "Oseas profundizó e intensificó la religión. La espiritualización y el refinamiento de ella, fue su gran contribución. La unión del amor con la justicia en las relaciones humanas, llegaron a significar mucho para la ética social, por la práctica de la cual, era posible fundar una sociedad sobre las bases de la justicia y el amor."[12]

Harper: "Si los mensajes de Amós fueron de carácter universal, los de Oseas fueron de índole nacional; si en Amós tuvo prominencia la ética, en Oseas fue sobresaliente la religiosidad. Mientras que Amós fue un tanto generalizador y superficial, Oseas, en cambio, fue profundo y reflexivo; el espíritu de Amós está do-

---

[10] *Ibid.*, p. 245.
[11] *Prophets of the Dawn*, p. 91. Usado con permiso de los editores: Fleming H. Revell Co.
[12] *The Literature of the Old Testament*, p. 98.

minado por la ética; en el alma de Oseas, en cambio, predomina el espíritu religioso."[13]

Finalmente, Harrell dice: "Por los sentimientos expresados y por la belleza contenidos en él, su libro es inigualable en el Antiguo Testamento. Oseas experimentaba la decadencia moral de su pueblo, como la sintió Amós; pero sobre la confusión del populacho, se deja oír la cadenciosa voz como un canto suave en medio de la tormenta: "Oh Israel, retorna a Jehová, tu Dios". Amós fue un predicador de la conciencia; Oseas fue un pregonero del arrepentimiento."[14]

EL LIBRO

El lector fortuito hallará dificultad en descubrir el plan del libro de Oseas. El autor no arregló en orden lógico los párrafos ni los argumentos. El escritor arrastrado por sus profundas emociones, saltaba de una idea a otra sin parar mientes en orden alguno. Davidson dice en defensa de Oseas por su carencia de orden, que el libro es algo así como: "una sucesión de sollozos." Otros han comparado el libro con el diario de un soldado el cual es escrito entre las explosiones de las granadas. Cheyne dice: "No obstante, los vehementes sentimientos de Oseas no podían estar sistemáticamente atados a las reglas gramaticales."[15] Si bien es cierto que se advierte alguna falta de conexión, ello no constituye un grave problema de inteligencia en el gran propósito de su alma. Posiblemente no hay libro que leamos, que no demande algún esfuerzo para lle-

---

[13] I. C. C., *Amos and Hosea*, p. cliv, cxlviii.
[14] *Ibid.*, p. 59.
[15] *Hosea.*, p. 33. Usado con permiso de los editores: Cambridge University Press.

gar hasta el alma del autor. Oseas permanece desesperadamente aferrado a su amor al que conserva con sollozos mientras constantemente se repite su dolorosa historia. Razonablemente puede compararse a un gran océano que aparentemente arroja sus aguas sin propósito sobre otro mar. Sin embargo un examen cuidadoso, traerá a la mente la convicción de que esas corrientes están siguiendo su curso natural aunque a veces con fuerza y estruendo en la inmensidad de los océanos. Toda la profecía de Oseas es un incesante clamor de angustia enviado en todas direcciones a una nación descuidada, con un énfasis particular en la necesidad de proceder al arrepentimiento volviéndose a Jehová quien los ama con amor inmortal. Oseas describe a Dios sumamente entristecido y con su corazón oprimido y con grandes conmociones emocionales cuando ve al pueblo que ha despreciado su gracia y se ha alejado quebrantando sus votos matrimoniales con el esposo. El libro entero es una tierna apelación del que en verdad ama; cuyo corazón, por la incomprensión humana, está roto dentro de sí mismo.

El profesor Harper dice: "Hállase en todas partes del libro, una clara manifestación de luchas y conflictos, de sentimientos y emociones. Las ternuras por una parte y la indignación por otra; manifestaciones de amor y enojo mezclados; de benignidad y severidad, de grandes y preciosas esperanzas, que súbitamente se truecan en casi desesperación. Pero Oseas mismo, no es ilógico como frecuentemente es presentado. Su habilidad para dar expresión a un sistema de teología el cual pudiera servir en lo futuro como la base de todo el pensamiento israelita, es un factor digno de consideración en cualquier aspecto de su carácter."[16]

Bosquejo del libro. En términos generales podemos dividir el libro en dos secciones: los capítulos 1 al 3 nos dan el registro de la trágica experiencia y el mensaje a su propio corazón. Los capítulos 4 al 14 exponen los mensajes de Oseas ante su pueblo. En ellos asienta las causas de la caída de la nación; la falta del conocimiento, el orgullo; la inestabilidad; las alianzas pecaminosas; la impiedad de la monarquía; la corrupción religiosa y la continua tergiversación de la verdad. Cierra Oseas su profecía con tres capítulos conteniendo una oferta ilimitada de perdón para todos los que se arrepientan de sus pecados.

Brice da el siguiente bosquejo:[17]

1 al 3:5. El pecado contra la confianza.

4 al 6:11. El pecado contra la verdad.

7 al 13:16. El pecado contra la fidelidad conyugal.

14:1-9. La apelación final.

G. Campbell Morgan lo sumariza como sigue. "Hallamos en la profecía de Oseas primero que todo, la revelación de su actitud hacia el pecado; varias veces, afirmaciones relacionadas con su actividad en el juicio sobre el pecado y como suprema y brillante la apelación constante de su amor. Tres palabras, que sobresalen en el curso de su exposición: Pecado, juicio y amor. Estas tres notas musicales emergen perfectamente de la música profética."[18]

Integridad del libro. Por mucho tiempo la totalidad

---

[16] *Ibid.,* p. cxiv.
[17] *Seers of Israel,* p. 25-27. Marshall, Morgan and Scott.
[18] *Voices of Twelve Hebrew Prophets,* p. 44. Fleming H. Revell.

del libro se atribuyó a la pluma de Oseas. El moderno cristicismo ha combatido la integridad de la obra y tratado de hacerlo aparecer como un trabajo posterior, culpando a algunos editores de haber hecho cambios en él. Los críticos hallaron algunos pasajes en algunos capítulos refiriéndose a Judá. Puesto que Oseas predicó en Israel, se arguye que no debería hacer referencia al reino del Sur en su profecía. Otro asunto de más seria consideración, es el que se propone eliminar las secciones que hay en él insinuando el perdón de Dios. Pero, puesto que Oseas es un profeta de alcance local, apenas puede creerse que no incluyera tales porciones llenas de esperanza y gozo como se hallan en el libro. El profesor Crafer afirma: "Sosteniendo la integridad del libro y el evangelio de esperanzas de Oseas, pueden establecerse entre otras consideraciones, las siguientes: (1) Que debió haber parecido monstruoso para el profeta, el que no hubiera habido un rayo de esperanza, para su indigna y errabunda esposa y declarar después finalmente, que Dios desampararía definitivamente al obstinado pueblo de Israel. (2) Además, el capítulo 14 no manifiesta ningún cambio en el estilo y es uno de los dos más exquisitos pasajes literarios en el libro y a pesar de sus tiernas promesas de redención no parece ser de ningún modo, una interpolación."[19]

PORCIONES PREDICABLES

Grandes ideas religiosas. Oseas dio una grande contribución al pensamiento vital hebreo que alcanzó a muchas generaciones.

1. EL CONOCIMIENTO DE JEHOVA. El corazón

---

[19] *The Book of Hosea*, p. 19. Cambridge University Press.

del joven predicador fue cruelmente estrujado por la incomprensión de su esposa Gomer. Ella fue incapaz de tal comprensión. Los años de íntimo trato con el delicado y sutil, tierno y místico gigante de la fe, deberían haber hecho conciencia en ella, de la gran dignidad de aquel hombre de Dios. En verdad, ella nunca lo conoció. Su corazón debió estar tan profundamente dañado que no entendió un asunto tan importante con el que estaba directamente relacionada.

Oseas es la encarnación misma de Jehová representándolo como un sufriente cuyo amor no era correspondido. El pueblo no conocía realmente a Jehová. Era un tonto sin inteligencia, insensible a todo lo que fuera elevado y santo, y sobre todo, no tenía conciencia alguna del amor de Dios hacia ellos. Sus maestros, el sacerdote y el profeta, contribuyeron con largueza a esa falta de entendimiento. Desde que ellos perdieron de vista la verdadera naturaleza de los propósitos de Dios hacia la nación, fueron incapaces de entender la lealtad, el amor y el servicio que debía caracterizar a cualquiera que al través de las alianzas está en comunión con el Dios de la gracia.

Dios había mostrado una diligencia inigualable en el esfuerzo de darse a conocer a sí mismo al pueblo en la revelación de su voluntad. Al través de los siglos, Dios se había valido de los profetas, quienes como reformadores, libertadores y predicadores habían hecho esfuerzos inauditos para guiar a la nación a su Dios. El amor verdadero debe tener el poder, y lo tiene, de atraer al amor recíproco. Pacientemente, solícito y lleno de gracia, Dios se había entregado a ellos en amor. El corazón de Dios se hace mil pedazos cuando él se da cuenta de que ellos están deplorablemente débiles en

OSEAS

su conocimiento acerca de Jehová. ¡Si ellos pudieran siquiera llegarlo a conocer! Oseas describe a Dios como un amante que desea con un deseo muy grande, que Israel haga una pausa en su camino y en su vida para que mire a su gran benefactor el cual está cortejándolo. ¡Cuán ardiente y persistentemente Dios está tratando de atraer hacia sí a su pueblo elegido!

2. DESCRIPCION Y NATURALEZA DEL PECADO. Oseas recurrió al léxico para hallar las palabras más adecuadas a fin de representar por ellas y con ellas, el pecado. Para él, el pecado esencialmente consiste en la infidelidad. Cuando alguno deja de amar a Dios y se torna a sí mismo o se encamina a otros intereses predominantes en su vida con perjuicio de sus relaciones con Dios, es culpable de pecado y víctima del mismo. Lo que Dios demanda de cualquier creyente en cualquier lugar y en cualquier tiempo, es un amor genuino que brote de su corazón y excluya a cualquier otro objeto céntrico del alma.

El pecado al través de las edades ha destruído implacable y sistemáticamente al cuerpo y al espíritu. La decadencia es gradual pero progresiva, imperceptible y peligrosa, persistente y mortal. Trabaja secreta y silenciosamente consumando la ruina individual. (5:12 al 7:9).

El pecado es contagioso y cualquiera que penetra en sus dominios y respira la atmósfera de su esencia, no espere escapar a las consecuencias siempre funestas de su alcance (4:9). El pecado practicado en los santuarios lleva su influencia mala a los hogares del pueblo. El hombre regresa de las orgías de los dioses, para descubrir que su esposa y su hija son culpables de idénticos pecados a los suyos, viles y bajos (4:14). La nación llegó a la esterilidad y los propósitos de Dios en cuanto a su futuro, estaban frustrados.

Los efectos del pecado son tan reales, ciertos y naturales, como las leyes de la gravitación (8:7). Cada suceso como el céfiro, flota en el aire, pero retorna como un elemento devastador. El pecado termina en la esclavitud porque el corazón afectado por el mal, llega a ser el centro de las calamidades y en él llegan a arder las pasiones con toda su intensidad hasta correr fuego por todas las arterias.

El pecado roba al hombre la capacidad de hacer distinciones morales (4:11). Las percepciones morales son imposibles cuando el nervio óptico del alma ha sido paralizado. Nadie es capaz de restaurar los músculos enfermos que dominan y guían las más sutiles decisiones de la mente.

3. EL ARREPENTIMIENTO GENUINO. Oseas insiste en que cada humano debe volver sobre sus pasos y llegar hasta el hogar divino (3:5; 5:4; 6:1; y 14:1,2). En un sentido muy real, la nación es considerada como un solo individuo. Los mandamientos de Dios dados a Israel constituyen el lazo de unión muy sagrado entre Dios y su pueblo, considerada como un matrimonio en el que Jehová es el esposo. El profeta mantiene muy vivo en su mente el llamamiento exhortatorio hecho a su esposa infiel para que deje de ir en pos de sus amantes y regrese a su leal esposo y a su hogar. Esta es la misma súplica que aparece en los labios de Dios pidiendo el retorno de su nación adúltera. Israel es su esposa. El la ama entrañablemente y la espera; amorosamente cree verla retornar al hogar donde los brazos amorosos de Dios están siempre abiertos para ofrecerle protección y amor.

George Adam Smith dice: "Para Oseas, el arrepentimiento no consiste en meros cambios de dirección en la vida. Lo señala como un retorno que se opera en el corazón mismo, como una retractación de sus propios pasos, como una confesión y reconocimiento del valor de lo que ha sido abandonado. El regreso a Dios, como se halla en el Nuevo Testamento en el término "metanoia", es el efecto de un nuevo conocimiento. Aunque el nuevo conocimiento no implica necesariamente nuevos hechos; esto es, de hechos que hayan sido vistos por largo período de la vida anterior, sino hechos nuevos que apartan precisamente del retorno a Jehová. De estos hechos correspondientes a la vida anterior, Oseas describe tres clases: La miseria de la nación, la inexplicable gracia de su Dios, y la culpa en que incurrieron por no haber retornado a él. Esto es como el caso aquel del Nuevo Testamento referente al hijo pródigo: Su hambre, su padre y su exclamación, 'he pecado contra el cielo y contra ti'. El arrepentimiento consecuentemente, no es un mero y simple regreso. Es un profundo proceso ético, es como la apertura del surco, y la prolongada expectativa del sembrador que espera ansiosamente que Dios envíe la lluvia y con gozo ve surgir la planta."[20]

4. EL AMOR DE DIOS. El sentido de Oseas acerca del infinito amor de Dios hace posible para él entender la verdadera naturaleza del pecado del hombre. Con sus delicados sentimientos el profeta capta un vislumbre del tierno amor divino manifestándose a sí mismo en muy diversas maneras al través de las centurias (11:1-3). Las bondades del amor de Dios se

---

[20] *Ibid.*, p. 345.

habían manifestado en el hecho de haber sido adoptados por él en el desierto. El amor del Padre había sido con ellos evidente en cada peldaño del camino. Este amor sobrevivió a todos los desprecios, la infidelidad, la deslealtad y las frías indiferencias. Dios está limitado en su poder para ordenarles. Pueden, si quieren, rechazarlo y rehusarlo; retornar al amor divino o no. Dios puede cortejarlos, colmarlos de presentes y bendecirlos y sin embargo, fallar en el propósito principal: Ganarlos. Su amor puede ser resistido por los humanos si así lo quieren. En el grande y generoso corazón de Dios, hay un interminable conflicto en su amor por el pecador. En él hay a la vez, una inexplicable ternura para el delincuente espiritual y una inexplicable indignación sobre el pecado y la ingratitud.

5. EL CAMINO DE LA SALVACION. Oseas bosqueja a Dios con un amor tan profundo y tan tierno para su pueblo, que por nada ni por nadie cejará en su propósito de rescatarlo. Su amor no fallará en el propósito final. No permitirá por ningún motivo, que sus esfuerzos fracasen y su obra será al fin, victoriosamente coronada. Oseas conoce lo suficientemente a Dios, tanto como para entender que este propósito salvador podía correr al través de los años hasta el exilio, donde serían quemadas las escorias del pecado, después de lo cual el pueblo sería enseñado en la esencia pura de la religión de Jehová. Ellos deberían por tanto, escuchar el llamamiento divino en sus propios corazones.

Exactamente como Oseas acudió al mercado de los humanos, para adquirir por precio y rescatar por plata a su caprichosa esposa, trayéndola nuevamente al hogar, así el gran amante debía redimir y traer a su esposa, la nación hebrea, purificada. El profeta mira en visión a Dios, esperando, anhelando, siguiendo, prometiendo, atrayendo, redimiendo y restaurando a su vagabunda esposa. Seguramente el Señor estaba en aptitud de preparar el camino de la salvación.

VERSICULOS DE GRAN SIGNIFICACION

La nación dice:

Iré tras mis amantes, que me dan mi pan y mi agua, mi lana y mi lino, mi aceite y mi bebida. Y ella no reconoció que yo le daba el trigo, y el vino, y el aceite, y que les multipliqué la plata y el oro con que hicieron a Baal (2:5, 8).

Estos versículos nos dan una descripción trágica de una crasa ignorancia, insensibilidad, descarrío, semejantes a la ceguera que caracterizó a Gomer cuando resolvió ir en pos de sus amantes para satisfacer sus apetitos sensuales. La nación fue intimidada a ser leal a Jehová, pero alucinada por las relaciones que había establecido con las gentes extrañas y sus formas de culto, cayeron en la religión de Baal. Estaba dispuesta la heredad de Jehová, a entregarse a la perfidia por meras recompensas materiales.

Dios estaba dispuesto a hacer saber a su pueblo que sus amantes cananitas, a quienes estaba siguiendo y en quienes procuraba refugiarse, finalmente lo abandonarían a su propia suerte. Jehová tenía en su mano, los granos, el lino, la lana en pos de cuyas dádivas iba Israel. Es muy deplorable que la nación no haya podido ni querido cerciorarse de que estos recursos estaban copiosamente acumulados en la mano del Señor, y de cuya procedencia no tenían conciencia. De la prodigalidad de los tesoros de Dios, se habían ofrecido presentes en los altares de vergonzosa idolatría.

Empero he aquí, yo la induciré, y la llevaré al desierto, y hablaré a su corazón ... Y te desposará conmigo para siempre; desposarte he conmigo en justicia y juicio ... Y conocerás a Jehová. (2:14, 19, 20).

¡Cuán hermoso cuadro del inextinguible amor de Jehová, estaba obstinadamente despreciando su esposa! ¡Cuán preciosos propósitos de gracia tenía Jehová previstos para todo aquel con quien hizo alianza en las peregrinaciones del desierto! ¡Cuántos recuerdos agradables de los días antiguos! La felicidad de los primeros días de esponsales habían de ser restaurados. El creía que Dios estaba en condiciones de reconquistar para sí, otra vez a su pueblo. La nación volvería a cantar como en los días antiguos. Dios les promete que todo recuerdo de la fealdad de.su pasada vida, quedaría para siempre olvidado, y que el nuevo matrimonio sería un estado de felicidad permanente y pura. La gracia divina daría sus apetecibles frutos. Los nuevos esponsales tendrían por fundamento la rectitud y el juicio, el amor mutuo y la fidelidad. El marco dentro del cual aparece el enamorado en quien concurren los términos de amor es una de las más bellas y tiernas de la literatura bíblica.

Compréla entonces para mí por quince dineros de plata, y un homer y medio de cebada (3:2).

Su amor era constante a pesar del adulterio en que había caído, la falta de amor, la violación de los votos, la deserción. Oseas se sentía grandemente feliz por poder redimirla, purificarla y reintegrarla al hogar teniéndola nuevamente al lado de su corazón. Gomer se había degradado y prostituído hasta convertirse en esclava como concubina de sus amantes. El precio que él pagó por ella, era el precio comúnmente demandado por un esclavo. Las quince piezas de plata constituían apenas la mitad de lo establecido por la ley (Ex. 21:32). La medida y media de cebada, probablemente equivalía a la otra mitad. A la compra que de ella públicamente hizo el profeta, siguió un aislamiento por cierto tiempo hasta que fue declarada nuevamente idónea para estar en el hogar. Oseas aprendió por esta dolorosa experiencia personal, que Dios estaba listo y ansioso de rescatar, perdonar, redimir y purificar a Israel. (Is. 52:3; 44:22).

G. A. Smith dice: "La historia de la infidelidad de esta mujer vino antes que la apostasía de Israel. Por tanto, no fue Israel quien dio a Dios ejemplo de perdón, sino Dios a Israel. El hombre entendió la tristeza de Dios, por medio de su propia tristeza; pero en este caso, Oseas fue guiado a perdonar y a redimir a su mujer, por la suprema disposición vista en Dios, de redimir y perdonar a su pueblo."[21]

Porque no hay verdad, ni misericordia, ni conocimiento de Dios en la tierra. Perjurar, y mentir, y matar, y hurtar y adulterar prevalecieron, y sangres se tocaron con sangres... Mi pueblo fue talado, porque le faltó sabiduría. (4:1, 2, 6).

¡Cuán inexplicablemente trágica es esta situación! Es un cuadro vívido de las condiciones religiosas actuales. La corrupción exteriormente manifestada, ha

---

[21] *Ibid.*, p. 250.

impreso hondas huellas en la religión. Los hebreos, no conocen a Jehová. Las cualidades sobresalientes y deseables, sin las cuales la estabilidad de las naciones siempre está en peligro, son: fidelidad, fraternidad, amor y conocimiento de Dios; y no las tenía Israel. Por ello no había solidez en ninguna parte. Un examen cuidadoso de esta situación revela que donde estas virtudes abundan, hay un verdadero patriotismo. Pero la tierra de Israel estaba llena de juramentos falsos y pecaminosos, de muerte, de asesinatos, de latrocinios y de adulterio. Los mandamientos dados y confirmados en el Sinaí, habían sido quebrantados. Los preceptos: sexto, octavo y noveno, habían sido completamente hollados por los hijos de Israel. El desconocimiento y la ignorancia acerca de los mandatos de Dios, los había empujado al desastre moral más grave, la corrupción y la anarquía.

Porque tu pueblo es como los que resisten al sacerdote... Mi pueblo fue talado, porque le faltó sabiduría... Comen del pecado de mi pueblo, y en su maldad levantan su alma. Tal será el pueblo como el sacerdote: y visitaré sobre él sus caminos, y pagaréle conforme a sus obras (4:4, 6, 8, 9).

Los responsables más grandes y los ofensores más destacados, lo eran en verdad, los guías espirituales. La situación lamentable manifestada por la pérdida de la fe, la infidelidad y la generalización del pecado, estribaba en la ignorancia en que el sacerdocio mantuvo al pueblo. Los maestros de Israel y los intérpretes de la voluntad divina, estaban sumidos en el abismo de los vicios y la corrupción. La multitud de sacrificios, despreciables y pecaminosos por cierto, en la mayoría de los casos, así como las ofrendas de carácter religioso, estaban enriqueciendo desmedidamente a los que estaban obligados a consagrar las vidas a Dios, a enseñar la verdad, la reverencia, la honestidad y la totalidad de la *Tora* de Jehová. Esta clase de sacerdotes fue rechazada por el Señor, quien a causa de su santidad, no podía transigir con quienes despreciaron la enseñanza y su propia conducta. Su imperdonable descuido de la verdad, que era la esencia misma de la religión, los constituyó en seres inútiles e indeseables para el pueblo a quien tan mal sirvieron. La ignorancia o descuido de sus altos privilegios y de los sagrados deberes, los redujo a niveles espirituales tan bajos, que llegaron a tener necesidad de que alguien intercediera por ellos mismos.

Maquiavelo dice: "Nosotros los italianos, somos más irreligiosos y degenerados que muchísimos otros, porque la Iglesia Católica y sus representantes, nos han puesto el peor ejemplo."[22]

Fornicación, y vino, y mosto quitan el corazón... Porque espíritu de fornicaciones lo engañó, y fornicaron debajo de sus dioses (4:11, 12).

¡El pecado cobra caro por dejar al hombre entrar en sus dominios! Oseas había señalado ya el doloroso estado de la absorción del ritualismo, había hecho énfasis en la indulgencia indebida del Santuario y en la inmoralidad notoria de la adoración. Había clamado diciendo que el pecado había destrozado el nervio óptico vital del alma, los hombres habían llegado a la

---

[22] Citado por Gore en *The New Commentary on the Holy Scriptures*, p. 559.

notoria incapacidad de poder hacer distinciones de índole moral y espiritual. ¡Qué observación tan sutil y profunda! La percepción espiritual, se había tornado imposible. Los poderes mentales estaban obscurecidos. La inteligencia estaba completamente adormecida en el letargo. El pueblo era en resumen, un necio. La capacidad de percepción moral, era nula. ¡Qué lección tan útil para el pueblo de cualquier lugar y de cualquier tiempo! Hubo un tiempo precioso en sus vidas, en que su sensibilidad moral les permitía hacer distinciones precisas entre el bien y el mal; pero ahora el pecado había traído lamentable destrucción de esos poderes de percepción. Cuando esto ha sucedido, las ideas religiosas y la práctica de ellas, llegan a su expresión más pobre y baja, con el consiguiente sufrimiento para la comunidad.

Ephraim es dado a ídolos; déjalo (4:17; 5:4).

Puesto que la depravación es tan profunda y general, el profeta hace una advertencia final y grave. El Señor está dispuesto a abandonar todo esfuerzo de recuperación. El remedio único, por ahora, parece ser el dejar a Israel abandonado a su propia suerte y a que aprenda por sí mismo, lo peligroso que es caminar sin la brújula divina. Ephraim estaba estrechamente unido a sus ídolos. Era voluntarioso y turbulento. La nación debía aprender por el sendero de la dureza y por la dolorosa experiencia, lo que significaba caer lejos de la amorosa mano de Jehová. ¡Cuán seria había sido la ofensa! El propósito de Dios respecto a Israel incluía una completa restauración así como una participación plena en el gozo de la comunión; pero esto se realizaría hasta que fueran purificados por el exilio a que estarían sujetos por 70 años. En su propósito estaba comprendido el abandono en que habían de ser dejados en su desolación espiritual y física, hasta que arrepentidos volvieran a Jehová su Dios.

Venid y volvámonos a Jehová: que él arrebató, y nos curará . . . Y conoceremos, y proseguiremos en conocer a Jehová . . . y vendrá a nosotros como la lluvia (6:1, 3).

Estas palabras contienen el clamor de arrepentimiento del remanente de Jehová, el cual una vez que pasó por el horno del padecimiento, acabó por reconocerlo como el Señor de su vida. La nación logró descubrir al fin, que el merecido castigo que había experimentado en su propia carne, había venido directamente de Jehová. Israel determinó volver a Jehová, que con toda paciencia lo había estado esperando.

La continuación muestra que estas hermosas palabras representan un arrepentimiento externo solamente, un caprichoso regreso a Jehová de Israel, el cual nunca había entendido la seria naturaleza de sus ofensas contra Dios, y que todavía desconocía completamente la verdadera naturaleza de Dios, a quien tan neciamente había provocado. Ellos estaban pensando en una deidad que fácilmente podían satisfacer y que no tenía normas morales y éticas de rectitud. Es doloroso ver que el pueblo escogido por Dios estaba en una ignorancia tan densa en las cosas más profundas concernientes a la religión revelada.

¿Qué haré a ti, Ephraim? ¿Qué haré a ti, oh Judá? La piedad vuestra es como la nube de la mañana, y como el rocío que de madrugada viene. Por esta cau-

sa corté con los profetas, con las palabras de mi boca los maté; y tus juicios serán como la luz que sale. Porque misericordia quise, y no sacrificio; y conocimiento de Dios más que holocaustos (6:4-6; Mat. 9:13; 12:7).

En estos términos queda descrito el lamento de un corazón noble y generoso, que ha sido estrujado por la ingratitud y violación de los votos por el ser amado. La contrición expresada en los versículos uno al tres, es solamente superficial. Jehová, el gran enamorado de su pueblo, está entristecido por la inconstancia de Ephraim y Judá. Los tiernos sentimientos y afectos mutuos de los primeros años de consorcio con Dios, se han tornado vanos como el rocío al salir el sol. Sus pobres y superficiales corazones eran incapaces del verdadero amor. El pecado los había vuelto insensibles e irresponsables. Los profetas los habían herido con sus palabras hasta lo más profundo, pero ellos no eran capaces de conocer el amor genuino, ni con la suavidad del trato, ni con la dureza.

Los hebreos estaban todavía operando bajo la impresión de que el perdón se obtenía mediante los sacrificios prescritos por la Ley y ofrecidos periódicamente en el altar. Tal conducta, podía ser calificada como correcta atendiendo a lo ceremonial; pero esto era vacío y hasta burlesco delante de Dios. Dios demanda rectitud en la conducta; lealtad en el amor; devoción y fidelidad en la vida, más que sacrificios y conformidad a los requerimientos rituales en su sentido verdadero.

Amós, Isaías y Jeremías, hicieron lo mejor que les fue posible para conducir al pueblo que no tenía en sí mismo bases claras de entendimiento para los asuntos más vitales. El Señor Jesús cita este versículo dos veces en su ministerio. (Mat. 9:13 y 12:7).

Ephraim se envolvió con los pueblos; Ephraim fue torta no vuelta. Comieron extraños su sustancia, y él no lo supo; y aun vejez se ha esparcido por él, y él no lo entendió... y no se tornaron a Jehová su Dios, ni lo buscaron con todo esto. Y fue Ephraim como paloma incauta sin entendimiento: llamarán a Egipto, acudirán al Asirio (7:8-11).

¡Cuán terríficas son las consecuencias de la maldad! Oseas deja por ahora el aspecto moral y religioso de Israel, para discutir las condiciones políticas, decadentes también a causa del desastre moral. Este es un juicioso y detenido análisis que Oseas nos proporciona de los efectos de la impureza sobre el vigor intelectual y los poderes de la nación.

Israel había sido invitado a separarse de los demás pueblos de Palestina y "desafiado a ser diferente". Oseas descubrió que la nación tenía un comercio pródigo, muchas costumbres extranjeras, dioses extraños, e ideales por tanto, bajos. No poseía Israel la suficiente fibra moral para soportar, sin experimentar claudicaciones, estas corrientes poderosas y extrañas. Siendo de suyo débil y no conociendo mucho acerca de Dios, cayó finalmente alucinado por las atracciones pecaminosas de otros pueblos, en lugar de haberlos rendido a ellos por la verdad y la grandeza de una vida nacional sometida a Dios.

Dos cosas revelan la debilidad de Israel en sus relaciones políticas, tanto internas como externas. Primera: había disipado su fuerza natural y prostituído su carácter, que debía haber sido inconfundible, por haberse mezclado con sus vecinos. Era este, para Israel, un momento crítico en su historia. Una vez consumida su energía moral a causa de los compromisos políticos y por acomodarse al mundo, en vez de influir para bien entre las gentes. Rom. 12:1,2. Segunda: el desenvolvimiento unilateral del pueblo, que era como "una torta no volteada." Las relaciones domésticas eran tan malas, como las exteriores. Ephraim era en su negligencia, como una torta puesta sobre ascuas, a la que por no habérsele dado vuelta, por un lado estaba convertida en cenizas y por el otro cruda. Israel estaba totalmente incapacitado para lo bueno. G. A. Smith dice: "Carente de deseos y de entereza, Israel estaba habituado al pecado, el cual lo circundaba por todos lados de su vida. Qué bien lo especifica con el término 'mitad'. Un pueblo medianamente alimentado; medianamente culto; medianamente religioso; de un corazón medianamente político, como un pastel a medio cocer."[23]

Oseas hace un énfasis prolongado sobre los síntomas peligrosos de tal situación. Ciertamente debe ser un día demasiado triste para cualquier mortal, aquel en que descubre su distanciamiento de Dios y no hace nada para remediarlo; su disipación, su raquítico desenvolvimiento, su gradual decadencia y sus groseros pecados, están al descubierto delante del ojo escrutador del Señor. Las señales de una decadencia senil, eran manifiestas. Llevado por una fascinación tonta y loca, se alegraba de aparentes sucesos felices, sin comprobar que sus virtudes distintivas como pueblo elegido, se habían desvanecido. A esta decadencia siempre se le procuraba disminuir o sobreestimar, con eufemismos

---

[23] *Ibid.,* p. 273.

de aparente grandeza y superioridad. El pueblo o el hombre que llega a tener tal concepto de sí mismo, jamás sentirá la necesidad de regresar a Dios. Tal hombre, o tal pueblo, gastan su tiempo, sus energías y su mente en puras necedades y truhanerías que a la postre lo destruirán.

¡Ay de ellos! Porque se apartaron de mí... porque contra mí se rebelaron... y ellos hablaron contra mí mentiras. Y no clamaron a mí con su corazón... y contra mí pensaron mal (7:13-15).

¡Qué tremenda acusación al pueblo de Dios! Por años y años tributaron a Jehová culto de labios, solamente cuando el temor los acosaba, o cuando las cosas andaban muy mal, lo buscaban con ansiedad. Se perdió Israel en su inconciencia, y como sus vecinos paganos, consideraba que con cualquier ofrecimiento religioso, podía aplacar la justa ira de Jehová. Pretendían los hijos de Israel justificarse de ir en pos de otros dioses, o amantes, diciendo que Dios había rehusado ayudarlos a retornar a su servicio. Pero la cosa verdadera, era que se había rebelado, hablado mentira, habían faltado lamentablemente en la oración y urdido mentira de que Dios los había dejado.

No necesitamos hacer un gran esfuerzo para darnos cuenta de que Dios estaba a punto, no solamente de abandonar al pueblo, sino de entregarlo en cautiverio en las manos crueles de sus enemigos.

Porque sembraron viento, y torbellino segarán: no tendrán mies, ni el fruto hará harina; si la hiciere, extraños la tragarán (8:7).

Las consecuencias del pecado son como las leyes de la gravitación. La rapidez de la caída, aumenta en relación con la distancia. La poderosa y arrasadora tormenta, viene, como es sabido, como una consecuencia natural de la acumulación del céfiro. Naturalmente que el día de la siega, es el día del deleite. Inesperadamente vendrá el terror para todo aquel que está descuidadamente recreándose en la abundancia o en el pecado. Este hermoso bajel que prometía tanto en su juventud ha llegado a ser ahora completamente inútil porque ha permitido que los pueblos de Canaan lo hayan absorbido. Estos versículos tan breves, resumen la historia de Israel, por un lapso casi de dos mil años. Nuestro corazón sangra cuando consideramos los sufrimientos trágicos del pueblo escogido de Dios. 9:17.

Como uvas en el desierto hallé a Israel: como la fruta temprana de la higuera en su principio, vi a vuestros padres. Ellos entraron a Baal-peor, y se apartaron para vergüenza, e hiciéronse abominables como aquello que amaron (9:10).

Oseas describe ahora a Dios reconstruyendo el escenario de Israel en los días deliciosos del desierto a raíz de sus desposorios con él. La opinión que Dios tenía de Israel y la impresión que le causaba era de honradez, de frescura, de fragancia y atractivos, tal como su mirada había observado esto en el desierto. Dios recuerda amorosamente la historia temprana de su vida como nación en el desierto. ¡Cuántas promesas! ¡Cuántos valiosos y preciosos frutos! Remembranzas de pureza y frescura de su esposa unida a su alma.

Pero a esta porción romántica, sigue rápidamente

otra que destila tristeza sobre la felicidad fugazmente experimentada, pues tan pronto como entraron a Canaan se contaminaron llegando a ser tan abominables como las mismas cosas adoradas por ellos. Los objetos de su inmoral adoración infectaron sus vidas.

Como resultado final de todo esto, Ephraim, que significa "fructífero" sería barrido y conducido a la esterilidad. De este modo, lo que estaba destinado a dar fruto, llegaría a ser infecundo. La esterilidad es el resultado lógico y necesario de una adoración impura y corrompida.

Sembrad para vosotros en justicia, segad para vosotros en misericordia; arad para vosotros barbecho: porque es el tiempo de buscar a Jehová, hasta que venga y os enseñe justicia (10:12).

Israel tiene que sufrir una ruda labranza. En lugar de la vida y el culto suave, fácil y sin ningún esfuerzo, Israel debe aprender la disciplina más severa. La tierra dura y resistente, debe ser abierta profundamente. Es necesario que las nubes vuelvan a derramar su refrescante lluvia sobre ese suelo selvático. Para volver a disfrutar de la gracia de Dios, Israel debe abandonar sus malos hábitos y pedir perdón a Dios para que él cambie las vidas de su pueblo.

En lugar de la perversidad y la mentira, debe estar dispuesto a sembrar rectitud y bondad. Se le recuerda al pueblo que todavía hay tiempo de principiar una nueva vida. La nación tiene ahora ante sí, el libre derecho de decidir sobre el asunto.

Cuando Israel era muchacho, yo lo amé, y de Egipto llamé a mi hijo . . . . Yo con todo eso guiaba en pies

*al mismo Ephraim, tomándolos de sus brazos; y no co-
nocieron que yo los cuidaba* (11:1,3).

Otra vez advertimos un destello de la ternura del
corazón amoroso de Dios el cual es descrito como el de
un padre amoroso a quien la ingratitud, la ignorancia
y la impureza de la persona amada ha entristecido profundamente. Mirando un poco más allá en el pasado,
lejos de esta torturante condición, se levantan las escenas de las dolorosas experiencias de los días del Exodo. T. H. Robinson dice que hay en todos estos datos
más que un cuadro bello de apelación literaria, la hermosa verdad de un padre paciente y amoroso que está
enseñando a su hijo a dar sus primeros pasos.[24]

Dios pasó por alto a los muchachos fuertes, ricos e
inteligentes en la tierra, al elegir a un hijo favorito sobre el que pudiera volcar todas las bendiciones de una
alianza especial. Dios elige a un muchacho débil, sin
atractivo, esclavo de los egipcios, vestido de andrajos,
para hacerlo el objeto de su amor y de la riqueza de sus
bendiciones. Dios lo amó con entrañable misericordia,
lo llamó, lo sanó y lo condujo. Este amado hijo, fue
criado con muy señalados afectos, su pequeño y vaci-
lante pie fue enseñado a caminar. Cuando creció, y
cuantas veces sintiéndose cansado, clamó al Padre, éste lo tomó en sus fuertes y acogedores brazos. Esta es
una lección hermosa de la paternidad de Dios en cualquier tiempo.

Pero a pesar de toda esta tierna solicitud y cuidados
paternales, el muchacho quebrantó el corazón del Padre. Todo ese amor resultó aparentemente en vano.

---

[24] *Prophecy and the Prophets,* p. 77. Usado con permiso de los editores: Charles Scribner's Sons.

Como un resultado del desprecio al amor paterno, vino la esclavitud humillante. El pecado había hecho su obra destructiva y ninguna clase de sufrimiento o castigo salvaría a Israel de ir en cautiverio. En todo esto debe haber una realización subconsciente de que ellos no se pertenecen a sí mismos, sino que alguien ha pagado por ellos un alto precio, rescatándolos con un gran propósito y una imperecedera esperanza.

¿Cómo tengo de dejarte oh Ephraim? ¿He de entregarte yo, Israel? ... Mi corazón se revuelve dentro de mí inflámanse todas mis conmiseraciones (11:8).

Otra vez más la voz del Padre expresa su amor inmortal por sus escogidos. Tiernamente manifiesta su profundo cariño. ¿Cómo puede un padre enviar deliberadamente, a destrucción al hijo que ama? ¿cómo puede uno explicarse que se manda a destierro terrible a quien se quiere? G. A. Smith dice: "Aun así, Dios es Dios, aunque la determinación sea contraria a su amor. Estas palabras están seguidas por el pasaje más grande en Oseas, si no es que también el más profundo, a la vez que el más alto, es el que expresa el quebrantamiento más constante de la misercordia divina."[25]

Este versículo ha sido llamado por algunos: "el remordimiento de Dios", porque al través de él el lector es conducido a contemplar el ardiente corazón divino con un amor tan tierno hacia el hijo voluntarioso y desobediente. Esta es la causa fundamental, por la que el Padre demanda que el hijo vaya a destierro. Seguramente que Ephraim tiene sus oídos y su corazón cerrados para cualquier súplica de parte del cielo.

---

[25] *Ibid.*, p. 297.

Conviértete, oh Israel, a Jehová tu Dios: porque por tu pecado has caído. Tomad con vosotros palabras, y convertíos a Jehová, y decidle: Quita toda iniquidad, y acepta el bien, y daremos becerros de nuestros labios (14:1,2).

Continúa hablando el suplicante amor divino. Nuevamente el profeta presenta el tierno y sublime amor del Padre celestial hacia el descarriado hijo, que ha ocasionado tanto dolor a su corazón. El desea que la puerta de la gracia continúe abierta de par en par, en previsión de un posible regreso del hijo pródigo al hogar paterno. Israel ha fallado en sus intentos pasados en hallar a Dios, porque lo ha buscado por caminos equivocados. Los sacrificios de animales y los holocaustos, no eran suficientes. Una observancia mecánica y formal de ritos y ceremonias, no era válida. Dios rogaba a Israel que aprendiera de su propia y amarga experiencia la necedad de vivir lejos de Dios y la necesidad de regresar al calor confortante del hogar. Clara y específicamente Dios pone con sus palabras, las bases del correcto acercamiento. El Señor desea confesiones y votos, salidos del corazón. Cuando el alma compungida viene ante la presencia de Dios, ella ve la negrura de sus pecados. El pecador experimenta en sí mismo, la necesidad de la gracia, y clama por ella; como resultado de esto, sus iniquidades son removidas de su alma. La confesión de sus pecados, traerá perdón completo de parte de Jehová, que ama con tan profundo amor al alma humana. Israel estaba pronto a poner su confianza en las armas de naciones extranjeras. Pero Asiria y Egipto, eran impotentes para ayudarlo. Los ídolos que se habían manufacturado para sí, eran igualmente vanos e inútiles. Israel debería renunciar a toda ayuda humana y confiar en la misericordia del Señor, única y capaz de libertar.

Yo medicinaré su rebelión, amarélos de voluntad: porque mi furor se apartó de ellos (14:4).

¡Una hermosísima promesa! ¡Cuánta gracia y condescendencia en la respuesta del Padre! Por un tiempo muy prolongado, su corazón estuvo pleno de amor, pero los pecados de Israel impidieron recibir las abundantes bendiciones de lo alto. Al fin, la gracia divina hallará un modo de restaurarlos a su condición de hijos; de sanar sus almas enfermas; de ponerlos en lugar honroso y de revelarles las profundidades de su amor. Su enojo, se ha desvanecido, su perdón es completo, su gracia no conoce límites, su amor continuará siendo como una caudalosa corriente.

Lo que sigue en Oseas hasta el fin, es un cuadro de fresca belleza y fragancia, con visos de muy preciosas esperanzas de restauración para el pueblo, el que en sus nuevas relaciones se gozaría continuamente en el amor y misericordia divinos. No mucho tiempo después, renunciarían definitivamente a los ídolos y a sus antiguos y humanos protectores. Se sentirían completamente felices, en la presencia de su Dios que tan clemente había sido con ellos.

LECCIONES PRACTICAS DE VALOR PERMANENTE

1. Nada es capaz de apagar el amor divino.
2. Dios sufre intensamente, cuando el hombre deserta de él.
3. Lo sagrado y santo del matrimonio y de sus relaciones.

4. Las consecuencias trágicas de obedecer la voz de los falsos maestros.
5. No hay en los planes de Dios, dos planos de moralidad, sino uno sólo.
6. El pecado destruye la sensibilidad del alma para hacer distinciones morales.
7. El divorcio, no es la mejor manera de resolver los problemas; es sólo una puerta más de entrada a ellos.
8. Sólo una adoración en espíritu y en verdad, es agradable a Dios.
9. Una nación declina rápidamente cuando sus dirigentes se corrompen.
10. El verdadero arrepentimiento, traerá el perdón al alma y una completa restauración al favor divino.
11. Hay un peligro real en las malas asociaciones humanas.
12. Más que las armas enemigas para una nación, es su propia corrupción interna.
13. El pecado es el origen de toda infidelidad para **con Dios.**

ISAIAS

740 a 698 A. de C. Jerusalem

Los últimos cuarenta años del siglo VIII produjeron a grandes hombres, pero el más destacado de todos, fue el profeta Isaías. Amós y Oseas fueron predicadores del reino del Norte; Miqueas fue muy activo en el reino del Sur con Isaías. Aprenderemos mucho de los propósitos de Dios en cuanto al mundo, con un estudio cuidadoso de las circunstancias, el profeta y su escrito.

EL MUNDO EN LOS DIAS DE ISAIAS

El aspecto político del mundo, revela una intensa preparación como para una titánica lucha. Los ejércitos parecían empeñarse en una lucha sin tregua por la supremacía. Uzías y Jeroboam II, estaban disfrutando de un reinado de paz y prosperidad, con algunas extravagancias por supuesto. Las naciones vecinas eran tan débiles, que no oponían resistencia alguna a su conquista, ni sus ejércitos constituían un problema militar. Jotam, Achaz y Ezequías, siguieron a Uzías en el trono de Judá. Durante el gobierno de estos reyes, Isaías estaba profetizando en Jerusalem.

En 745 A. de C., Asiria hizo sentir su poder en todos los contornos al través de su aguerrido y dinámico caudillo, Tiglat Pileser. Este poder creciente, pronto se dejó sentir en Palestina. Manahem, para evitar una invasión pagó cuantioso tributo. Tiglat Pileser volvió en 734 A. de C. al llamado del débil Achaz y asoló al reino de Siria y al de Israel. Damasco cayó en 732 A. de C.; el reino de Israel, con excepción de Samaria, sucumbió en 722 A. de C. Achaz siguió reinando con relativa independencia, pues estuvo sujeto a Asiria en muchas de sus determinaciones.

Salmanasar, que gobernó entre 727 y 722 A. de C., empezó el sitio de Samaria; Sargón II (722-705 A. de C.) lo completó, con la captura del rey y la cautividad del pueblo. Senaquerib, cuyo mandato se extendió de 705 a 681 A. de C., llevó a cabo la devastación de Judá. Su terrible invasión de las tierras del oeste, en 701 A. de C., fue una de las invasiones clásicas de la historia. Todas las ciudades de Palestina fueron tomadas, salvo la ciudad de Jerusalem. Su destrucción fue impedida por la intervención de Dios quien por medio de su ángel segó la vida de ciento ochenta y cinco mil soldados asirios. Estos cuatro mandatarios asirios desempeñaron un papel importante en el prolongado drama, durante el ministerio de Isaías.

En Siria, Rezín había logrado establecer un poderoso reino, pero fue muerto en la caída de Damasco en 732 A. de C. Su alianza con Peka, rey de Israel, trajo la invasión fatal y la caída de Siria como un poder independiente.

En Babilonia se advertía una marcada tendencia hacia el dominio del mundo conocido, aunque esa supremacía no fue obtenida en un sentido real, sino hasta cien años después. Isaías predijo la grandeza del poder de Babilonia en los días que gobernaba Merodac-Baladán (721-710 A. de C.)

En Egipto, estaba en el poder la XXIII dinastía, precisamente durante la fase inicial del ministerio de Isaías. En Roma, Rómulo y Remo estaban en medio de la escena. Según la tradición, Roma fue fundada en el año 753 A. de C.; unos cuantos años solamente, después del nacimiento de Isaías. Grecia, estaba por concluir el popularmente conocido Siglo de Micenas, con el que se levantaron también los estados griegos y sus ciudades. Atenas y Esparta, estaban en su apogeo.

Condiciones sociales. Un gobierno próspero pero desigual, estaba rigiendo a la sociedad israelita. Los pobladores de la tierra estaban divididos en dos clases sociales: la rica y la pobre. Los resentimientos, las constantes inquietudes y los abusos, eran vistos en todas partes. El despojo era uno de los problemas más grandes del día. Los propietarios originales, perdieron sus hogares en las manos sin escrúpulos de poderosos e influyentes, los cuales hicieron uso de la extorsión, y del usurpamiento, a fin de llenar sus ambiciones, convirtiéndose en voraces despojadores de lo ajeno. La corrupción de la ciudad y de sus gobernantes, la avaricia judicial, hicieron miserable la vida de los pobres. El lujo, la frivolidad y la indiferencia hacia los derechos y reclamos justos de los demás, unidos al sufrimiento de muchos otros y la indignidad de la mayoría en su prosperidad, la embriaguez añadida a los males ya mencionados, causaron la tristeza y el desastre.

Condiciones religiosas. El pueblo de Israel, había sido traído a Palestina para ser bendición y ejemplo religioso y comunicar el mensaje de verdad a las naciones vecinas. Pero en lugar de llenar su elevado cometido, descendieron al bajo nivel de sus vecinos. Lo peor que hizo, fue rendir culto a Baal. Las supersticiones, las costumbres orientales y el mortífero culto a Moloch, quebrantaron cualquier grado de sensibilidad que pudieron haber tenido anteriormente. En verdad, lo que había era un profundo abismo religioso; la fibra moral había huído de ellos, los niveles éticos eran demasiado bajos. Los llamados profetas estaban demasiado ocupados en las bebidas embriagantes, para poder dar atención espiritual, siquiera superficial, al pueblo. No tenían ningún mensaje de valor, ni deseos verdaderos de auxiliar espiritualmente a nadie. Las mujeres eran ordinarias, sensuales, borrachas y necias. De manera que la tarea de un profeta verdadero, constituía una dificultad casi insuperable. ¿Cómo podría l u c h a r con tales problemas, con tal pueblo para sacarlo de esas condiciones e introducirlos en nuevas concepciones espirituales?

EL HOMBRE DE DIOS

El hijo de Amoz nació en Jerusalem por el año de 760 A. de C., cuando Amós el profeta, estaba predicando en el reino del norte. Su ministerio activo, comenzó como por el año 740 A. de C., el año en que murió el Rey Uzías. Durante cuarenta años radicó en su ciudad natal, dando a los reyes, a las princesas de la corte y al pueblo, el candente mensaje que enviaba Dios por su conducto. Podemos imaginarlo como un joven apuesto, aristócrata y principesco, el cual tenía acceso a la corte y grande popularidad y estimación entre los habitantes de Jerusalem. Se casó como en 734 A. de C., y de esta unión hogareña nacieron dos hijos.

Su habilitación y preparación, fue de lo mejor que en su tiempo era posible proporcionar a un joven. En cuerpo, en temperamento, y en personalidad, estaba perfectamente preparado para la alta y sagrada misión que le iba a ser encomendada. Su completo conocimiento de la ciudad, el reino, las naciones vecinas y la historia general del mundo conocido, lo capacitaron para interpretar inteligentemente todos los movimientos de los pueblos a la luz de la voluntad divina. Es muy probable que haya sido influído por la predicación o el contacto con Amós, Oseas y Miqueas. La influencia más poderosa en su vida, sin embargo, fue la que ejerció Jehová con su mano sosteniéndolo constantemente en la tarea de la predicación.

Su llamamiento fue una experiencia inolvidable. Este aconteció en los días en que murió uno de los mejores reyes de Judá, Uzías. Durante un momento de devoción intensa, vio a Dios sobre su trono, rodeado de esplendor en santidad y gloria. Después de esto él no podía ser el mismo. Instantáneamente su mirada se tornó sobre sí mismo, descubriendo que era inmundo, indigno, necesitado, y que estaba perdido. El clamor de arrepentimiento en él, le trajo salud y sus ojos descubrieron su pecado y la necesidad que tenía el mundo de auxilio espiritual. Al llamado de Dios, Isaías respondió inmediatamente: *Héme aquí, envíame a mí.* Fue aceptado, comisionado e investido con el poder de Jehová, como su digno representante ante el pueblo. En su trabajo le esperaban durezas, peligros, chascos y contratiempos, pero con la fortaleza de Dios, saldría victorioso.

Su ministerio. Isaías invirtió lo mejor de su vida en el ministerio de la predicación y como consejero de los reyes. Estas experiencias le dieron dignidad, una personalidad magnética, una fe clara y definida con un amor creciente por Jehová que lo llamaba continuamente a mayores esfuerzos. Al través de los días tormentosos y de los pacíficos y brillantes, él era el hombre del momento. Los profetas de Dios, eran los hombres más destacados de su generación.

Como hombre de estado, Isaías no tiene competidor entre los profetas. Cuando el débil rey Achaz temblaba ante la aproximación de los reyes: Peka de Israel y Rezín, de Damasco, y de sus amenazas, Isaías pidió a Achaz que pusiera su confianza en Dios, en vez de pedir auxilio a Tiglat Pileser de Asiria. Su sabiduría y valor corrían paralelamente con su fe en Dios. Cuando los príncipes de Judá resolvieron quebrantar la alianza que tenían con los asirios, para apoyarse en el poderío egipcio, Isaías les manifestó que esta era una política suicida. Cuando el poderoso rey de Asiria, Senaquerib, irrumpió incontenIblemente sobre el territorio al suroeste, invadió a Palestina y quebrantó el poder militar de los egipcios, Isaías fue el profeta que recomendó al Rey y sus cercanos, que confiaran en Jehová en esta hora de desastre nacional. Ningún otro hombre, fuera del profeta, podía estar seguro de la protección divina de Dios sobre la ciudad Santa. En adición a esta seguridad, predijo la completa destrucción de los asirios. Su fe en Dios, le dio las bases para fundar sus consejos, pero la sutil penetración de los problemas humanos, era en él una ventaja sobre otros muchos de sus contemporáneos.

Cuando el rey Ezequías cometió la equivocación de mostrar a los emisarios babilónicos todas sus riquezas y sus armas, fue el profeta Isaías el hombre de Estado, quien reprendió al rey por su indiscreción y le predijo el retorno de aquellos hombres, en son de conquista, para arrasar el reino de Judá. Aun cuando esto acontecería alrededor de unos cien años más tarde, pues ahora el reino que estaba en su apogeo era el Asirio, Isaías, el estadista, estaba en condiciones de predecir el advenimiento de Babilonia como un poder dominante y conquistador.

Como un pregonero incansable de la justicia social, Isaías no tiene quién lo iguale entre los profetas. Tenía muy profundas convicciones, un gran valor, clara visión de las cosas, una aguda intuición espiritual y un desconocido poder de llevar la verdad hasta el hogar. Su amor por la verdad, provino de su profunda apreciación por la absoluta cuanto elevada rectitud de Dios y del divino aborrecimiento del pecado. Puesto que Isaías no procedía de ninguno de los grupos bajos y pobres de los labriegos, no podía ser acusado por nadie, de estar hablando necedades pidiendo algo en favor de los pobres. Su justa indignación, ardía a causa de los actos de la injusticia, la crueldad, la opresión, la deshonestidad y la inmoralidad. No solamente decidió condenar la injusticia como práctica individual, sino también como actos colectivos. Los reyes, los jueces, los príncipes y los mercaderes, juntamente experimentaron lo candente de su mensaje. Con su cabeza en las nubes y con los pies en la tierra, consumió lentamente su vida tratando de ayudar a un pueblo descarriado a ver a Dios y a conocerlo como él lo conocía y a aborrecer el pecado como Dios lo ha aborrecido siempre, y volver devotamente al que puede y quiere bendecir el corazón.

Sus pensamientos fueron prácticos, sus juicios correctos, su visión siempre clara, su celo inflamado; sus propósitos de largo alcance y su entusiasmo inagotable.

Dignificó la oratoria, abogó por la pureza del corazón y por una dirección efectiva de Dios.

Como un gigante espiritual, Isaías mora en el picacho más alto de las montañas de la fe. Desde el día de su visión en el templo, entró en plena posesión de una vehemencia celestial y de una profundidad espiritual que lo pusieron muy por encima de sus contemporáneos. Desde su sitial como un pecador contrito fue comisionado por Dios y santificado por el hálito divino sobre él. Anduvo en estrecha comunión con Dios, su vida piadosa fue indiscutiblemente elevada. De la íntima relación con Dios derivó su capacidad de hacer sentir a otros, su delicada amabilidad y su acogedora influencia así como sus preciosas y trascendentes cualidades que lo situaban por encima de sus contemporáneos. La profunda experiencia religiosa del profeta añadía a sus palabras un atractivo divino jamás oído por los hombres. Con todo su corazón, detestaba la inmundicia y amaba con igual pasión a la santidad. Gastó su vida tratando de hacer que Israel volviera a Dios y advirtiera en las palabras de él, la verdad implícita de su dirección. Seguramente que esta es una meta digna para los hombres de nuestro día.

EL LIBRO

Los sesenta y seis capítulos que el libro contiene, se pueden dividir en tres secciones: 1 al 39; 40 al 55; y 56 al 66. ¿Cuántos de estos capítulos son producto del hijo de Amoz? ¿Contendrá algún material escrito con posterioridad a las victoriosas campañas de Ciro? ¿Qué se dice acerca del deuto   Isaías o del trito Isaías? Una discusión amplia de estas cuestiones nos pondría fuera del tema de nuestras consideraciones verdaderas.

Muchos opinan que por lo menos hubo dos autores, si no es que tres. La generalidad atribuye a Isaías los capítulos posteriores más cercanos. Posiblemente nunca lleguemos a saber la verdad sobre este asunto.

Si Isaías escribió los capítulos 40 al 66 hubiera sido necesario colocarlo no 700 años antes de Cristo sino como 540 A. de C.; cuando el exilio estaba llegando a su fin. ¿Pudo él bajo la influencia del Espíritu Santo, trasladarse de un punto a otro distante de él 150 años y comenzar otra vez sin ninguna palabra de explicación para hacer la transición inteligible para el lector?

De acuerdo con los cánones del criticismo, un profeta habla solamente a su generación, y por tanto, está fuera de toda cuestión según ellos, el hecho de que pudiera hablar de acontecimientos futuros 150 años más allá de los días en que vivió. El estilo, el lenguaje y las ideas religiosas halladas en los capítulos 40 al 66 contrastan notablemente con los capítulos 1 al 39 atribuídos a Isaías. Ciro es específicamente nombrado como el libertador del cautiverio judío, cuando en los días de Isaías la supremacía babilónica ni siquiera comenzaba aún. Ciro, el gran caudillo persa, es descrito en Isaías como el ayudador de Israel. El autor lo presenta como una prueba definitiva de que las profecías se están ahora cumpliendo y de que Dios siempre cumple su palabra.

Debe sin embargo advertirse, que en los capítulos aludidos, 40 al 66 no hay ninguna referencia capaz de ayudarnos a identificar al autor. No se establece en sentido alguno que sea Isaías, que no sea de él o de algún otro autor. Cuando todos los argumentos se agrupan en torno de cada lado del asunto, todavía no se ha llegado a una conclusión definitiva. Se deja por tanto al lector que por sí mismo tome la posición que mejor corresponda a sus demandas mentales, advirtiéndose esto: que si acepta la teoría de dos o tres autores del libro, no está en condiciones de estimar en su valor más alto y completo, el contenido general, como lo haría si tuviera la convicción de que todo el volumen es de Isaías. El autor de esta obra opina que Isaías fue el instrumento empleado por Dios para transmitir esta profecía íntegramente a su pueblo. Es sin lugar a duda, una revelación de la voluntad de Dios, y como tal, debe ser aceptado y atesorado; escudriñar el contenido, aprender sus mensajes y dejarse guiar por sus verdades, es una gran bendición.

El contenido del libro. Tomando el libro como un todo, se pueden hallar en él las siguientes divisiones:

—I—

1 al 12 Represiones y promesas al pueblo de Judá.

13 al 23 Profecías relacionadas con las naciones vecinas.

24 al 35 Juicios y profecías concernientes a Judá e Israel.

36 al 39 Sección histórica concerniente a Ezequías y Senaquerib.

—II—

40 al 48 Consolación a los exiliados.

49 al 55 El Siervo de Jehová.

56 al 66 La gloria futura de Israel.

PORCIONES PREDICABLES

Ningún otro libro del Antiguo Testamento provee tan ricas porciones y tan variadas verdades para el estudio privado o para el púlpito, como se hallan en el alma y mensajes de Isaías. Sugiere casi en todas partes, la presentación de temas de gran calado. Capítulos como el 1, 6, 48, 49, 50, 53, y el 55 deleitan el corazón del expositor. Multitud de porciones están demandando atención, examen y utilización. La descripción del Mesías es claramente presentada con una profunda y rara belleza. Hay una variedad de temas y consideraciones por abordar en relación con el amor de Dios por los no privilegiados, los oprimidos y los desdeñados. A lo largo del libro, las promesas cumplidas son un testimonio fiel de la misericordia con que Dios ha tratado a todo aquel que con humildad y sumisión lo ha seguido. Severas advertencias y oportunas admoniciones fueron hechas cuando algunos o todos estaban saliéndose del camino. Acerquémonos a sus páginas con reverencia y consideración, orando para que el Señor nos guíe por el camino de la vida.

VERSICULOS DE GRAN SIGNIFICACION

Crié hijos, y engrandecílos, y ellos se rebelaron contra mí. El buey conoce . . . Israel no conoce . . . Toda cabeza está enferma, y todo corazón doliente . . . Harto estoy de holocaustos . . . cuando multiplicares la oración, yo no oiré . . . Venid luego, dirá Jehová, y estemos a cuenta . . . si vuestros pecados fueren como la grana, como la nieve serán emblanquecidos (1:2-20).

Esta terrible acusación, es una poderosa reprensión a los pecadores rebeldes, los cuales con sus groseros pecados, estaban destrozando el corazón de Dios.

2 al 4 El soliloquio del corazón de un padre amante. La ingratitud y la rebelión trajeron consigo la congoja.

5 al 9 Un cuadro doloroso de miseria producido
por el pecado.
10 al 15 La inutilidad y la indignidad de los ritos y
las ceremonias.
16 al 17 Una ferviente exhortación. "Lavaos, limpiaos . . ."
18   Una insistente invitación al arrepentimiento.
19 al 20 Una alternativa divina.

Alguien ha sugerido dentro de este pasaje, los cuatro puntos siguientes: 2-9, necedad; 10-17, formulismo; 18-23, perdón; 24-31, redención.

Y vendrán muchos pueblos, y dirán: Venid, y subamos al monte de Jehová . . . y nos enseñará en sus caminos, y caminaremos por sus sendas. Porque de Sión saldrá la ley, y de Jerusalem la palabra de Jehová. Y juzgará entre las gentes, y reprenderá a muchos pueblos . . . ni se ensayarán más para la guerra (2:3-4).

Este hermoso poema también se encuentra en Miqueas 4:1-3 y es una de las más preciosas gemas de la literatura cristiana. Escrito por Miqueas, o por Isaías, o por algún otro de los primitivos siervos de Dios —el nombre del escritor poco importa— hallamos en él un reflejo de la belleza inmarcesible, y es más exquisito por causa del ambiente celestial que se refleja en él. Llámesele el sueño de un idealista, si así se desea, pero reconózcase en él el ideal plan de Dios para su pueblo escogido. El profeta está haciendo lo posible por elevar al pueblo hasta el sitio desde el cual él enseña a fin de que ellos puedan captar, entender y aplicar a sus propias vidas, las riquezas de su instrucción. Disputas, malos entendimientos, argumentos y otras diferencias se desvanecerán ante la luz del Maestro quien revela la verdad a ellos. Las guerras quedarán completamente eliminadas cuando los hombres y las naciones estén dispuestos a someter sus diferencias al árbitro divino. Dios tiene el propósito en relación con su pueblo, que abandone toda enseñanza mundana a fin de que se puedan sentar a los pies del gran Maestro andando en sus huellas y poniendo en práctica todas las enseñanzas en su vida.

En aquel tiempo . . . el que quedare en Sión . . . será llamado santo . . . cuando el Señor lavare las inmundicias de las hijas de Sión . . . con espíritu de juicio y con espíritu de ardimiento (4:2-6).

En el caso anterior del capítulo dos, hallamos el sueño de un idealista que contempla las glorias futuras del pueblo de Dios; pero en el capítulo cuatro, versículos del dos al seis, descubrimos la realidad de una situación trágica y culpable; aunque esta porción también hace alusión a una nueva gloria pero vista al través de una prueba o castigo. El escritor tiene conciencia de todos los pecados de Jerusalem y de todas sus infidelidades, pero también conoce el poder de Dios para purificar por medio de su justicia. Cuando Dios se proponga hacer pasar por el tamiz de su justicia a Jerusalem, será para purificarla. Pureza y santidad serán las características de sus habitantes quienes habrán sido limpios por su mano. Cada pecador corrompido e inmundo, trátese de hombre o mujer, podrá ser redimido por el contacto de Dios.

Ahora cantaré por mi amado el cantar de mi amado a su viña . . . Habíala cercado, y despedregádola, y plantádola de vides escogidas... edificado en medio de ella una torre... y esperaba que llevase uvas, y llevó uvas silvestres (5:1-7).

Este canto bucólico impregnado de amor capaz de estrujar hasta las fibras más delicadas del corazón, es una hermosa y atrayente figura de la paciencia, y la expectativa y el sacrificio del que la plantó, a quien tan conmovedoramente se describe. Isaías hizo uso de sus penetrantes facultades para describir el cuadro desde todos sus ángulos. Cuidadosa selección, diligente preparación, plan sabio y ardiente deseo caracterizaron las actividades de Dios en cuanto a su viña. En cambio, de todos estos esfuerzos y sacrificios, sólo hubo uvas silvestres de muy mala calidad. Rápidamente el predicador hace la aplicación a sus vecinos de Judá. El corazón de Dios está entristecido porque buscó justicia y rectitud en su pueblo y no halló sino asesinato, y frenéticos gemidos de desastre. Esto fue, y no otra cosa, lo que el Hortelano divino segó a cambio de todo el amor y sacrificio invertido en su viña.

Vi yo al Señor... Santo, santo, santo Jehová de los ejércitos... ¡Ay de mí!... que siendo hombre inmundo de labios... y tocando... mi boca... es quitada tu culpa, y limpio tu pecado... ¿A quién enviaré?... Héme aquí, envíame a mí. Anda, y di (6:1-9).

El secreto del tremendo poder de Isaías en el mundo, es descubierta para nosotros en este cuadro de su experiencia con Dios. Así como Pablo dirigió casi siempre su mirada al camino de Damasco en el pasado, así Isaías fundaba el poder de su vida en el recuerdo de esta celestial visión. En esta breve pero inolvidable experiencia, descansaban su convicción y contrición, su conversión, su confesión, su limpieza y su consagración. Algún predicador ha calificado esta visión y llamamiento así: "el dolor de la convicción; el prototipo de la purificación y la marcha del servicio." En esta bella experiencia se pueden distinguir muy claramente cuatro escalones:

1. *Revelación.* Vio a Dios en su majestad y poder.
2. *Postración.* Descubrió su indignidad y su lejanía de Dios.
3. *Purificación.* Dios limpió al profeta de todo pecado.
4. *Consagración.* Se ofreció sin reserva al servicio.

El pueblo que andaba en tinieblas vio gran luz... Porque un niño nos es nacido, hijo nos es dado... su nombre... Admirable, Consejero, Dios fuerte, Padre eterno, Príncipe de paz (9:2-6).

Las tinieblas, desastre, angustia y obscuridad, serán disipadas y el resplandor de la gloria de Dios tomará su lugar, porque el Don celestial se manifestará en la tierra, en la persona de un niño.

¡Qué transformación se operará en el mundo con su venida! Con qué precisión describe Isaías algo de su gloria a una distancia tan lejana como lo son 700 años que faltaban para su primer advenimiento. La sabiduría plena y divina, serán patrimonio pleno suyo. Sabiduría divina, poder divino, paternidad y paz divinas vendrán a la tierra como resultado de su reino sobre la tierra. Estos cuatro pares de nombres dados al Mesías dan énfasis a su dignidad.

Y saldrá una vara del tronco de Isaí... y reposará

sobre él el espíritu de Jehová; espíritu de sabiduría . . .
inteligencia . . . consejo . . . fortaleza . . . conocimien-
to . . . temor de Jehová . . . y será la justicia cinto de sus
lomos y la fidelidad ceñidor de sus riñones . . . porque
la tierra será llena del conocimiento de Jehová (11:1-
5, 9).

Este retrato del Mesías lo presenta como el Juez
ideal solícito en la justicia y derecho de los pobres y
desamparados de la tierra. El se empeñará en que todo hombre en cualquier parte obtenga justicia. Este
vástago del tronco de Isaí, será sabio, poderoso y su
deleite estará en Jehová. El espíritu de Dios reposará
en él sin medida, las virtudes de su alma y de su mente lo harán idóneo para compadecerse de las almas de
los hombres y entenderlos como almas cuyos destinos
eternos han sido puestos en sus manos, (16:5 y 32:1,2).

Cantaré a ti, oh Jehová; pues aunque te enojaste
contra mí, tu furor se apartó . . . Dios es salud mía; ase-
guraréme, y no temeré . . . porque mi fortaleza y mi
canción es JAH Jehová; el cual ha sido salud para mí
(12:1,2).

Este es un oasis en esta sección del libro de Isaías.
El gozo reina en su corazón y prorrumpe en agradeci-
das alabanzas. El está seguro de que el enojo de Dios
ha pasado y que la luz divina lo ilumina todo en torno
suyo. El se siente constreñido a declarar su fe en Dios.
No más temores ni conflictos ni incertidumbres vendrán
a él; su confianza en Dios hará huir toda sombra de
desconfianza e inseguridad y en lugar de ello, la alabanza brotará de sus labios tan expontánea como una
fuente de corrientes naturales. En la luz de Jehová an-

dará su pueblo con plena libertad tributando al Señor un servicio de lo mejor y de lo más fiel.

Destruirá a la muerte para siempre; y enjugará el Señor toda lágrima de todos los rostros (25:8).

Cuán grande y hermosa profecía en el propósito de Jehová de abatir para siempre a la muerte como un problema humano, preparando un porvenir glorioso e imperecedero para todos los liberados. Solamente estando en Dios puede haber esperanza de felicidad más allá de la tumba. Jehová puede redimir a los humanos por el suficiente y eficaz sacrificio en virtud del cual hace provisión de eterna seguridad para cada uno. Las lágrimas son pronta y definitivamente limpiadas de los rostros de sus redimidos, e iluminados con la gloria radiante provista para todos los que confían en su salvación. Tan preciosas esperanzas y tan gloriosas promesas deben constreñir a cada mortal a hacer una entrega personal y completa de sí mismo en devoto servicio a Dios; (véase también 26:19).

Tú le guardarás en completa paz, cuyo pensamiento en ti persevera; porque en ti se ha confiado (26:3).

Estas palabras de Dios van dirigidas a un pueblo cautivo que había sido sacado de su tierra natal. Este mensaje de esperanza enviado a su pueblo en las horas más obscuras de su historia, era como un bálsamo reconfortante en su exilio. Para ellos, por ahora, les era suficiente saber que Dios estaba cuidándolos con gran solicitud. El desastre de su pueblo había entristecido a su propio corazón divino. Nuestro más precioso recurso de fortaleza, está en conocer la efectividad de estos mensajes de esperanza para el corazón. Versículos como estos, son fiel eco de la voz de gracia celestial. La proclamación del perdón es la respuesta de Dios a los espíritus caídos. Jehová de los Ejércitos está moviendo sus recursos divinos en favor de su pueblo, él es un Dios que opera, que actúa. Desea hacer llegar hasta el atribulado corazón de su pueblo un mensaje directo que les garantice la redención divina. El perdón completo de Israel está en su mano. ¡Qué hermoso mensaje de paz, de misericordia, de gracia y de perdón eterno!

Sécase la hierba, cáese la flor: mas la palabra del Dios nuestro permanece para siempre (40:8).

En los versículos 3 al 11 de este capítulo el autor nos dice cómo las promesas de Dios se cumplen plenamente. La voz de la gracia está seguida por la de la profecía, y a éstas, sigue la voz de la fe. Este es el objetivo real de la redención revelada. A mitad de la discusión teológica nos detenemos para hacer una observación que es evidente en todo el párrafo: que la hierba al igual que la flor, se secan invariablemente; pero las palabras de Dios, fijas y permanentes como él, son la garantía de la divina redención.

He aquí que el Señor Jehová vendrá con fortaleza y su brazo enseñoreará... C o m o pastor apacentará su rebaño; en su brazo cogerá los corderos, y en su seno los llevará; pastoreará suavemente las paridas (40: 10, 11).

¡El juicio del Rey Jehová, se aproxima! El es grande en poder, lleno de sabiduría, benigno y considerado con todos los que necesitando su ayuda la imploran. El Señor posee todas estas virtudes y poderes ilimitados para rescatar a su pueblo que ha sufrido tan penoso exilio. Con brazo fuerte, con amorosas miradas y cuidados tiernos, él conducirá a su pueblo. Esta descripción de Dios es todavía una verdad alentadora que nos ayuda en los problemas de la vida por tremendos que ellos sean, si somos capaces de verlo con cuánta ternura está dispuesto a socorrer a su pueblo. El es el Padre amante encarnado en la persona de nuestro Salvador.

¿A qué pues haréis semejante a Dios...? (40:18).

El profeta se esfuerza en dar una idea descriptiva de la incomparable grandeza de Dios frente a la vanidad y nulidad de los ídolos. En esta pregunta se revela la naturaleza sin igual de su carácter. Dios es infinito, comparado con los seres creados, con los dioses gentílicos y comparado con los astros. Quedan descritas sin lugar a duda, su soberanía y su omnipotencia sobre todos, y sobre todo. Aparece radiante y única, la idea del monoteísmo. El es el Eterno dotado de todo poder; conoce a cada una de sus ovejas por nombre y las apacienta no sólo en calidad de rebaño sino en el sentido individual.

... el Dios del siglo es Jehová, el cual crió los términos de la tierra? No se trabaja, ni se fatiga con cansancio, y su entendimiento no hay quien lo alcance. El da esfuerzo al cansado... Los mancebos se fatigan y se cansan, los mozos flaquean y caen: Mas los que esperan a Jehová tendrán nuevas fuerzas; levantarán las alas como águilas: correrán y no se cansarán; caminarán, y no se fatigarán (40:28-31).

Lo que antecede es el argumento dado en el párrafo anterior; el autor va a tratar de aplicarlo. El profeta presenta a Dios en relación con las miserias de Israel. El nunca desmayó ni dejó que el cansancio hiciera acto de presencia. El permaneció confiado. ¿Por qué no esperar en él y permitirle traer gozo, seguridad y paz? ¡Vuela, corre, camina! Esta descripción de la naturaleza humana revela no un anticlímax, sino un clímax real. Dios hace posible para todo ser humano que quiera colocarse bajo su dirección, que camine lenta o aceleradamente hasta la meta final.

No temas, que yo soy contigo; no desmayes, que yo soy tu Dios que te esfuerzo (41:10).

Estas son palabras fortalecientes para Israel como siervo escogido de Jehová, con miras a prepararlo para los días de sombras que serían presagios de grande sufrimiento. En Exodo 19:6 se nos menciona la elección de Israel como siervo de Jehová. Muchos años habrían de pasar antes de que los ideales de Dios para con Israel se realizaran. Estas promesas designan el auxilio y la conservación del pueblo con vida en el conocimiento y amor de Dios cuya voluntad era menester hacer. El advenimiento de Ciro el Persa, sería una prueba de que Dios está sobre los destinos de todas las naciones.

Alegad por vuestra causa, dice Jehová. . . Dadnos nuevas de lo que ha de ser después, para que sepamos que vosotros sois dioses; o a lo menos, haced bien, o mal (41:21-23).

Jehová es superior a todo ser viviente en que es capaz de predecir el futuro. A Ciro se lo hace aparecer como a un representante de Dios, para dar expresión a los poderes divinos. Las misérrimas deidades, no po-

dían prestarles ninguna ayuda en el momento de necesidad. Con aguda ironía, pide a los ídolos que hagan
algo que los identifique como dioses. Jehová; ha hecho
predicciones y ha comprometido su honor en aras del
cumplimiento fiel de lo que ha predicho.

*He aquí mi siervo... en quien mi alma toma con-
tentamiento... no clamará... no quebrará la caña
cascada... no se cansará, ni desmayará, hasta que ponga en la tierra juicio* (42:1-9).

En este poema, el primero de cuatro, acerca del
Siervo de Jehová, el autor describe el carácter del Siervo. Jehová habla acerca de sí mismo, y luego habla así
mismo. El Siervo es divinamente escogido, llamado,
sostenido, ungido, equipado; deleitará el corazón de
Dios. Su carácter, su método, su trabajo y su fe estable, son descritos. Este Siervo es caballeroso, misericordioso, paciente y perseverante, como guía de los débiles y necesitados de consideraciones especiales. El
Siervo tiene todo poder y la asistencia Divina y está
dotado para una doble misión: restaurar a los judíos
y traer luz a los gentiles. Es a la vez, sacerdote, profeta, maestro, guía y libertador... Dios es responsable
de su obra, aunque ha puesto su carga sobre su Siervo, el cual la ha aceptado de una manera completamente voluntaria.

*No temas, porque yo te redimí; te puse nombre, mío
eres tú. Cuando pasares por las aguas, yo seré contigo;
y por los ríos, no te anegarán. Cuando pasares por el
fuego, no te quemarás* (43:1-5).

La inmutabilidad de las promesas de Dios, es una
preciosa garantía de seguridad para todo creyente que

tiene que vencer problemas y sufrimientos. ¡Cuán grande fortaleza nos proporciona el Señor con estas palabras! Nosotros somos pertenencia suya, somos sus redimidos. El estará con los suyos en la llama flameante, en la rugiente tormenta y en las impetuosas corrientes. Está personalmente interesado en nosotros; además tiene en su mano toda potestad sobre todo y sobre todos. ¡Aleluya por un Salvador de esta naturaleza!

No hay Dios sino yo ... Los formadores de imágenes de talla, todos ellos son vanidad ... encenderá también el horno, y cocerá panes: hará además un dios, y lo adorará ... y arrodillaráse delante de él (44:8-15).

Se contrasta nuevamente al Dios vivo con los inútiles ídolos mudos y sordos. ¡Qué cuadro comparativo tan patético! ¡Qué trágica realidad! Por un lado, los ídolos muertos, obra de manos de hombre; por el otro, el Eterno Dios que perdona, que redime, que vive, que actúa, que predice el futuro y que salva a su pueblo.

Mirad a mí, y sed salvos, todos los términos de la tierra: porque yo soy Dios, y no hay más (45:22).

La victoria de Ciro, sería la causa por la que el pueblo llegaría a conocer a Dios y la liberación haría que, como resultado natural, muchos volvieran hacia él. A la luz de esta profecía, Dios hace una invitación a israelitas y a gentiles a venir al único que puede darles salvación. El mensaje, teológicamente hablando, es considerado como un gran imperativo misionero. Puesto que Jehová es Dios, confirmador de su palabra, el pecador puede estar completamente seguro de su salvación. Cuando la mirada se torna a Dios, el corazón se siente confiado en él. La salvación de Dios, es para todo aquel que cree.

Jehová me llamó... y puso mi boca como espada aguda, cubrióme... guardóme... y díjome: Mi siervo eres, oh Israel, que en ti me gloriaré. También te dí por luz de las gentes 49:1-6.

En este segundo poema, el Siervo habla como un profeta. Ha reconocido su misión de exhortar, despertar y rescatar a la nación. Este Siervo debe glorificar a Dios en la palabra y en el sufrimiento. Dios habla de él, su vocación, su preparación y su habilitación. Es como una flecha pulida y brillante, escondida y lista para ser usada en cualquier momento. Es el arma y recurso principal en los planes de Dios, conservada en la aljaba divina, para el momento de más apremiante necesidad. En virtud del señalado honor conferido a él, no desmayará en su cometido. Dios distingue a su Siervo con un nuevo trabajo, en la hora en que peculiarmente le corresponde obrar. Debe, además de a las ovejas perdidas de la casa de Israel, ir a los gentiles con el mensaje de su Padre. Recibe la seguridad del triunfo de su obra entre los suyos, por cuanto Dios sigue amando a su pueblo, no lo ha olvidado. Israel debe ser restaurado y lo será; tal seguridad hace brotar un nuevo canto:

Sión dijo: Dejóme Jehová y el Señor se olvidó de mí. ¿Olvidaráse la mujer de lo que parió, para dejar de compadecerse del hijo de su vientre? Aunque se olviden ellas, yo no me olvidaré de ti. He aquí que en las palmas de la mano te tengo esculpida: delante de mí están siempre tus muros (49:14-16).

Al través de las edades, el hombre se ha quejado de abandono y de olvido de parte de Dios. El sufrimiento, la melancolía y los deseos no realizados, pueden hacerlo sentirse defraudado frecuentemente, pero Dios está listo para defenderse del cargo injusto. El ha esculpido en su mano, no solamente a una nación, sino a cada individuo cuyo rostro está siempre delante de su faz. Esta verdad debe confortar a cada alma, porque saber que Dios nos ve, nos ama y nos protege y que continuamente piensa en nosotros, es ciertamente muy alentador, (Sal. 40:17).

El Señor Jehová me dio lengua de sabios, para saber hablar en sazón palabra al cansado; despertará de mañana, despertaráme de mañana oído, para que oiga como los sabios. El Señor Jehová me abrió el oído, y yo no fui rebelde ... Dí mi cuerpo a los heridores ... no escondí mi rostro de las injurias y esputos ... puse mi rostro como un pedernal, y sé que no seré avergonzado (50:4-9).

El tercer poema acerca del Siervo de Jehová nos da una descripción de él y de su devoción por su trabajo.

50:4. El Señor Jehová le dio la comisión de instruir a otros. El conforta, sustenta y fortalece.

5. *Obediencia filial.* En la prueba suprema, él no fallaría. Conocía de antemano las dificultades, y a pesar de ello, permaneció leal a la voluntad y propósitos de su Padre.

6. *Sufriría voluntariamente.* Se lo colma de deshonra, insultos, crueldades e improperios. Sobre su fatigado cuerpo se ceba la saña de los hombres que brutalmente lo golpean, sopor-

tando voluntaria y obedientemente el mal
trato.

7. *Sería el Siervo de Jehová, de una determinación inflexible.* Con la resolución de un conquistador reflejada en su rostro, con una determinación a toda prueba, con un valor que
desconoce el temor, escala con paso firme las
cumbres no exploradas del dolor humano. El
Siervo resulta finalmente victorioso; los recursos de los cielos estaban en su mano.

8. *Lanza un ardiente desafío.* Repentinamente el
Siervo desafía a cualquiera que lo desee, a que
presente cargos en contra de su naturaleza pura, confiado no sólo en lo inmaculado de su
vida, sino en la presencia y apoyo de su Padre.

9. *Triunfo asegurado.* El Siervo permanece aún
inocente. Todas las acusaciones son inútilmen-
te presentadas en su contra. Además de caer
por falsas, se desvanecen porque Dios es su
ayudador.

*Despierta, despierta vístete tu fortaleza, oh Sión;
vístete tu ropa de hermosura, oh Jerusalem* (52:1,2).

¡Qué hermoso llamado! Por años y años de sufrimiento, desastre y soledad, Jerusalem había quedado
en condiciones deplorables. El llamamiento de Dios a
Sión, tiene por fin despertar el gozo en su corazón.
Nada sería tan conveniente para ella después de su
rescate, como un buena dosis de gozo. Cada pequeña
o grande comunidad en Sión, es convocada a vestir
sus mejores galas y a disponerse para la alabanza y la
adoración. Cada congregación debe ser un grupo feliz
y debe cultivar mayor entusiasmo en el trabajo de

Dios, si es que las palabras de estos versículos han de hallar una aplicación práctica en el presente.

Mas él herido fue por nuestras rebeliones, molido por nuestros pecados: el castigo de nuestra paz sobre él; y por su llaga fuimos nosotros curados. Todos nosotros nos descarriamos como ovejas, cada cual se apartó por su camino: mas Jehová cargó en él el pecado de todos nosotros (53:5,6).

Los versos incomparablemente bellos del quinto poema del Siervo de Jehová, son el Monte Everest de la profecía mesiánica. El destino del Siervo, su carrera, sus sufrimientos, su sumisión y recompensa, se describen en estas estrofas.

52:13-15   El Siervo desciende desde su solio, hasta la más grande humillación, y de ésta, es llevado a la exaltación más grande y gloriosa. Sus sufrimientos se tornan en gloria y majestad. Su dominio será sobre todas las naciones.

53:1-3   La humillación y sufrimiento de un Siervo Redentor. Su figura es tan atrayente, hasta en el sufrimiento heroico, que cualquiera se ve compelido a poner su mirada en él.

53:4-6   La significación de su sufrimiento vicario, se expresa al través de la substitución que resulta en una completa redención para los pecadores. El puro, por los impuros; el Justo, por el pecador. Fue herido, molido, traspasado, azotado, torturado y estrujado, no por sus pecados, sino por los nuestros. El llevó sobre sí, el pecado de toda la humanidad.

Jehová se ha convertido en nuestro Dios perdonador, en Aquel que se hizo substituto nuestro.

53:7-9   El substituto inmaculado, sufre silenciosamente por los pecados de los culpables. La inocencia del Siervo es afirmada y sostenida. Acepta ir a la muerte, generosa y voluntariamente, sin ninguna compulsión. El impecable Siervo de Jehová, es injustamente condenado para que sea absuelto el perverso y el pecador. El Cordero de Dios, hace posible la completa salvación de los creyentes.

53:10-12 El propósito de Dios, queda cumplido cuando el sufriente Siervo es llevado a la más gloriosa exaltación, después de la más profunda humillación. Dios lo quiso así. Su muerte, satisfizo al Padre, satisfizo a la Justicia divina, satisfizo al pecador y al mismo suficiente Siervo de Jehová. El propósito de Dios fue doble: traer a muchos hijos a la gloria y constituir al Siervo suficiente en Sumo Pontífice e intercesor de la humanidad. El vive, reina e intercede. Sufrió, fue rechazado, traicionado y muerto; y a pesar de todo, reina victoriosamente. ¡Aleluya por tal Salvador!

Ensancha el sitio de tu cabaña, y las cortinas de tus tiendas sean extendidas; no seas escasa; alarga tus cuerdas y fortifica tus estacas (54:2).

Dios desea que Sión, una vez redimida, esté lista para recibir un cúmulo de bendiciones. Sus habitaciones eran inadecuadas, su pequeño corazón no esta' a debidamente preparado para apreciar las dádivas ae

Dios, que pródigamente vendrían sobre Jerusalem. ¡Qué reprensión para nosotros! Si el texto fuera predicado a una congregación por un predicador cuyo corazón estuviera ardiendo, posiblemente ejerciera grande influencia en las misiones modernas. ¿Cuánto poder podría producirse con este llamado si pudiera correr al través del corazón del pueblo cristiano? Este es, a la vez que un mandamiento, un desafío, que es menester que repercuta constantemente en nuestros fatigados oídos. Dios nos ha concedido el que podamos oír su llamamiento en nuestro corazón, a fin de que alarguemos las cuerdas, fortalezcamos las estacas, para que sus bendiciones puedan venir sobre nosotros.

A todos los sedientos: Venid a las aguas... venid, comprad, y comed. ¿Por qué gastáis el dinero no en pan, y vuestro trabajo no en hartura? (55:1,2).

Esta es la invitación que Dios hace al pueblo, para que acuda a la salvación obtenida por el sufriente Siervo de Dios. Con estas ricas bendiciones y con la oferta de un perdón completo, Dios comisiona a su profeta a proclamar la invitación a todos los hombres, en todas partes. Las preguntas que él haría, llamarían necesariamente la atención por su naturaleza. Eran preguntas completamente necesarias en virtud de que el pueblo estaba gastando dinero y energía en cosas vanas, sin satisfacción espiritual alguna. Dios es rico en gracia, salvación y paz para con todos los que lo invocan. Ojalá que el mundo cristiano no se dé punto de reposo hasta que todo hombre conozca estas preguntas y las conteste satisfactoriamente para sí.

Buscad a Jehová mientras puede ser hallado, lla-

*madle en tanto que está cercano. Deje el impío su ca-
mino, y el hombre inicuo sus pensamientos; y vuélvase
a Jehová, el cual tendrá de él misericordia y al Dios
nuestro, el cual será amplio en perdonar* (55:6,7).

El hombre debe abandonar sus pecados. Todo ser
humano debe buscar a Dios en el tiempo oportuno. Debe buscarlo de todo corazón. Esté usted seguro de que
en Dios hallará completa restauración así como bendiciones plenas de él. Conózcalo; reconcíliese con él;
refúgiese y gócese en su gracia y perdón; él puede ser
hallado ahora mismo. El puede también estar fuera de
su alcance cualquiera de estos días. La elección es urgente. Jeremías dice: "Me buscaréis y hallaréis, porque
me buscaréis de todo vuestro corazón." ¡Qué hermosas
promesas de bendición trae consigo la vida eterna!

*Mas vuestras iniquidades han hecho división entre
vosotros y vuestro Dios, y vuestros pecados han hecho
ocultar su rostro de vosotros, para no oir. Porque vuestras manos están contaminadas de sangre, y vuestros
dedos de iniquidad* (59:2,3).

El pecado es la causa directa de la desolación del corazón humano. En lugar de la impiedad, quejas y cargos contra Dios, el pecador es reconvenido por sus pecados, causa de la miseria, del sufrimiento y del desastre. Dios ha dejado el honor al humano, juntamente con
la responsabilidad de elegir el camino de su perdición
o el de la vida eterna. Cuando las manos y los dedos
destilan sangre, y la conducta humana ha llegado a
su nivel más bajo, ciertamente se habrá, por ello, des-
pertado el descontento divino y el castigo será un hecho inevitable.

El espíritu del Señor Jehová es sobre mí, porque me
ungió Jehová; hame enviado a predicar buenas nue-
vas... a vendar... a publicar libertad... para darles
gloria en lugar de ceniza (61:1-3).

El Siervo entendió que su misión era anunciar el fin
de la pena y del sufrimiento; proclamar la era del favor divino y hablar del castigo correspondiente del pecado. Su ministerio consistiría en evangelizar, predicar,
confortar, sanar y consolar. El mejor cuadro descriptivo del Ministerio terrenal de Jesús, lo hallamos en Lucas 4:17-22. El verificó esta escritura profética con relación a sí mismo, aceptando que fue enviado a los pobres, a los quebrantados de corazón, a los cautivos, a
los ciegos y a los que lloran.

Como aquel a quien consuela su madre, así os con-
solaré yo a vosotros (66:13).

¿Cuándo y cuánto ha pensado usted acerca de las
cualidades maternales de Dios? Estamos familiarizados con la idea de la paternidad del Señor. Cristo Jesús encarnó, para hacer esta doctrina más clara y más
preciosa para todos nosotros. En esta porción escrituraria, contemplamos la gracia de Dios, desplegándose
como el amor tierno de una madre sobre el hijo a quien
ama. Esto ilustra imperfectamente la doctrina acerca
de Dios y nos da una sentido práctico y real del amor
de él por sus criaturas, especialmente por sus hijos.

LECCIONES PRACTICAS DE VALOR PERMANENTE

1. Una visión de Dios, siempre nos dejará la impresión
   de indignidad personal.
2. El primer impulso de un corazón purificado, será

el deseo de conducir a otros a Dios.

3. La ingratitud y la rebelión, quebrantan el corazón afectuoso del Padre.

4. Los privilegios, las bendiciones y las obligaciones, son inseparables.

5. La conciencia de la presencia divina en la vida, hace posible cualquier tarea por pesada que sea o que parezca.

6. Una vida conformada a la voluntad de Dios, nunca fallará.

7. Una gran fe en Dios y su voluntad, nos dará valor en las horas más sombrías y peligrosas.

8. Un corazón regenerado, es mucho más importante que la conformidad de la vida a los rituales.

9. Si los hombres y las naciones sometieran a Dios sus diferencias y sus querellas, las guerras cesarían.

10. Cuando Dios llama a un profeta o predicador, lo capacita con poder suficiente para una victoria constante y final.

11. La concepción del hombre acerca del pecado, estará en relación directa con su idea acerca de Dios mismo.

12. La justicia de Dios puede llegar a ser una llama que devora penetrando en el mundo y quemando la maldad como a paja o rastrojo.

13. El pecado atrofia el alma a tal grado, que el hombre pierde su capacidad de hacer distinciones morales.

MIQUEAS

A. de C. En Jerusalem

Dios halló en Miqueas a un campeón digno de la defensa de los pobres de la tierra, a quien investió de poder, gracia y valor, para hacer la entrega de un mensaje efectivo. Conociendo Miqueas íntimamente a su pueblo fue capaz de presentar vívidamente y en múltiples colores las demandas divinas. Su profunda simpatía por los oprimidos hizo de él, un hombre de vida inolvidable. Su espíritu ardía en una justa indignación al ver las injusticias cometidas contra sus vecinos y amigos. Los campesinos y pobres de Judá tenían en la persona juvenil de Miqueas, a un poderoso defensor de su causa.

ANTECEDENTES

Históricos y políticos. La última parte de la octava Centuria, forma parte de la edad de oro de la profecía. Mientras Amós y Oseas predicaban en el norte, Isaías y Miqueas estaban predicando el mensaje de Dios en el sur. Este fue un período de tumultos, contiendas, cambios, y crecimientos. Asiria estaba convirtiéndose en un poder militar dominante; había impuesto ya su dominio y tributo a Siria y a Israel. Ahora la sombra de los ejércitos de Asiria se proyectaba sobre Judá y las tierras bajas de los filisteos.

En el año 745, Tiglat Pileser III comenzó la reconquista del oeste. El reino Arameo, con sus aliados al
norte de Siria, fueron los primeramente sometidos. En
738 A. de C., las armas asirias cayeron sobre Damasco
llegando hasta las puertas de Samaria, convirtiendo en
tributarios a sus reyes, Rezín y Manahem respectivamente. Esta invasión, señala prácticamente el fin de
estos dos reinos.

Bajo estas condiciones políticas, un poco más tarde,
Rezín y Peka rey de Israel, confiando en la ayuda que
pudiera darles Egipto, organizaron una rebelión contra Asiria, uniéndoseles en esta sublevación, otros pueblos del oeste. No querían pagar ya a los Asirios los
pesados tributos que les habían sido impuestos. Jotam,
rey de Judá, no entró en esta necia conspiración, por
cuya razón, su hijo Joachaz que le siguió en el trono,
fue atacado por estos dos reyes, Rezín y Peka. Jerusalem fue capturada y saqueada antes de que pudiera
recibir alguna ayuda exterior. El débil rey Achaz usó
el poquito talento que tenía, para invitar a Tiglat Pileser para que lo ayudara. Nada podía ser más placentero para el rey de Asiria que una invitación de esta
naturaleza. En un breve lapso, las armas asirias vinieron sobre Siria sometiendo al país y destronando al rey.
En el año 732 A. de C., la ciudad de Damasco sucumbió; y prácticamente también Israel cayó ante el empuje de las victoriosas armas de Tiglat Pileser. Joachaz fue llamado a Damasco para confirmar su alianza
con la poderosa Asiria y para que aceptara el lugar secundario del monarca bajo la supervisión del poder del
Asur.

Todos los reinos pequeños del oeste estaban completamente dominados por el poder asirio, antes de la muerte de Tiglat Pileser acaecida el año 728 A. de C., Samaria quedó en pie con un rey vasallo en el trono y con poderes muy limitados. Oseas estuvo conforme con pagar un pesado tributo por un tiempo relativamente corto. Cuando se rebeló, los ejércitos de Salmanasar irrumpieron en la tierra y pusieron sitio a la ciudad de Samaria por tres años, al fin de los cuales, la ciudad capituló y fue casi arrasada. De esta manera, el eclipse total del reino del norte ocurrió en 722 A. de C. Así se produjo, el cautiverio del reino de Jeroboam después de 209 años de establecido.

Sargón II ascendió al trono de Asiria y permaneció en él hasta el año 705 A. de C. La tierra de Israel estaba prácticamente despoblada después de haber ido en cautiverio más de veintisiete mil hebreos. Se establecieron dentro del territorio guarniciones militares con gobernantes asirios. Luego se pobló el reino caído con gentes traídas de Asiria y de diversos lugares extranjeros.

En 720 A. de C., una nueva revuelta, completamente inútil, se produjo en las tierras del oeste contra el rey de Asiria. Achaz, rey de Judá, tomando en consideración sus compromisos de lealtad con Asiria, se abstuvo de inmiscuirse en esta insurrección. Sin embargo, cuando Ezequías llegó al trono de Judá, gradualmente fue desentendiéndose de Asiria, pero acercándose a Egipto. Cuando Ezequías inició sus reformas religiosas, entre otros objetos de adoración idolátrica, destruyó el altar que Achaz su padre había mandado construir de acuerdo con el modelo enviado de aquella capital pagana, Damasco, en 732 A. de C.

En 715 A. de C., Asdod condujo a otra rebelión de carácter general contra Asiria. En ella tomaron participación: Judá, Edom y Moab, confiados en la ayuda de los egipcios, para no pagar tributo a Sargón II. En 711 A. de C., Sargón II vino al oeste con un poderoso ejército infligiendo un castigo muy severo a los rebeldes. En alguna forma, quizá providencial, Ezequías, el pueblo y Jerusalem, escaparon. Durante estos días tormentosos, impregnados de peligro, Isaías y Miqueas estaban predicando en Judá.

Al ocurrir la muerte de Sargón II en 705 A. de C., el joven y poderoso Senaquerib escaló el trono de Asiria. Durante sus primeros tres años de gobierno estuvo empeñado en someter a Merodac Baladán de Babilonia y a otros rebeldes que habían empuñado las armas contra el nuevo monarca.

En el suroeste Sabaka de Egipto, Luli de Sidón y Ezequías de Judá y otros pequeños reinos, organizaron una insurrección general contra el nuevo rey de Asiria. Senaquerib, con un ejército salió de Nínive en 701 A. de C. para someter a los insubordinados y dar una soberana reprensión a los perturbadores. Paso a paso irrumpieron las huestes de Senaquerib por las tierras del oeste. Con la caída de Sidón, en el reino de Fenicia, se produjo el colapso. La tierra de los filisteos era incapaz de detener la arrolladora invasión, y también sucumbió. Sabaka de Egipto salió contra Asiria y se libró una encarnizada batalla en Elteke. Aunque no se conoce con precisión cuándo y de dónde salió el ejército egipcio, sí sabemos que fue severamente castigado y casi exterminado en aquella batalla. Pronto las ciudades filisteas estuvieron a merced de Senaquerib. De todas las ciudades importantes de Palestina, solamente la de Jerusalem permaneció. Ezequías e Isaías, dependiendo de Dios, impidieron la rendición del pueblo y de la ciudad. Una gran liberación se consumó por la intervención divina al caer en el campo de los asirios ciento ochenta y cinco mil soldados de los que sitiaban a Jerusalem en una sola noche. Jehová salió al rescate de su pueblo escogido. Senaquerib huyó apresuradamente a su tierra, dejando a Ezequías juntamente con su pueblo, bendiciendo a Dios, su gran Salvador.

La época que estamos considerando, fue peculiar, porque ocurrieron toda clase de cambios y disturbios. Achaz, Ezequías, Rezín, Isaías, Miqueas, Tiglat Pileser, Salmanasar, Sargón y Sabaka. desempeñaron su dramático papel en el escenario de su tiempo. Dios estaba a la cabeza de sus seguidores, realizando sus grandes propósitos en relación con el mundo.

Condiciones sociales. El predicador empezó su ministerio en una época y situación verdaderamente trágicas, tanto para Israel como para Judá. En donde quiera abundaban la injusticia y el desprecio, y el profeta sentía como en carne propia, el sufrimiento y la opresión ejercidos sobre los pobres por aquellos que tenían el poder de hacerlo. Los jueces eran venales; los sacerdotes corruptos e inmorales; los profetas eran asalariados; los nobles hallaban su mayor deleite en esquilmar a los pobres, levantando una muralla de enemistades, temores y odios, que hicieron la vida miserable y triste para todas las otras esferas sociales.

Y codiciaron las heredades, y robáronlas; y casas, y las tomaron: oprimieron al hombre y a su casa, al hombre y a su heredad (2:2).

Que aborrecen lo bueno y aman lo malo, que les quitan su piel y su carne de sobre los huesos (3:2).

Bajo estas condiciones, la nación estaba a punto de un colapso. Los príncipes, los sacerdotes, los profetas y el pueblo, eran culpables de su caída.

Que abomináis el juicio, y pervertís todo el derecho; que edificáis a Sión con sangre, y a Jerusalem con injusticia; sus cabezas juzgan por cohecho, y sus sacerdotes enseñan por precio, y sus profetas adivinan por dinero; y apóyanse en Jehová diciendo: ¿No está Jehová entre nosotros? No vendrá mal sobre nosotros (3:9b-11).

El endurecimiento, la voracidad y la crueldad, exhiben la mala conducta de los hombres que de suyo deberían observar un trato más humanitario.

Tras las vestiduras quitasteis las capas atrevidamente a los que pasaban, como los que vuelven de la guerra. A las mujeres de mi pueblo echasteis fuera de las casas de sus delicias: a sus niños quitasteis mi perpetua alabanza (2:8b-9).

El pueblo estaba tan sediento de riqueza, que no había escalón de descenso moral demasiado bajo, que su pie no alcanzara, si con ello podía obtener algún dinero.

Condiciones religiosas. En todas direcciones podía observarse un espíritu religioso exótico, impregnado de toda clase de religiones gentílicas. En cuanto a la religión de Jehová, había un marcado desdén y un culpable descuido. El pueblo no mostraba ninguna simpatía por alguno de los predicadores, a menos que alguno regalara sus oídos con adulaciones y mentiras. No anhelaban otra cosa, que el mal, las trivialidades en pos de las cuales iban en su vergonzoso camino. Indiscutiblemente la hora actual de la nación era de tragedia por cuanto el pueblo seguía a los hombres cuyos pésimos caminos y conducta podían alimentar su naturaleza inmoral e impía.

Si hubiere alguno que ande con el viento, y finja mentiras diciendo: yo te profetizaré de vino y de sidra; este tal será profeta a este pueblo (2:11).

La adivinación, la brujería, la superstición y la idolatría, prevalecían en toda la tierra. Las prácticas religiosas de Asiria y los cultos sensuales extranjeros, habían influído muy profundamente para mal en la conducta de la nación. El pueblo carecía de integridad a tal grado, que nadie podía confiar en nadie.

Faltó el misericordioso de la tierra, y ninguno hay recto entre los hombres: todos acechan a la sangre; cada cual arma red a su hermano . . . El mejor de ellos es como el cambrón; el más recto, como zarzal: el día de tus atalayas, tu visitación, viene; ahora será su confusión. No creáis en amigo, ni confiéis en príncipe . . . los enemigos del hombre son los de su casa (7:2, 4, 5, 6b).

Los profetas y los sacerdotes estaban corrompidos, eran necios y egoístas, inmorales y ambiciosos. ¿Qué cosa buena podía esperarse de tales directores? Estos hombres eran culpables de la clase de conducta pecaminosa de sí mismos y del pueblo, matando el fervor espiritual. Ellos iban en pos del dinero, de las comodidades, de las bajezas meramente y de alguna seguridad que les permitiera continuar disfrutando de sus puestos en una vida lujosa. Sus ánimos y voluntad, estaban prestos para hacerle la guerra a todo aquel que osara oponérseles.

Que hacen errar a mi pueblo, que muerden con sus dientes, y claman, Paz, y al que no les diere que coman, aplazan contra él batalla (3:5).

Los pecados más escandalosos de este tiempo, se sumarizan así:[1]

1. La opresión. 2:2, 8, 9; 3:1-4.
2. La falta de escrúpulos en el poder. 2:1 y 3:10.
3. La falta de integridad. 6:12 y 7:2-6.
4. La indiferencia religiosa. 3:5-8 y 5:12-14.
5. Los falsos profetas. 3:5, 7, 9-11.
6. La corrupción religiosa y gubernamental. 7:3.

EL HOMBRE

¿Cuántos de nosotros podríamos identificar a Miqueas si lo encontráramos en la calle? Mediante un estudio cuidadoso, podemos llegar a conocerlo tan completamente, que caminará ante nosotros, pronunciará su mensaje, sus represiones a los gobernantes y a los profetas; llorará con el que sufre; lo oiremos predecir el advenimiento de mejores días, e interpretarnos la voluntad de Dios. Haciendo esto, estamos listos para leer, entender e interpretar su libro, así como a sus contemporáneos.

Su origen. Miqueas era nativo de una pequeña villa cercana a la frontera de Palestina, conocida con el

---

[1] *Prophets of the Dawn,* p. 147-150. Usado con permiso de los editores: Fleming H. Revell.

nombre de Moreset-Gath. Jerusalem estaba a solamente 32 kilómetros de distancia. Tecoa, el hogar de Amós, estaba solamente a 27 kilómetros al este. Asdod, Gaza y Lachis estaban dentro del mismo radio. El gran camino internacional de Asiria a Egipto, corría al través del florido valle costero en una hermosa perspectiva. Al través de esta apacible y quieta villa, pasaban los diplomáticos de Jerusalem a Egipto. Este era un sitio ideal para la residencia de un joven profeta, para vivir, para aprender y para predicar. Miqueas era un ciudadano rural, que miraba con desconfianza a los residentes urbanos, aunque había aprendido a amar devotamente a su capital, Jerusalem. Sin embargo, a pesar de ser un aldeano, poseía una capacidad notable para analizar la significación de los eventos del mundo. Su origen humilde, lo hizo capaz de ver a la luz refulgente de la observación, cosas que los estadistas pudieran muy bien codiciar.

Su época. En los notas introductorias, hemos dicho ya, que Miqueas predicó durante los días de Jotam, Achaz y Ezequías, reyes de Judá. Esto quiere decir que sus actividades deben colocarse entre los años 738 y 698 A. de C. De acuerdo con lo dicho por Jeremías en el capítulo 26:18 él estuvo en plena actividad durante el gobierno de Ezequías. La profecía inicial de su libro, estaba dirigida contra Samaria, antes del sitio y caída de la ciudad acaecida en el año 722 A. de C. Probablemente su ministerio se prolongó hasta los primeros días del reinado de Manasés. Fue Miqueas, uno de los profetas más activos de la tercera parte de la octava centuria. Isaías y Oseas, fueron sus contemporáneos. Posiblemente conoció a Amós. Estos profetas, formaron un poderoso cuarteto, que se enfrentó a los problemas de su tiempo con una rara habilidad.

Su habilitación. Al pretender valorizar la capacidad y la preparación del profeta, se halla uno en un problema para llegar a una conclusión justa, y por tanto, acertada. ¿Cuál fue la contribución de su propio hogar en su adiestramiento? ¿Qué tan pobre era él? ¿Ejerció Amós una influencia decisiva sobre él? ¿Estuvo en estrecha relación con el profeta Isaías?

Sería una buena cosa, hallar las respuestas a todas estas preguntas. Es también bueno, por otra parte, afrontarlas, aunque sea con poca esperanza de hallarles solución. Seguramente que el hogar, los padres, los vecinos y las circunstancias, hicieron sus contribuciones respectivas. Miqueas fue, más probablemente un campesino a quien le parecían sospechosos los habitantes de las ciudades. Samaria y Jerusalem, eran los centros donde el vicio, la maldad y la irreligiosidad alcanzaron sus más altos niveles. Los nobles habían amasado grandes fortunas con los despojos de los pobres. Los gobernantes, los príncipes, los jueces, los sacerdotes y los falsos profetas, estaban construyendo para sí, verdaderas mansiones lujosas. En el corazón del joven profeta se levantaba una incontenible protesta contra la opresión, el vicio, la inmoralidad, la falta de escrúpulos de los que ejercían el poder y contra los religiosos superficiales. Todos estos incidentes contribuyeron a su preparación.

Jorge Adam Smith dice al respecto: "Las tierras bajas, donde está situada la villa, se hallaban lo suficientemente separadas de la capital y del resto del territorio, tanto como para permitir cierto grado de independencia en sus hijos lejanos, pero la relación con el mundo exterior al mismo tiempo mantenía vivo el sentido de las responsabilidades de guerra, el cual, los lejanos estadistas nacionales viviendo descansadamente en Sión, no era posible que pudieran compartir."[2]

Sin embargo, la fuente de mayor preparación fue de una naturaleza más pura y más alta. Miqueas dice:

Yo empero estoy lleno de fuerza del espíritu de Jehová, y de juicio y de fortaleza, para denunciar a Jacob su rebelión, y a Israel su pecado (3:8).

El profeta era poseedor de una ética integral de gran valor y una gran fidelidad en anunciar todo el consejo de Dios a gobernantes, jueces, sacerdotes, profetas y al pueblo. Fue en todos sentidos un hombre de Dios, con dotes especiales y extraordinaria decisión para hacer la voluntad de Dios.

Su personalidad. En sus gustos y en sus disgustos, en sus convicciones y en su énfasis sobre la justicia social, Miqueas tiene gran semejanza con Amós y Elías. Era un verdadero patriota, amaba a su tierra y a su capital, pero más que a todo, a los pobres oprimidos de su pueblo. Las raíces de sus convicciones eran muy profundas; capaces de mantenerle sereno, poderoso y sin temor ante la denuncia de los pecados de sus días. Su sinceridad se dejó sentir en todo lugar y en cada corazón sin prejuicio. Su desbordante pasión por la justicia, lo condujo a la fortaleza de ánimo y a pronunciar flameantes exhortaciones a todos los que carecían de normas éticas. Miqueas, el rústico aldeano, se puso al lado de los oprimidos para quienes demandó justicia y misericordia, en virtud de la vida de constante amargura que habían vivido. Literalmente ha-

---

[2] *Ibid.*, p. 377.

blando, fue un artista en el uso y manejo de las figuras
retóricas como símiles, descripciones, términos y expresiones que dieron significación y valor peculiar a sus
discursos.[3]

Evaluación personal. Merrill comenta: "Este hombre
pudiera haber sido el último de los cuatro. Podría, como los otros, remontarse a las cumbres como en alas
de águila. Pero a él le fue dado por Dios, que al través
de la inspiración, no solamente conquistara alturas, sino
que estableciera algunos de los principios más funda-
mentales de la religión verdadera."[4]

Cohon dice: "Miqueas, como campesino que era, des-
confiaba de la ciudad, teniendo una fuerte predispo-
sición natural en contra de sus vicios, sus atractivos, sus
lujos y de lo indulgentes que eran los hombres para
con ellos mismos.Sin temor, con severidad y despiadadamente denunció el pecado con el espíritu justo de Amós
y con el ruego suplicante de Oseas. El lamento de los
pobres, corría al través de su alma."[5]

J. M. P. Smith añade: "Conociendo íntimamente a sus
compatriotas, y simpatizando profundamente con sus
sufrimientos y sus injurias, su espíritu ardía con santa
indignación a causa de la tiranía y de la injusticia de
los ricos opresores."[6]

James dice: "Miqueas fue una potente voz más, clamando en el nombre de Jehová contra la inhumanidad
del hombre contra el hombre. Su voz es particularmente condenatoria cuando habla de las humillaciones

---

[3] *Ibid.,* p. 156.
[4] *Ibid.,* p. 78.
[5] *Ibid.,* p. 78.
[6] *Ibid.,* p. 216.

hechas a los pobres. No hay en la Biblia denuncias tan severas contra la opresión de los pobres por los poderosos, como las del capítulo segundo de Miqueas. En las prolongadas y duras batallas de Israel por conquistar o retener el bien que debería ser igualmente distribuído entre ricos y pobres, ellos creían que era la voluntad de Dios que Miqueas desempeñara su valeroso papel."[7]

Ward, comenta: "Miqueas provee un estudio interesante. Pertenecía al pueblo; sus simpatías estaban con aquellos cuyas vidas habían sido ensombrecidas. Lejos de la delirante multitud de aquellos que contendían por el favor y la preferencia, él veía las cosas, no con el ojo del diplomático o del partido contendiente, sino con la clara visión del expectador que ve la mayor parte del juego."[8]

Laslie dice de 6:8: "Nada en el Antiguo Testamento, supera a esta declaración, como una suma de los requerimientos hechos por Dios a los creyentes al través de profeta alguno. El verdadero genio de Israel estribaba en estas palabras y dependía de ellas. Como J. P. M. Smith dice, estas palabras vinculan a la ética con la piedad, expresando en un poderoso contraste, los deberes hacia Dios y hacia el hombre."[9]

Gordon agrega: "Miqueas no tuvo, como Isaías, una visión de proporciones tan vastas, pero profundizó las cosas hasta llegar a su verdadera naturaleza. Para él, el reino de Dios no se basaba en poderes terrenales, por más que parecieran esplendorosos y permanentes,

---

[7] *Ibid.*, p. 281.
[8] *Ibid.*, p. 125.
[9] *Ibid.*, p. 198.

sino en el corazón de los hombres y de las mujeres que temen a Jehová y hacen su voluntad. Esto fue un anticipo de la verdad que más tarde declaró Jesús, diciendo que Dios es Espíritu y que todo adorador, debe serlo en espíritu y en verdad (Juan 4:24)."[10]

Oesterley y Robinson dicen: "Miqueas difiere de Amós en que siente una profunda simpatía práctica hacia los oprimidos aldeanos pobres; nos quedamos con la impresión de que esto es así, por cuanto él era uno de ellos. Miqueas poseía una vigorosa y ferviente personalidad y empleaba en todo tiempo, un modo peculiar y poderoso de expresarse. Ningún otro profeta condenó con términos más acres los males sociales de su tiempo. Como Amós, abogó por la justicia; pero por un tipo de justicia basado en todos los derechos de la personalidad humana."[11]

Sellin dice: "Sus exhortaciones al arrepentimiento, dirigidas a los ricos, a los jueces y a los profetas juntamente con el pueblo, se inspiran en la más profunda vehemencia moral; Miqueas es en este sentido, un Amós revivido."[12]

Huxley dice de Miqueas 6:8: "¡Un perfecto ideal de religión! ¡Una concepción religiosa que me parece maravillosa y tan inspirada, como el genio de Fidias o como la ciencia de Aristóteles!"

EL LIBRO

El libro de Miqueas, ocupa el sexto lugar en la Biblia hebrea; en la Versión de los Setenta, sin embargo, ocupa

---

[10] *The Prophets of the Old Testament*, p. 140. Harper & Brothers.
[11] *An Introduction to the Books of the Old Testament*, p. 385. Mac Millan & Company.
[12] *Introduction to the Old Testament*, p. 178. Harper & Brothers.

el tercer sitio entre los profetas menores. Miqueas es la abreviatura del nombre de "Micaiah" que significa "Quién es como Dios".

Contenido y bosquejo. Tenemos en la colección de sermones de Miqueas dirigidos a su pueblo, un arreglo lógico que nos conduce a los principales temas de la corrupción, el castigo, la salvación de un remanente de Israel y una serie de preciosas promesas de bendición para Jerusalem. Samaria y Jerusalem son denunciadas como culpables delante del Juez del Universo. El cautiverio y el destierro, son inevitables. La injusticia social, es reprendida. La infidelidad y la deshonestidad, son abiertamente denunciadas; el paganismo y los abusos son combatidos sin tregua; el juicio condenatorio sobre Samaria, Jerusalem y el Templo, es positivamente notificado. Se predice la liberación de los judíos en Babilonia y una nueva ciudad, una nación purificada queda predicha. Las descripciones mesiánicas, en Miqueas, son excepcionalmente bellas.

1, 2. La Caída de Samaria y de Jerusalem. Un pequeño grupo será salvo.

> 1:2-16. Las dos capitales deberán ser destruídas.
>
> 2:1-11. Causas del Juicio.
>
> 2:12,13. Promesa de restauración.

3:1-5:15. Los pecados de los profetas y de los caudillos. Se presenta aquí la devastación, el cautiverio y la restauración.

> 3:1-12. La corrupción de los gobernantes y los profetas.
>
> 4:1-5:15. Un cuadro mesiánico de restauración y gloria.

6 y 7. La gran controversia de Jehová con Israel y su conclusión.

Algunas predicciones. En el libro hallamos las predicciones siguientes de carácter bien definido:

1. Samaria, capital de Israel, caerá. 1:6,7.
2. Jerusalem y su templo, serán destruídos. 3:12 y 7:13.
3. El pueblo de Judá será llevado cautivo a Babilonia. 4:10.
4. El pueblo de Dios, será restaurado de su cautiverio y regresará a su patria. 4:1-8; 7:11, 14-17.
5. El nacimiento del Mesías en Belem de Judá. 4:8; 5:2-4.
6. La paz universal vendrá, cuando los hombres de todas las naciones se sienten a los pies de Dios, para aprender de él. 4:1-5.

El estilo del libro. Miqueas empleó un estilo vigoroso, vívido, fresco, descriptivo y directo, para bosquejar con toda claridad la trágica situación de su pueblo. Fue un devoto seguidor de la Ley, a la cual apeló frecuentemente echando mano de su contenido; un poco de aquí y otro poco de allá, añadiendo detalles aquí y allí, sostuvo la integridad de los preceptos divinos. Muchas de sus oraciones son complicadas y aparentemente desconectadas unas de otras. Ráfagas de indignación, descripciones vívidas, preciosas promesas se siguen unas a otras en rápida sucesión. Miqueas se muestra aficionado a las referencias históricas y mientras las hace, se desvía en frecuentes interrupciones dramáticas e interpelaciones. Hace un uso maestro del terso, clásico y buen hebreo. Las porciones líricas finalmente toman la forma de una oración, o de un salmo. Para un lector moderno que conozca muy poquito de Palestina y algo de las condiciones prevalecientes en los días de Miqueas, le parecerá el libro muy confuso, difícil y hasta prácticamente sin significación. No así al que esté familiarizado con los eventos contemporáneos al profeta.

Integridad del libro. Siempre se consideró a Miqueas como el autor de toda la obra. No fue sino hasta mediados del Siglo XIX que se levantó alguna voz impugnando la unidad del libro. El profeta vivió, predicó y escribió durante los días de Jotam, Achaz y Ezequías, reyes de Judá. La tendencia de los críticos escolásticos modernos, sin embargo, es que el profeta escribió dentro de la octava centuria, los primeros tres capítulos y que los siguientes, fueron producidos por otros autores posteriormente. James clasifica como posteriores los siguientes pasajes: 2:12,13; 4:1-5:9 y 7:7-20. Eiselen, después de una cuidadosa investigación del asunto, se inclina a aceptar todo el libro como producción literaria de Miqueas, excepto el 7:7-20. El opina que estos versículos son positivamente posteriores.

El Dr. J. L. Green, después de un minucioso examen y detenido estudio del lenguaje, el estilo y las referencias lógicas a los puntos históricos, dice: "Las evidencias históricas, señalan claramente a Miqueas como el autor de todo el libro. Así mismo las evidencias internas arguyen en favor de la unidad; en muy contadas secciones puede establecerse, si se desea, cierta neutralidad o indecisión. Pero las pruebas más conclusivas, están a favor de la unidad del libro atribuyéndosele la paternidad a Miqueas. Al mismo tiempo, no se desconoce que los argumentos en contra del capítulo seis, y capítulo siete, versículos 7-20 no carecen de valor. Tendremos que esperar aún nuevas investigaciones sobre el asunto. El libro en sí mismo, no da señal alguna de

que tenga adiciones o interpolaciones como se afirma
que tiene. Es un "gran pequeño libro" con mensajes
eternos, con abundantes predicciones, como el fruto del
ministerio poderoso de un predicador aldeano: Miqueas
de Morasti".[13]

Aun cuando haya cierta duda en cuanto a la integridad del escrito, y mientras las razones en favor y en
contra de la paternidad literaria de Miqueas, no se
pongan en claro, debemos mantener firmemente el hecho de que estamos frente a la palabra de Dios cuya
inspiración no se discute.

Su idea acerca de Dios. Miqueas tomó muy en consideración la inaplazable necesidad de socializar la idea
de Dios, elevar la ética religiosa y hacer popular la
concepción de la Divinidad. El pueblo de su día, era
intensamente religioso, pero necesitaba una religión
espiritual, profundamente vinculada con la vida. Miqueas deseaba fervorosamente que su pueblo enten-
diera que todo acto antisocial, era una ofensa grave a
Dios, el creador de todos los hombres. Dios estaba mirando constantemente la conducta de los gobernantes
y los nobles, y cómo estaban despojando de sus hogares al pobre, el pillaje, el robo, el soborno, la ambición
insaciable de riqueza y la crueldad, eran pecados por
los que Dios se sentía profundamente ofendido. Todas
estas ofensas, determinaron el juicio condenatorio de
Dios sobre ellos. Jehová es Dios, glorioso y grande en
poder, Santo en su carácter, paciente y cuidadoso con
su pueblo.

Dios es Juez, 1:3, 6; y 3:12. Su pueblo debería sufrir

---

[13] Tesis: *The Problem of Unity in Micah.*

por su mala conducta las naturales consecuencias de sus faltas.

El es Dios recto y justo, 6:8; 2:1 y 2; 3:2, 3, 10, 11; 7:2.

Es Dios amoroso, que convertirá al mundo al través de Sion, 5:7 y 4:2.

Jehová es Dios que ama la paz, 4:3 y 5:5.

Es Dios de esperanzas y promesas, 7:7, 18-20.

PORCIONES PREDICABLES

El libro contiene un mensaje distintivo para nuestros días. Se encarecen hoy los mismos principios éticos y la misma rectitud. Deben prevalecer en una sociedad como la presente, las mismas normas de moral y justicia, por las que Miqueas luchó en su tiempo para establecerlas entre los suyos. Los desafíos y reclamos de este predicador bucólico, son tremendos. Permitamos al profeta llegar a nuestras congregaciones hoy día, para que nos flagele con estos frescos mensajes. La religión significó para él, temor, circunspección, templanza y honestidad, consideración y una estrecha comunión con Dios.

VERSICULOS DE GRAN SIGNIFICACION

Oíd, pueblos todos: está atenta, tierra, y todo lo que en ella hay: y el Señor Jehová, el Señor desde su santo templo sea testigo contra vosotros (1:2).

El profeta coloca a Jehová por encima de los conflictos y situaciones anómalas de la tierra. Dios no duerme; está alerta, activo y ansioso por su pueblo. El visitará las injurias y las injusticias de los hombres cuando venga a su santo templo. Dios se sienta en juicio contra su pueblo con lo cual causará dolor, tristeza y agonía entre los humanos.

¡Ay de los que piensan iniquidad, y de los que fabrican el mal en sus camas! Cuando viene la mañana lo ponen en obra, porque tienen en su mano el poder. (2:1-11).

Los pecados del pueblo son puestos delante de nosotros con absoluta franqueza. Están acusados de la prostitución de los más altos privilegios. Los hombres egoístas y mentirosos maquinan en sus propias camas los perniciosos planes para despojar a pobres e indefensos campesinos. La avaricia los condujo a agravar las contribuciones, los llevó al despojo y a la esclavización del hombre por el hombre. Estas prácticas carentes de escrúpulos observadas por los poderosos, constituían un crimen inexcusable. La responsabilidad, la riqueza, la alta posición y el prestigio que tienen los debería hacer humildes haciendo que se dedicaran a una tarea digna, en cambio hay intentos voraces para imponer silencio al reformador que demanda una conducta recta y justa. Estos pecadores groseros, se han degradado hasta el punto de llegar a despreciar las mismas cosas sagradas. Israel tenía una concepción muy baja de la misión del profeta en lo general y de su predicación. Solamente el exilio puede remediar aquella desesperante situación. En consecuencia, Dios traerá un gran sufrimiento sobre la nación.

De cierto te reuniré todo, oh Jacob: recogeré ciertamente el resto de Israel . . . y su rey pasará delante de ellos, y a la cabeza de ellos Jehová (2:12, 13).

El profeta es portador de un mensaje de esperanza

para los exiliados. Jehová es un Dios misericordioso, que confiere favores especiales a su pueblo arrepentido. El remanente estaría seguro y protegido bajo la dirección de el Buen Pastor (Sal. 23).

Que aborrecen lo bueno y aman lo malo, que les quitan su piel y su carne de sobre los huesos; que comen asimismo la carne de mi pueblo ... que abomináis el juicio, y pervertís todo el derecho; que edificáis a Sión con sangre, y a Jerusalem con injusticia; sus cabezas juzgan por cohecho, y sus sacerdotes enseñan por precio, y sus profetas adivinan por dinero; y apóyanse en Jehová diciendo: ¿No está Jehová entre nosotros? No vendrá mal sobre nosotros (3:2,3, 9-11).

Jueces, sacerdotes, profetas y gobernantes, son presentados como voraces caníbales en una gran fiesta, devorando al pobre e indefenso. La crueldad, la perversidad, la corrupción y la opresión, deberían ser severamente castigadas por la justicia divina que no podía seguir tolerando esta conducta inhumana. Sus exclamaciones pidiendo misericordia en el día de la necesidad, no serían oídas. Es un verdadero crimen conducir al pueblo extraviadamente y luego declarar la guerra en contra suya. Esta esclavitud y servilismo, serían abandonados cuando Dios volviera a imperar sobre su pueblo. Al final, el sol se pondría sobre los profetas falsos.

Yo empero estoy lleno de fuerza del Espíritu de Jehová, y de juicio, y de fortaleza, para denunciar a Jacob su rebelión, y a Israel su pecado (3:8).

El verdadero profeta se conoce por su fortaleza, su santidad y su fervor espiritual. En abierto contraste con los profetas mercenarios, Miqueas tiene un valor renovado, nacido del hecho de habitar en él el Espíritu de Jehová. Su poder es positivo y permanente, por eso con vehemencia clama contra los pecados de su época. ¡Considere lo que un poderoso predicador puede ser! Dios lo usó para comunicar sus ardientes mensajes a los corazones egoístas de los poderosos opresores.

Y acontecerá en los postreros tiempos, que el monte de la casa de Jehová será constituído por cabecera de montes, y más alto que los collados, y correrán a él pueblos. Y vendrán muchas gentes, y dirán: Venid, y subamos al monte de Jehová... y enseñarános en sus caminos, y andaremos por sus veredas... y juzgará entre muchos pueblos, y corregirá fuertes gentes hasta muy lejos (4:1-3).

Esta porción ha sido descrita como "un oasis en medio de la desolación motivada por la maldad y la injusticia, o como una torre majestuosa en medio de una triste soledad, irguiéndose sobre los miasmas de un grosero materialismo." Esta es en verdad, una visión espléndida. Estas hermosas promesas deberían ser para el corazón como un tónico vigorizante, infundiéndole esperanza, estabilidad y fe.

En una hora como la presente, en que millones y millones están siendo gastados en preparativos bélicos, sería bueno que los hombres tuvieran esta visión, de verse congregados y en paz, en torno del eterno Arbitro de las naciones. Las disputas, las diferencias, las guerras y falta de entendimiento entre los humanos deben quedar fuera de toda consideración cuando él juzga, gobierna y dirige la vida humana. Dios está en aptitud de producir condiciones mentales de tal naturaleza, que se haga posible la paz universal. Guerra a las ideologías, guerra a la guerra, guerra a los conceptos que impiden el establecimiento de la paz entre los hombres. Dios en su grande bondad y en su tiempo, permitirá ver el pleno cumplimiento de esta visión divina en bien de sus criaturas.

Y cada uno se sentará debajo de su vid y debajo de su higuera, y no habrá quién amedrente: porque la boca de Jehová de los ejércitos lo ha hablado (4:4).

El profeta está dando una idea anticipada acerca del hogar en el cual habrá seguridad, contentamiento, tranquilidad y verdadera felicidad. Considera el profeta que la tranquilidad doméstica proporciona las bases para las buenas relaciones entre los pueblos de la tierra. Cuando el hogar está en paz y seguridad, se espera que nada trascendental puede perturbar a la comunidad. Las fuerzas espirituales deben ser cultivadas y aplicadas a todas las acciones y motivos de la vida. Lo espiritual, es lo que afianza la seguridad del hogar. Las condiciones caóticas del mundo, van en aumento como consecuencia del desorden de la vida doméstica. Miqueas creía que el pueblo que viniera y se sentara a los pies del Mesías sería transformado y fortalecido, a fin de que los hogares de la tierra fueran transformados. Este es un llamado a nosotros para establecer relación con Dios, después de lo cual, nuestros hogares serán idóneos para él y para nosotros.

Duélete y gime, hija de Sión . . . porque ahora saldrás de la ciudad, y morarás en el campo, y llegarás hasta Babilonia, . . . allí te redimirá Jehová (4:10).

Antes de que finalizara el siglo octavo, Dios dio, a

través de su profeta, el programa de Judá. (1) Angustia. (2) Sufrimiento. (3) Castigo. (4) Exilio. (5) Regreso. (6) Un reino de almas redimidas, y (7) La evangelización de las naciones al través del trabajo de su remanente santificado. Babilonia los juzgaría por un tiempo, pero Jerusalem vivirá otra vez a fin de que los pueblos de la tierra pudieran oír de ella las buenas nuevas. El propósito de Dios, debía realizarse a pesar del pecado, el sufrimiento y el cautiverio. Dios nunca va de prisa. Nosotros podemos impacientarnos y quejarnos, pero él, ni adelanta ni retrasa los acontecimientos; pacientemente está en espera de que todos los hombres vengan a él en humildad y devotamente rendidos.

Mas tú, Bethlehem Ephrata, pequeña para ser en los millares de Judá, de ti me saldrá el que será Señor en Israel; . . . y estará, y apacentará con fortaleza de Jehová . . . Y éste será nuestra paz (5:2-5a.)

La pequeña aldea de Belem sería grandemente honrada con el advenimiento del Ungido el cual apacentaría su rebaño, congregaría a las reliquias de sus hermanos, establecería por medio de ellos la bienhechora influencia del poder divino, protegiéndolos de las naciones agresoras, haciendo de su pueblo entre los demás, una supernatural y arrolladora buena influencia; aboliría con su presencia y su palabra, el militarismo y la idolatría, estableciendo su nombre para siempre entre ellos.

El cuadro bosquejado de este grande y divino Conquistador halla su exacto y detallado cumplimiento en Cristo, quien con sus victorias indiscutibles ganadas no con poder humano ni con armamentos destructores, ha puesto su trono de conquista en el corazón humano.

Cristo hizo su entrada en el mundo como cualquier otro niño humilde en la obscura y remota aldehuela de Belem, trayendo salvación a un mundo urgentemente necesitado de ella. Cuando los sabios de oriente arribaron a Jerusalem inquiriendo acerca del nuevo Rey, fueron conducidos a Belem 700 años después de haber sido dichas estas palabras por Miqueas, Mat. 2:6 y Juan 7:42. En esta pequeña ciudad tuvo lugar el más grande evento en la historia de Israel y a ella vino la personalidad más sublime y santa: Jesús el Ungido de Dios.

Y será el residuo de Jacob en medio de muchos pueblos, como el rocío de Jehová, como las lluvias sobre la hierba." (5:7).

Estamos en deuda con Miqueas por la hermosa manera de expresar las cualidades confortantes del remanente de Jehová; como el rocío del Señor baña los prados y los vivifica, así también las dádivas divinas vivifican a un mundo necesitado de vitalización y recuperación, al contacto del Dador de toda buena dádiva. El profeta está mirando desde ahora la exaltación del remanente de Dios y su poderosa influencia. Esta minoría, compuesta de unas cuantas almas redimidas, serían, sin embargo, un instrumento poderoso en la mano de Jehová, para remodelar un nuevo y más elevado orden social. Tal debe ser el remanente de Dios, hecho poderoso y con una vida creadora. Dios puede realizar portentosos milagros, al través del grupo que desea hacer su voluntad y se separa en genuina y definitiva consagración a la voluntad de su Señor.

Oh hombre, él te ha declarado qué sea lo bueno, y qué pida de ti Jehová: solamente hacer juicio, y amar misericordia, y humillarte para andar con tu Dios (6:8).

Es un párrafo lleno de dramatismo en el que Miqueas presenta a Jehová en litigio con su pueblo. Pero ahora se habla de un momento solemne, en que Dios entra a controvertir con su nación, a fin de hacerla entrar por los caminos de una religión verdadera, respondiendo a sus reclamos. Vívidamente le recuerda las muchas cosas benéficas que Dios ha hecho en favor de ellos en el curso de los siglos. Misericordioso y longánimo, había hecho llover sobre ellos bondades en profusión. Cuando sus corazones se abran, dispongan y se ablanden ante las ternuras divinas, Jehová estará listo para responder a sus ruegos.

Miqueas presenta en un lacónico versículo, los fundamentos esenciales de una religión auténtica, versículo que tiene prominencia entre los más grandes y hermosos de la Escritura. Israel podía esperar tener derecho a una vida honesta, justa y ética cuando él, con sus profetas y sacerdotes fueran veraces y sinceros y todos anduvieran humildemente en los caminos de Dios. Miqueas los exhorta a practicar un verdadero ritual, una verdadera adoración y una verdadera vida moral, que se pudieran comprobar en los actos de la vida. La religión no es un substituto de la moral. La buena conducta exterior es esencial; pero ésta será afuera, lo que es el carácter dentro, en la persona. A la vez, un buen carácter depende de la comunión personal con Dios. Sellin dice que: "Este es uno de los pasajes más imponentes en todo el Antiguo Testamento en el espíritu del cual, se hallan escondidas las orientaciones religiosas más exactas, ante el cual, todas las demás religiones, fuera de la cristiana auténtica, inclinan las cabezas."[14]

Las notas dominantes en la religión verdadera, son, realmente, la ética práctica, el ritual correcto, la justicia aplicada a la conducta y la supremacía de la experiencia religiosa personal. La religión debe operar por sí misma en la vida social y en las instituciones, el deseo incontenible de traducir en misericordia diariamente ejemplificada, en virtud de la comunión diaria con el amor de Dios. Jehová demanda sus vidas, su amor, su veracidad y fidelidad. Eiselen dice: "El Señor no se complace con la mera observancia ritual de la religión, sino con una vida en armonía completa con los principios de la justicia, en la diligencia en practicar la fraternidad y la bondad y en mantener una comunión íntima con Dios en humildad de espíritu."[15]

Al elaborado sistema de prácticas de sacrificio observado por los israelitas, Miqueas propone en breves conceptos, la esencia de la verdadera adoración. Merrill dice: "Miqueas reunió en una sola frase, la idea predominante en los otros tres profetas. El principio fundamental en las enseñanzas de Amós, es la justicia. En Oseas, alcanza prominencia de sublimidad, el amor. Isaías insiste en la adoración humilde y sencilla, al tres veces Santo Dios. La religión del espíritu, despuntaba ya en el alba. Permanecería en crescendo hasta la plenitud del día; pero la verdadera luz brilla y va en aumento y brillará más y más, hasta que el día se perfeccione en Cristo Jesús."[16]

---

[14] *Ibid.*, p. 178.
[15] *Ibid.*, p. 491.
[16] *Ibid.*, p. 156.

LECCIONES PRACTICAS DE VALOR PERMANENTE

1. Las pretensiones religiosas, la piedad aparente y las ofrendas liberales, no son señales inequívocas de la rectitud del corazón. La ética y la religión, son inseparables.

2. La falta de escrúpulos en el ejercicio del poder que traspasa las limitaciones impuestas por la Ley, que atropella los derechos humanos, ofende el corazón de Dios.

3. La religión es asunto interno del corazón, el que una vez alcanzado por ella, se acomoda a la voluntad divina y a la dirección de Dios.

4. No tenemos el derecho de esperar las bendiciones especiales de Dios, si nuestra conducta no está en armonía con su voluntad y propósitos.

5. Todo Ministro que experimente la presencia real del Señor en su vida, estará dotado del valor necesario en su trabajo por Dios.

6. La diferencia entre el profeta verdadero y el falso, no está tanto en el credo, cuanto en la conducta.

7. La paz universal será un hecho, cuando los hombres traigan sus disputas al Mesías como Arbitro y permitan que él influya en su conducta.

8. El estado trágico de una nación, cuando sus dirigentes son indignos.

9. La certeza del triunfo de los propósitos de Dios en su empresa.

10. Lo razonable y justo de las demandas divinas. Lo invariable de las demandas. Cuán profundo y tierno es el amor de Dios.

J E R E M I A S

626-585. En Jerusalem y Egipto

Ninguna otra figura más pintoresca, emerge de las páginas del Antiguo Testamento, como el profeta Jeremías. Media centuria de trabajos proféticos, le sirvió para traer a muchos compatriotas a los caminos de Dios. A pesar de la tragedia que estaba en plena gestación en relación con su pueblo, él permaneció en su puesto, en donde el ir y venir de los humanos era más intenso, amonestando, dirigiendo y advirtiendo que una grande destrucción se aproximaba y debía por tanto detenerse a examinar sus caminos. Loca, necia y delirantemente, el pueblo iba camino de la muerte en el exilio, a pesar de la lucha del fiel profeta de Jehová para impedirlo. En todas estas horas y días trágicos, el Señor sostuvo y fortaleció a su profeta en el fiel cumplimiento de su misión.

LA EPOCA

Condiciones políticas. No podríamos hacer una valorización completa de Jeremías, sin tomar en consideración el reinado e influencia de Manasés. Manasés comenzó su reinado en el año 698 A. de C., al ocurrir la muerte de su padre, el rey Ezequías, quien por 55 años gobernó a Judá. Esaradón (681-688 A. de C.), y Asurbanipal, (668-626 A. de C.), ejercieron una grande influencia sobre él. Fue obligado por estos monarcas extranjeros a patrocinar, o a tolerar en alguna forma, la religión del Imperio Asirio y aún a proporcionar algunos instructores, quizá hasta profetas, para fomentar el culto pagano, aun cuando estuviera en oposición a tales tendencias. Posiblemente, Isaías fue ejecutado por orden expresa del impío Manasés. Corrió en profusión la sangre inocente de muchas víctimas de su crueldad. Muchas de las prácticas idolátricas del culto asirio y de las costumbres de ellos, fueron trasladadas a Judá, con lo cual vino una época difícil y de grandes tinieblas para la religión pura del Dios de Israel.

Josías llegó al trono real de Judá en el año 641 A. de C., o en (637), con la tremenda responsabilidad de cambiar completamente las cosas y volver a la pureza de la religión hebrea. Josías estaba llegando a la edad madura durante los últimos días del reinado de Asurbanipal. Nabopolasar asumió el gobierno sobre todos los reinos de Asiria en 626 A. de C., con lo que empezaron a oírse los fúnebres tañidos de la postración de Nínive. El reino continuó por algunos años más, hasta que sobrevino la caída de Nínive en 612 A. de C.; la señora del mundo estaba sumida en la tristeza, en su calidad de gobernante imperial. Los scytas, procedentes del norte del Mar Negro, invadieron las tierras del suroeste, Palestina entre ellas, y con su crueldad produjeron una devastación tremenda en 628-624 A. de C., continuando su arrolladora tarea de destrucción, hasta la caída de Nínive. Estas hordas salvajes, hicieron mucho para cambiar el panorama del mundo conocido y dar impulso a la predicación profética de Jeremías y Sofonías.

En 623 A. de C., Josías comenzó su obra reformadora en el pueblo limpiando el Templo y a su tierra de todo vestigio idolátrico. Esta obra de purificación religiosa, recibió un gran impulso con motivo del hallazgo en el Templo, del libro de la ley de Jehová. Los vigorosos esfuerzos de reformas religiosas, dieron como resultado un cambio revolucionario en la situación religiosa en lo general. Posiblemente Sofonías tuvo una parte importante en estas reformas espirituales. De lo que sí podemos estar seguros, es de que Jeremías sí tomó parte activa en este despertar religioso, con todo el empeño y entusiasmo de que era capaz.

En 612 A. de C., ante la presión constante de los scytas por el oeste, y los medos y caldeos por el este, cayó la antiquísima ciudad de Nínive, capital del Imperio del Asur. Este era la hora más trágica que afrontaba el poderoso imperio ninivita. Babilonia, rápidamente asumió el poder, constituyéndose en la cabeza del Imperio caldeo, o babilónico. La inesperada y trágica muerte de Josías, arruinó toda esperanza de supervivencia del reino de Judá. Jerusalem continuó por algunos años más, pero sin un gobernante capaz de conducir a la nación por los caminos de Jehová. El sol de Judá, se estaba aproximando a su ocaso; el exilio estaba a las puertas, como un acontecimiento seguro.

En el año 605 A. de C., Nabucodonosor ascendió al trono babilónico y Joacim fue puesto por él en el trono de Judá. Los egipcios fueron derrotados en Carquemis siendo eliminados por ello, como potencia militar. Este antiguo Waterloo con esa batalla decisiva, cambió la historia del mundo. Joacim era un hombre orgulloso, falto de bondad, era una criatura pecadora, que estaba constantemente al lado de Jeremías, como una espina en su carne. La magnífica obra de refor-

mas religiosas realizadas por Josías, fueron destruídas por Joacim, el cual se puso contra la religión de
Jehová.

En el año 598 A. de C., Nabucodonosor se vio obligado a venir contra Jerusalem, debido a la deslealtad
del rey Joacim. Unos cuantos meses tenía Joachin en el
trono del reino, cuando su gobierno terminó desastro-
samente, con la caída de Jerusalem y con el hecho de
que Nabucodonosor se había llevado a la familia y lo
mejor de la corte a Babilonia. Los tesoros, los vasos sagrados y los cautivos, fueron trasladados al exilio.

Sedecías fue puesto, para gobernar a Jerusalem bajo la supervisión estrecha de Babilonia. Daniel y Ezequiel estaban entre los cautivos llevados por el Asur.
Jeremías y Habacuc, estaban en Jerusalem. Solamente unos cuantos años estuvieron en paz los habitantes
de Judea. Un poderoso partido político egipcio, insistió en una insurrección armada contra Babilonia, ofre-
ciendo el apoyo del Faraón Hophra. Babilonia estaba
ansiosa de destruir a Jerusalem, por la más leve causa
y en la primera provocación.

Fue así, como en el año 587 A. de C., vinieron los
babilonios y pusieron fin a la ciudad tumultuosa. Jeremías recomendó la rendición de la ciudad y una leal
sumisión a la voluntad de Nabucodonosor, como la única manera de salvar a Judá de la ruina. El Faraón Hophra, vino a impartir ayuda a los judíos, pero resultó ser
una ayuda tan superficial como inútil, porque no pudieron detener a los babilonios. El alivio obtenido con
tal intervención, fue fugaz y temporal. El sitio de la
ciudad, continuó. El hambre, la pestilencia, las discor-
dias y las enfermedades, estaban hincando su garra
mortal en la carne viva del pueblo, además del peso de

las armas enemigas. El fin de la ciudad, se precipitó cuando se hizo un agujero en el muro, para que huyera el rey con su familia, y la ciudad se rindió. Las casas fueron incendiadas, los espesos muros derribados; el Templo fue, finalmente, destruído y el pueblo vergonzosamente atado con cadenas y conducido a Babilonia.

Gedalías fue dejado como gobernador y representante de Babilonia, para velar por el pueblo, escaso y pobre, que había quedado en la humillada tierra de Judea. Jeremías, aun cuando pudo haber ido a Babilonia, con consideraciones especiales, prefirió permanecer con los que quedaban en Judea. Cuando Gedalías fue muerto, los asesinos llevaron consigo en su huída a Egipto, a mucho pueblo y al anciano profeta Jeremías, donde el fiel siervo pasó sus últimos días.

Las condiciones sociales afrontadas por Jeremías durante su larga carrera, constituían un imperioso llamado para un hombre de valor y acción. Donde quiera podía ver problemas de toda índole, familias en la ruina, cultos idolátricos, con su caudal de miserias espirituales. Los ricos eran poderosos, sin escrúpulos, indiferentes a las necesidades reales de su pueblo empobrecido, y vivamente interesados en sí mismos y en todo aquello que podían acumular en su provecho personal. Los pobres estaban siendo empujados cada día, a la vida de esclavitud, desprovista aun de las ventajas más elementales de carácter humano en su favor. El descontento, el odio, y la envidia, llenaban sus mentes a causa de la dureza del trato y la miseria que se recrudecían a medida que los días pasaban. La vida familiar era deplorable. Para el año 600 A. de C., la esclavitud era cosa común en todas partes. El robo, el asesinato, la mentira, el egoísmo y la desmedida ambición de las cosas materiales, caracterizaban a la época y al espíritu del pueblo.

Las condiciones religiosas no eran muy alentadoras. Jeremías halló una mezcla religiosa; desde los baales de Jezabel, los cultos babilónicos y otros ídolos, estaban conduciendo en poderosa tendencia al formulismo religioso. El sincretismo religioso había hecho su peor contribución, tratando de unificar cultos de tan diversa naturaleza. Para el alma sensitiva de Jeremías, la gente de Judá era tan mala como la gentil que habitaba en Canaán. Los acusó de falta de sinceridad, de sensualidad, de doblez mental y de empedernidos degenerados.

Las reformas religiosas realizadas por Josías en 623 a 621 A. de C., iban encaminadas a eliminar las prácticas supersticiosas, la supresión de los santuarios gentiles de adoración, la purificación del Templo y la adoración mosaica. Muchas de las buenas metas, fueron alcanzadas, implantando reformas, que religiosamente produjeron un avivamiento, pero al fin, falló por la muerte de su principal promotor, Josías. Jeremías comprobó cuán superficial e incapaz era el pueblo, y cuán falto de entendimiento para poner las bases de una verdadera religión espiritual, como era la de Jehová. Era materialmente imposible levantar al pueblo, los sacerdotes y los otros profetas, a la verdadera y elevada atmósfera de la religión espiritual. Ninguno de ellos era capaz de entender este lenguaje.

EL HOMBRE

Su preparación. El hecho de que Jeremías haya nacido y vivido en la pequeña villa de Anathoth, habitada por sacerdotes, seguramente que influyó mucho en

su carácter y preparación temprana en su vida. Abia-
thar, el Gran Sacerdote de los días de David, fundó
aquella apacible aldea en los suburbios de Jerusalem,
donde él y sus descendientes vivieron. En consecuencia, el joven Jeremías pasó varios años entre escola-
res, sacerdotes, y estudiantes de la Palabra de Dios.
Los problemas del mundo conocido para él y los cambios habidos por esa causa, juntamente con la crisis de
Asia, debieron impresionar profundamente al joven
profeta en ciernes. El ascenso al trono del joven y vigoroso rey Josías, fue un momento venturoso para la
nación. Muy probablemente Josías y Jeremías, eran
buenos amigos desde su infancia. La sangrienta invasión de los scytas y las crueldades puestas en práctica
por éstos, seguramente que produjeron temor e inquie-
tud en estos dos corazones jóvenes.

El llamamiento al ministerio profético de parte de
Dios, hizo una profunda impresión en el muchacho de
Anathoth. Repentinamente, descubrió que Dios lo había elegido para esa gran tarea, desde su nacimiento.
No siempre puede el hombre hacer tales descubrimien-
tos. Jeremías era débil, tímido y muy reservado; pero
había oído la voz de Jehová y estaba preparado para
su trabajo. Estuvo atento, muy atento, cuando la voz
de Dios llegó a sus oídos. Jeremías estaba listo y a la
vez familiarizado con los problemas generales del mundo y entendió perfectamente que el desempeño de su
misión, le despertaría problemas, dada la naturaleza espiritual de ella. Su reverencia ante la presencia de Jehová, es particularmente buena y encomiable. Dios le
dijo: "Yo te conocí, yo te formé, yo te santifiqué y yo
te escogí." Dios tomó sobre sí toda la responsabilidad
de la elección, el cuidado y la victoria, que obtendría

como resultado de sus esfuerzos en el Señor. Jehová le asegura su presencia y dirección, en los términos siguientes: "Yo te enviaré, yo te sostendré, yo estaré contigo." En adición a estas áureas seguridades otorgadas por Dios, le da dos ilustraciones que confirman el hecho de que Dios gobierna sobre todas las gentes de la tierra y que todo está bajo su dominio. El joven profeta está anonadado ante la responsabilidad tan tremenda que descansa sobre sus espaldas, pero acomete la tarea con la certeza de que Dios lo ha elegido para esa labor específica. Está plenamente convencido de que Dios le dará el poder necesario y sabiduría para alcanzar la victoria.

Su carácter está claramente descrito en el libro abierto ante nuestros ojos. Es tímido, sensitivo, emocional, tierno por naturaleza; su carácter y temperamento, están hechos para identificarse con la miseria, las equivocaciones y necesidades de otros. En ningún sentido fue un débil sentimentalista o un profeta llorón como a veces se piensa. Mal comprendido por su propia familia, hostilizado por los sacerdotes y profetas falsos, estorbado y desoído de su pueblo, su vida fue una experiencia trágica. A pesar de todo esto, atendiendo a las demandas divinas, él continuó urgiendo a su pueblo, el regreso a los caminos de Dios a fin de que fueran limpiados y liberados del pecado.

Socialmente hablando, Jeremías pertenecía a la clase alta y tenía, en consecuencia, el respeto de la aristocracia, la nobleza y los príncipes. El hecho de que haya estado en condiciones de emplear un amanuense y poseer bienes raíces, indica que era un hombre de desahogada posición económica. Es evidente, por lo asentado, que era en materia de educación un hombre culto y familiarizado con la historia, la política, la literatura, los cultos paganos, especialmente el egipcio y el contenido majestuoso y profundo de la Palabra de Dios. Su cultura general y su magnífica disciplina mental, lo capacitaban para entender e interpretar la variedad de pensamientos y razones.

Jeremías fue extraña y divinamentne compelido a comunicar su mensaje, de manera continua, a la clase media de su pueblo. Nunca pudo escapar del sentimiento de que la mano del Señor lo estaba conduciendo desde su entrada en el mundo. ¡Indudablemente, era un hijo del destino! Ninguna situación difícil, fue demasiado "difícil" para impedirle la realización de sus fines, o para eludir el cumplimiento de su deber. Solamente la eternidad será capaz de revelar todos los efectos de esta conciencia tan bien cimentada.

Jeremías fue un "rebelde" consumado hasta el fin, con todo lo que estaba en pugna con la voluntad de Dios. Amós y Elías habían sido lo mismo antes de él. El alma sensitiva del profeta "rebelde", chocó estruendosamente con las prácticas de las religiones vulgares, con sus engaños burlescos, con su hiriente estupidez y con su burdo materialismo. Mofándose de sus dioses mentecatos, barrió con ellos usando la aguda sátira contra sus deidades para indicar su aborrecimiento hacia ellas. El rey Joacim y su programa impío de idolatría, vino con un tremendo golpe, contra la religión de Jehová. Reyes, príncipes, diplomáticos, sacerdotes y profetas falsos, fueron severamente reprendidos por la aguda lengua profética. En la hora de mayor crisis, recomendó el profeta la rendición, para evitar mayor desastre, concertó la rendición de la ciudad a los babilonios. Esto fue considerado como una

traición por todo hebreo patriota, a su manera, y Joacim fue profundamente odiado como aquél con cuya
debilidad se quebranta la moral de los defensores de
la ciudad. Jeremías fue en lo político, en lo social y
en lo religioso, un "rebelde peligroso", que no se conformó a los moldes degenerados de los otros. En todo
lo demás, fue a la cabeza de los de su generación, en
visión, en osadía y fidelidad, hacia su amado "Amigo".
Era poseedor de un torrente de espíritu divino y de
verdades celestiales que fueron plenamente entregadas
al pueblo e interpretadas por el Maestro Jeremías.

Como hombre de Estado, con una concepción general del mundo, reveló lo que el Espíritu de Dios es capaz de hacer en una mente que se mantiene alerta para recibir revelaciones no soñadas por los demás. Su
misión profética era de alcances mundiales. Su penetración mental, vio más allá del sufrimiento momen-
táneo del exilio, contempló un mundo nuevo "limpio,
purificado, libre y preparado" por la voluntad de Dios.
¡Puede verse lo que un caudillo sabio puede llegar a
ser a condición de que escuche la voz de Dios!

Jeremías tuvo conciencia en todo momento de su
vida, de la presencia de la mano confortadora de Dios
sobre él. Este impulso divino lo orilló a una perpetua
soledad y a una interminable oposición. Como un testigo fiel de Jehová de los Ejércitos, tenía que estar
forzosamente contra la corriente de su día. Sólo la eternidad podrá revelar en todos sus detalles, aun en los
más minuciosos, el sufrimiento, la agonía, la soledad
y la aflicción que estrujó el corazón del fiel profeta de
Dios. El desastre, la bancarrota moral, la hostilidad y
cierta clase de cautiverio, parecieron ser las inevitables recompensas a su fiel trabajo de profeta. Pero por

otra parte, Dios estuvo a su vera siempre, impartiéndole fortaleza, no obstante la confusión y la perplejidad; la conciencia de que su eterno "Amigo" lo estaba conduciendo en su obra, lo hizo fuerte en todo momento para soportar la responsabilidad. Jeremías se caracteriza por su simplicidad, su amabilidad y su fortaleza. Gracias a Dios por tal profeta.

Farley dice: "Jamás se había puesto una carga tan triturante sobre mortal alguno. En toda la historia de la nación judía, no se ha hallado un ejemplo de tanta sinceridad, de tan relevantes sufrimientos, de tan temerosa y fiel proclamación del mensaje de Jehová y de tan persistente intercesión de un profeta por su pueblo, como se halla en la vida de Jeremías. Pero lo trágico de su vida, estuvo realmente en esto: En que él predicó a oídos sordos y en que segó odio en cambio del amor que sembró entre sus amigos y compatriotas. Fue ligeramente estimado en su vida; descendió al sepulcro con el corazón partido. De manera que desde el principio hasta el fin se destaca por encima de todos los suyos, como un profeta distinguido, pero desoído."[1]

La religión de Jeremías, fue un asunto de su corazón. La religión personal y experimental en él, fue evidencia de que era un hombre de Dios. Su soledad lo obli-gaba a reposar en Dios y a experimentar una dependencia personal del Eterno. Cuantas veces se dejó caer en los amorosos brazos de Dios, descubrió en él una fuente inagotable de fortaleza que lo condujo al través de las horas de prueba. De este modo, llegó a ser el más espiritual de todos los profetas. Sus esperanzas del triunfo final de los propósitos de Dios en relación con

---

[1] *Ibid.,* p. 174.

su pueblo escogido, estaban especialmente fundadas en la inmoralidad de las religiones paganas practicadas por el pueblo. Jeremías tenía una concepción más espiritualizada del pecado, que cualquiera otro de los profetas. Inflexiblemente trazó el camino del pecado, desde sus raíces más hondas, hallando que la fuente de todo pecado está en el corazón. En realidad, el pecado es una enfermedad que emana del interior y culmina en una seria calamidad. La curación de la mentira en el corazón individual, por ejemplo, está en el bien y la verdad; y el impulso debe ser tan hondo, que conduzca al hombre hasta obtener y sentir la restauración. El mal debe ceder su lugar al bien. El Cirujano Divino debe tener facilidades para hacer su trabajo en el corazón. Jeremías es un genuino representante de Dios, en el doble hecho de llevar siempre una honda pena por Israel y por el intenso amor hacia su pueblo. La culminación religiosa de Jeremías, es la visión de la concertación de un nuevo pacto, el cual establecería Jehová con sus favorecidos.

Jeremías y Jesús. [2] Uno titubea frecuentemente al hablar de cualquier semejanza entre un humano y Cristo. Pero habrá casos en que no sea una tarea difícil señalar algunas semejanzas y ahora lo hacemos en relación con Jeremías, en cuanto al ambiente los métodos y las perspectivas entre el trabajo de uno y otro.

1. Ambos vivieron en condiciones muy similares en lo que se refiere a la situación mundial. Babilonia estaba a punto de destruir a Jerusalem en los días de Jeremías; en los de Cristo, Roma estaba ejerciendo un dominio casi tiránico sobre Sión. En ambas ocasiones

---

[2] Véase, *The Rebel Prophet,* p. 227, de Gordon. Harper & Brothers.

el formulismo estaba estrangulando a la religión.

2. Cristo y Jeremías crecieron en sitios muy propicios a la reflección, a la meditación y al estudio: Nazareth y Anathoth.

3. Ambos fueron rechazados muy pronto, en su propia comunidad y en el círculo de familia.

4. Ninguno de ellos tuvo los benditos consuelos del matrimonio ni la dulce experiencia de los hijos.

5. Ambos tuvieron conciencia plena de la presencia de la mano de Jehová, sobre ellos, desde el comienzo mismo de sus vidas.

6. Los dos experimentaron el desprecio y el repudio de parte de los sacerdotes, escribas y fariseos, por su ceguera espiritual como guías y maestros del pueblo.

7. Hay similitud en sus métodos de enseñanza. La simplicidad de sus palabras, ponía su enseñanza aun al alcance de los niños.

8. Sus conceptos de la religión eran casi idénticos. Ambos consideraron que la religión era asunto del corazón. El formulismo fue menospreciado por los dos.

9. Sus actitudes hacia el Templo, ritual y el sistema de sacrificios estuvieron tan en armonía, que en verdad nos sorprende el parecido.

10. La evidencia de una comunión íntima con el Padre celestial, en ambos, era algo que impresionaba a primera vista. ¡Cuán rica experiencia lograron los dos!

11. Poseían una ternura común, corazones blandos y compasivos y ojos impregnados de lágrimas, prontos a verterlas en simpatía o en súplica de perdón.

12. Cada uno fue estimado como un fracasado al terminar su carrera terrenal, pero al paso de los días, cada uno fue ocupando su sitio entre los victoriosos. Jeremías falleció en Egipto después de una vida de largo

sufrimiento. Jesús sufrió rodeado de vergüenza, en desamparo y desgracia, consumando el sacrificio redentor con el cual trajo salvación a incontables millones de seres humanos.

EL LIBRO

Hay una inmensa variedad de material en el libro de Jeremías. Baruch, su amigo y secretario, fue el responsable de coleccionar y conservar los diversos materiales de predicación del profeta. Cualquiera desearía que ese material estuviera arreglado en un orden cronológico y lógico a la vez, a fin de que, sistemáticamente arreglado, facilitara el estudio. Pero sabemos por el relato mismo, según el capítulo 36, que hubo necesidad de hacer una nueva edición de lo dictado por Jeremías y escrito por Baruch, porque el rey Joacim mandó destruir el rollo en el fuego. Mucho del material biográfico, si no es que todo, se debe a la obra coleccionadora de Baruch, quien dedicó toda su vida al servicio y compañerismo de este gran profeta.

Será interesante saber que Jeremías en la versión de los Setenta, difiere del texto hebreo. Cada versión es un testigo independiente, y por ello, facilita la determinación del texto verdadero. La copia griega de Jeremías tiene 2700 palabras menos que la copia hebrea y difiere también en otras particularidades. Se omiten versículos enteros en los capítulos: 10, 17, 33, 39, 48 y 51. En los capítulos 27 y 28, la versión de los Setenta reproduce el material en forma abreviada; mientras que los capítulos 46 al 51 son traspuestos en el texto y colocados después del capítulo 25 versículo 13. La versión de los Setenta tiene 100 palabras que no se hallan en el texto hebreo.

Bosquejo: El libro puede ser dividido en tres porciones:

1. Profecías convenientes a Jerusalem y a Judá. 2 al 35.
2. Narraciones biográficas. 36 al 45.
3. Profecías contra naciones foráneas. 46 al 51.

El capítulo 1 relata el llamamiento del profeta; el 52 contiene palabras de conclusión acerca de Sedechías.

PORCIONES PREDICABLES

El libro de Jeremías proporciona un rico y variado material. Los expositores encuentran siempre jugosos temas, textos sugestivos, patéticos llamados a la vida espiritual. El examen del pecado y la salvación constituirá un provechoso estudio. Para Jeremías, el pecado fue la peor obstinación en que el israelita pudo haberse empeñado, consideró que todos los pecados tienen sus raíces más profundas en un corazón malo, no regenerado. La ingratitud y la deslealtad son la manifestación más evidente del pecado. La doctrina de la salvación corresponde a la profunda concepción del pecado. En vez de una mera liberación de la pobreza, del peligro o del dolor temporal, Jeremías define la salvación como una liberación del pecado con todos sus hábitos torcidos, deseos y disposiciones malos. El único remedio se halla en la misericordia de Dios y en su milagrosa respuesta al clamor humilde del penitente pecador. Jeremías anuncia que solamente en la buena voluntad de Jehová, hay perdón completo para el pecador que a él se acerca para obtenerlo.

Farley dice: "Los nuevos elementos distinguidos en la enseñanza de Jeremías, son estos: Primero, la separación definitiva y clara de la religión verdadera, de

cualquiera otra forma inútil del culto pagano establecida sobre bases puramente espirituales. Segundo, puesto que la religión espiritual no puede, ni debe ser considerada meramente como un patrimonio nacional, Jeremías transforma el concepto judaico limitado de ella
a las fronteras judías, para darle alcance universal. Un
hombre, nada más necesita ser hombre para descubrir
la necesidad de tener comunión directa con Dios. En
esto se funda la gran esperanza para el mundo pagano, y nuestra autoridad para la empresa misionera."[3]

VERSICULOS DE GRAN SIGNIFICACION

*Te conocí ... te santifiqué ... he puesto mis pala-
bras en tu boca ... te he puesto ... para arrancar y para destruir, y para arruinar y para derribar, y para edificar y para plantar* (1:5-10).

Estas palabras, sonaron como notas de angelical belleza a los oídos del joven profeta de Anathoth quien
estaba en armonía con Dios después de haber entendido algunas de las justas demandas de absoluta obediencia. Jeremías estaba bien relacionado con el mundo exterior, en el cual vivía, y reconocía las dificultades y peligros de su comisión. Dios le reveló el hecho
de su elección y santificación para su gran obra. Tal
anuncio solemne, debió haber dejado sorprendido al
joven sacerdote. ¡Cuán grande responsabilidad! ¡Qué
ricas y preciosas promesas! ¡Qué distinguido privilegio!
¡Cuán grande honor! Nosotros desconocemos la naturaleza de su respuesta, pero al través de una exclamación expresó su debilidad, su incapacidad, para tal tarea. Las prometedoras y alentadoras palabras de Dios,

---

[3] *Ibid.*, p. 170.

añadieron solemnidad a la comisión en aquella hora; pues era una verdad indubitable que la enorme carga había sido puesta sobre las temblorosas espaldas del profeta. Dijo Jehová: "Yo he puesto mis palabras en tu boca." Por tanto, la lengua debía soltarse, el cuerpo no debería sentirse frágil ni la mente preocupada por el temor; los buenos resultados estaban asegurados, por cuanto el Señor le dijo: "Yo soy contigo." Este fue el principio de una grande y gloriosa carrera de un profeta de Dios.

Tú pues, ciñe tus lomos, y te levantarás, y les hablarás. Porque he aquí que yo te he puesto en este día, como ciudad fortalecida, y como columna de hierro, y como muro de bronce . . . Porque yo soy contigo . . . para librarte (1:17-19).

Después del dramático llamamiento y las plenas seguridades de triunfo dadas a Jeremías, le fueron mostradas dos visiones del poder arrollador de Dios para llevar adelante sus propósitos con facilidad y prontitud. El árbol de almendro debía hacerle pensar que Jehová no duerme; está despierto, conduciendo victoriosamente su propósito. Y la olla hirviente, le aseguraba que del Norte vendría, presidida por Dios, una vasta muchedumbre sembrando destrucción y muerte; y si él lo permitía, vendría aun sobre su pueblo escogido.

Por tanto, puesto que Dios estaba despierto y alerta, puesto que él preside los reinos del mundo, todo desafío y pretensión humana, vendría por tierra. Por tanto, ciñe tus lomos, levántate y habla. El profeta no puede eludir a uno, cuya mirada está alerta en todo tiempo, que tiene derecho a mandar y propósitos qué realizar en el mundo, y que, además, preside toda fase de la vida y le promete estar con él. Ahora el profeta descansa sobre la fortaleza divina de Jehová.

Heme acordado de ti, de la misericordia de tu moce- dad, del amor de tu desposorio, cuando andabas en pos de mí en el desierto ... Santidad era Israel a Jehová ... Y os metí en tierra de Carmelo ... y contaminasteis mi tierra (2:2, 3, 7).

La luna de miel había pasado. Dios hace recordar a Israel sus rebeliones, contrastadas con el fervor, la pie- dad, y la pureza de su amor de los primeros días de sus desposorios con Jehová. La Nación estaba entonces, completamente enamorada de su amante, el Señor, en los tiernos brazos del cual, su vida se arrulló con melo- días celestiales y se recreó en preciosas esperanzas. La nación era entonces, limpia, pura y santa. No era infiel e inmunda, sino que se había consagrado a sus devo- ciones. Pero ahora, el cuadro es totalmente distinto y descorazonador. El corazón de Dios estaba triturado por el dolor que le causó la desilusión de Israel. La nación vive ahora en franca y descarada vida de peca- do. Otros dioses han hurtado sus afectos. Ha cesado su amor a Dios y su conducta es en extremo vergonzosa. A pesar de las bendiciones con que Dios la colmó, la infiel esposa despreció la mano que la bendijo, sumer- giéndose en la más honda e inexplicable vergüenza.

Pero mi pueblo ha trocado su gloria por lo que no aprovecha ... Porque dos males ha hecho mi pueblo: de- járonme a mí, fuente de agua viva, por cavar para sí cisternas, cisternas rotas, que no detienen aguas (2:11- 13).

Jehová reclama a este pueblo pecaminoso, el hecho de haberse descarriado en pos de otros dioses, quebrantando su corazón. Dios los desafía a leer la historia, a inquirir en los eventos de otros pueblos de la tierra; los invita a que hagan un viaje entre sus vecinos, para que sepan si ha habido entre ellos una cosa semejante a la mala conducta de Israel. Ninguna de las naciones vecinas había roto convenio alguno ni dejado de cumplir sus votos a sus dioses; en cambio, Israel era culpable de una vergonzosa infidelidad. Los idólatras eran siempre fieles a sus ídolos; Israel fracasó en su fidelidad.

Jeremías describe a Dios, como una fuente de la que brotan cascadas de cristalinas aguas vivificadoras abiertas a todos los sedientos. En vez de gozarse y recrearse en estas ricas bendiciones del manantial perenne, el pueblo fue a los áridos desiertos a cavar cisternas inútiles. Después de frenéticos esfuerzos y de intenso sufrimiento, se sentaron a esperar a que los cielos dieran su lluvia, para llenar sus cisternas. Con sorpresa y horror, se percataron de que esta obra humana, resultó a la postre inútil por cuanto eran cisternas agrietadas, por cuyas rendijas dejaron escapar el agua que fueron incapaces no sólo de producir, sino de retener. ¡Qué desastre el de aquellos, que teniendo acceso a las frescas y abundantes corrientes para satisfacer su sed, acudieron a otras fuentes secas para hallar nada más que nauseabundos charcos! Dios es la fuente de vida. El satisface toda necesidad moral o espiritual para siempre. El satisface plenamente la sed del hombre. Agustín dice que "el alma fue hecha por Dios y que nunca descansará en paz, hasta que esté en El."

¿Y dónde están tus dioses que hiciste para ti? Le-
vántense, a ver si te podrán librar en el tiempo de tu
aflicción (2:28).

Con una pregunta para llamar la atención, Jehová
se dirige a su pueblo, el cual se ha fascinado y ha confiado en sus bonitos, nuevos y brillantes dioses, manu-
facturados por su propia mano. "Que dicen al leño: Mi
padre eres tú; y a la piedra: Tú me has engendrado."
La prueba vendrá cuando la calamidad se abata sobre
ellos y cada uno correrá frenéticamente, buscando ayuda en sus simulacros de dioses. Esa será la hora de necesidad y desesperación. ¿Dónde está el bien que puede hacer un inútil trozo de madera que necesita ser
llevado, en lugar de llevar, proteger y ayudar a quien
a él clama?

Los profetas profetizaron mentira, y los sacerdotes
dirigían por manos de ellos; y mi pueblo así lo quiso.
¿Qué pues haréis a su fin? (5:31).

En la quietud, en la comodidad de la vida, cuando
los profetas falsos y los sacerdotes, y cuando el pueblo
estaba complacido con sus caudillos aduladores y en-
debles, Jeremías los flagela con esta punzante pregunta.
Parecían estar completamente conformes con estos
guías; al menos mientras el problema no viniera, y en
que ninguno parecía sentir la más leve necesidad de la
mano protectora de Jehová. Profetas y sacerdotes, parecían estar mucho más interesados en agradar y complacer a los hombres, que a Dios. Pero en el momento
trágico de dolor, de agonía y de muerte, ¿qué haréis?
A la luz del día presente, de idénticas claudicaciones,
podemos y debemos aplicar esta misma pregunta al
corazón humano.

Plata desechada los llamarán, porque Jehová los desechó (6:30).

Cuando los hombres rechazan a Dios y comienzan a perder las cualidades de la mente y del corazón y van tras los atractivos mundanos, es seguro que el resultado final será, el rechazamiento de Dios. ¿Por qué habría de desearlo alguno, o querer conservarlos si eran plata desechada? Posiblemente algún día podamos ver claramente cuán desagradable, cuán detestable y repugnante, así como inútil, es el pecador ante la mirada santa de Dios. Con cuánto detenimiento necesitamos examinarnos a nosotros mismos, para descubrir nuestras miserias tan habituales a nuestros ojos, pero tan manifiestas ante Dios. No hay razón para guardar lo que ha sido desechado. Israel era indigno. ¿No estará dentro de lo posible que Dios haya señalado ya como sin valor, a muchos que se consideran así mismo útiles?

¿Hurtando, matando, y adulterando, y jurando falso, e incensando a Baal, y andando tras dioses extraños. Vendréis y os pondréis delante de mí en esta casa sobre la cual es invocado mi nombre, y diréis: ¿Librados somos: para hacer todas estas abominaciones? ¿Es cueva de ladrones delante de vuestros ojos esta casa, sobre la cual es invocado mi nombre? (7:9-11).

La religión pública de los días de Jeremías estaba revestida de la más detestable hipocrecía y divorciada de la moralidad. Los hombres cuyas vidas eran una constante violación a los mandatos divinos, venían al templo a satisfacer algunas supersticiones con ardiente deseo, cobijados en el manto de la hipocrecía más condenable. Por ello se propuso el Señor destruir el templo desde que llegó a ser el símbolo de la religión superficial. La religión falsa, sentó sus reales en el mismo sitio en que se debería adorar a Jehová. En lugar de ser mejores pretendían cubrir sus fallas morales con el manto de la simulación creyendo que estaban haciendo su parte para complacer a Dios. Estos guiadores no eran sino pecadores delante de Dios y pecadores delante de sus semejantes. El robo, el asesinato, el adulterio, el perjurio y las supersticiones en el culto, atribuyéndoles poderes mágicos y una observancia formal de las enseñanzas religiosas, caracterizaban a la conducta humana en lo general. Ellos reverenciaban a una institución, pero ignoraban las demandas éticas de ella. Jesús vino con idénticas demandas morales para la nación 600 años después de Jeremías.

Escuchad mi voz, y seré a vosotros por Dios, y vosotros me seréis por pueblo; y andad en todo camino que os mandare, para que os vaya bien (7:23).

Jeremías anticipó 600 años antes de Cristo, la abolición de los sacrificios de animales. El está resuelto a conducir al pueblo a la obediencia de las demandas éticas de Jehová. (Os. 6:6; 1 Sam. 15:22; 1 Cor. 1:17; Miq. 6:5-8). Jeremías va tan lejos como es necesario para decir al pueblo que el arca, el templo, la ciudad de Jerusalem y aun la nación judía, no son necesarios en los propósitos de Dios. El sistema de los sacrificios debía permanecer como válido solamente hasta cuando en su espíritu pudieran constituir un medio genuino de adoración a Dios, aunque no eran esenciales a la religión. Cuando éstos no son sino la mera expresión formal de actos exteriores, llegan a ser abominación a Dios. Dios tomó a Israel sobre sus espaldas desde que los sacó en el éxodo de Egipto, para que viviera una vida recta y justa. Este había sido siempre el imperativo de Dios para con su pueblo. Cuando Cristo vino a la tierra, halló el mismo mal; el formulismo religioso, la hipocresía, la superstición y las puertas abiertas a toda capacidad al pecado, ocasionando dolor continuo al sensible corazón del Salvador. El prorrumpió una vez diciendo: "¿Por qué me llamáis, Señor, Señor y no hacéis lo que digo?"

¡Oh quién me diese en el desierto un mesón de caminantes, para que dejase mi pueblo, y de ellos me apartase! Porque todos ellos son adúlteros, congregación de prevaricadores (9:2).

Este versículo, nos da una idea del cansancio, desaliento y decepción del profeta en uno de sus momentos de mayor abatimiento. Esto pudiera ser llamado con toda propiedad, el paso de una gran alma, por las sombras más densas del desaliento. En las horas de mayor vejación al mensajero de Dios le parece mejor romper con su pueblo por considerar que éste no merece nada de él. ¡Cuán agradable le hubiera sido, que Dios lo hubiera relevado de esta tremenda responsabilidad e irritante tarea! Jeremías estaba literalmente enfermo de ver el enorme vacío religioso y el ateísmo imperante. Todos los días de su vida oró, amó, predicó y amonestó, para no hallar otra cosa que irresponsabilidad que agobió tremendamente su alma. Este pueblo estaba de cualquier modo sentenciado a la ruina. ¿Para qué continuar perdonando en el camino mismo de la muerte? Será bueno recordar que Jeremías se concedió el privilegio de permanecer entre los

suyos bajo las mismas condiciones que ellos, haciendo
el mayor bien posible, declinando el ir a territorio babilónico con privilegios y atenciones especiales.

*No se alabe el sabio en su sabiduría, ni en su valen-
tía se alabe el valiente, ni el rico se alabe en sus riquezas. Mas alábese en esto el que se hubiere de alabar:
en entenderme y conocerme, que yo soy Jehová (9:23,
24).*

¿Cómo podemos forjar una nación poderosa? ¿Pudiera suceder que estuviéramos dependiendo de una
falsa seguridad nacional? Jeremías advirtió el peligro
de descansar en la sabiduría humana, de confiar en el
poder de los hombres y en la riqueza. Todo esto es
inútil e incierto en la hora de las grandes crisis. Si la
nación se gloría, que esté segura de que su gloria está
basada en su fuerza, pureza y rectitud nacionales. El
pueblo debe conocer, entender y apoyarse en el eterno
Dios. Sólo de este modo podrá estar seguro de haber
acumulado reservas y poder para cada emergencia.
La sabiduría, el poder y la riqueza, pueden resultar
inútiles cuando no están vinculados con Dios. La rectitud, la justicia y la bondad deben estar entretejidas
en la urdimbre y trama de la estructura nacional. Dios,
operando al través de los corazones humanos, produ-
cirá el milagro en la tierra.

*Porque leño del monte cortaron, obra de manos de
artífice . . . con plata y oro lo engalanan; con clavos y
martillo lo afirman . . . son llevados porque no pueden
andar . . . ni pueden hacer mal, ni . . . bien . . . y no hay
espíritu en ellos (10:3-14).*

Jeremías es duro en su tratamiento contra los ídolos,

los cuales tenía Israel en lugar de Dios. Esos dioses eran
meros trozos de madera, figuras decorativas, si se quiere, pero nada más; después de todo, no más que madera
u otro material. En vez de ayudar necesitaban ser ayu-
dados. Tenían que ser hechos por alguien; Dios, no.
Los ídolos no tienen poder alguno, no hablan, no tienen respiración, carecen de inteligencia, no hay dignidad alguna en ellos, no ejercen influencia alguna y no
se les puede atribuir en ningún grado cualidad alguna
de las de Dios. Dios en cambio, es eterno, tiene existencia propia, es activo y poderoso. El puede crear y
ha creado, habla, dirige, influye y salva eternalmente.
¿Por qué pues ha de recurrir el hombre a lo falso, a la
inútil manufactura humana cuando puede tener la presencia constante del Dios eterno? En la hora de suprema necesidad, el corazón instintivamente se satisface en Jehová. Permítasele al corazón hallar la única
y genuina satisfacción en Jehová de los ejércitos.

*Si corriste con los de a pie, y te cansaron, ¿cómo con-
tenderás con los caballos? Y si en la tierra de paz esta-
bas quieto, ¿cómo harás en la hinchazón del Jordán?*
(12:5).

Jeremías estaba quejándose con Dios a causa de su
dura participación en el trabajo. Jehová habla al profeta con cierta dureza recordándole las pruebas, desastres y crisis que están por venir, los cuales harán pare-
cer pequeñas las presentes contrariedades. El Señor
asegura a su profeta que él conoce y es capaz de entender y dar crédito a Dios por todos los eventos pasados
y escrupulosamente cumplidos. Dios confía en que Jeremías actuará. Le asegura que ha sido elegido y ele-
mentalmente preparado por ahora para posteriores y

más duras batallas futuras. Cada pequeño sufrimiento del presente es una valiosa contribución que templará su carácter y su alma para nuevas y más peligrosas empresas. El Señor no nos manda a competir en carreras con los caballos mientras no hayamos competido con los humanos en la lucha. Cada victoria ganada en nuestra vida, nos capacitará mejor para las horas trágicas. ¿Qué hará usted cuando el Jordán crezca? Cuando el Jordán se desborde rebasando sus aristas, ¿cómo podrá usted prevalecer?

He aquí que él hacía obra sobre la rueda. Y el vaso que él hacía de barro se quebró en la mano del alfarero; y tornó e hízolo otro vaso, según que al alfarero pareció mejor hacerlo . . . He aquí que como el barro en la mano del alfarero, así sois vosotros en mi mano, oh casa de Israel (18:3-4, 6b).

Jeremías necesitaba la lección que el alfarero le podía proporcionar. Fue, por tanto, el profeta a casa del alfarero y atentamente observó al hombre, al barro y a la rueda. El hombre era un especialista en su trabajo, quien inteligentemente elegía el material y con propósitos específicos y sabios manufacturaba sus artículos. En esta visita, Jeremías descubrió una lección preciosa y necesaria: La Soberanía de Dios, su paciencia, su perseverancia, su libertad para obrar, sus recursos y la efectividad en la realización de sus sabios y soberanos propósitos. Con el perverso y prostituído barro humano en sus manos, Dios está en condiciones de cumplir sus altos fines con la remodelación de la personalidad humana. Nada tenía el barro en sí, que hiciera hermoso y atractivo el vaso. Las ruedas del artefacto fabricado, no podían hacer nada independientemente de las manos diestras del alfarero. Las ruedas sólo eran un instrumento que actuaba bajo la dirección del operador. Finalmente en este cuadro, Dios es la figura central y sus propósitos son perfectamente realizados. El hombre puede en algunos casos hacer variar ligeramente los planes de Dios, tomando en consideración su soberanía y la libertad de su elección; pero una vez en las manos de Dios, el eterno alfarero, el hombre padece cambios de maravillosa índole espiritual.

Por tanto, he aquí yo contra los profetas, dice Jehová ... yo no los envié, (23:30-32).

Con motivo de la próxima venida de los caldeos, la ciudad estaba llena de profetas entregados a la tarea de adular al pueblo haciendo predicciones falsas favorables a la nación. Eran hombres profesionales que sostenían la osada pretensión de hablar con la autoridad divina, en verdad, no eran sino profetas mentirosos. Jeremías hizo tres acusaciones en contra de ellos. La primera, que eran inmorales; la segunda, que no conocían a Jehová en cuyo nombre pretendían hablar; y tercera, que no tenían mensaje alguno de Dios para el pueblo. Pues no tenían cuidado alguno de las responsabilidades sagradas inherentes al cargo de profeta; tenían en completo estado de abandono el aspecto moral de la vida, no sólo del pueblo, sino de ellos mismos; tenían por añadidura una participación activa en el pecado. El conocimiento que poseían acerca de Dios, era casi nulo. No entendían la naturaleza santa de él; enseñaban y predicaban que Dios no podía abandonar a Israel creando así una confianza falsa, fundada en un concepto equivocado y parcial de Dios. Jeremías que conocía a Dios en un sentido correcto y conocía su naturaleza, sabía que Dios no sólo podía dejar a Israel, sino entregarlo a un merecido y necesario castigo.

Estos profetas, así como los sacerdotes, tenían por normas únicas y por conocimiento, solamente los dogmas y las tradiciones de los hombres que habían eclipsado a los preceptos divinos. Sus mensajes además de ser superficiales, resultaban completamente inútiles para todos. El "rebelde" Jeremías, valiente y temerario, a causa de su relación directa con Dios, estaba en condiciones de revelar nuevas y valiosas verdades para el pueblo.

Y me buscaréis y hallaréis, porque me buscaréis de todo vuestro corazón (29:13).

Las mismas palabras dichas por Jeremías en su día, a su pueblo por mandato de Dios, son las mismas para toda persona que ha caído en el pecado y perdido contacto con Dios. Ningún negligente ni apático tendrá interés alguno por los tesoros divinos que son más valiosos que el oro. Los cuantiosos tesoros divinos están siempre disponibles. Su vehemente deseo es que todo hombre vea a él y viva. Sus brazos están extendidos en todo tiempo, en amorosa invitación para todo aquel que quiera volver a él. El es la verdad y la suma de la santidad; a pesar de esto, es solícito y diligente en buscar al pecador. Cualquiera que tenga conciencia de su necesidad, hallará plena satisfacción espiritual y una potencialidad inagotable para una vida victoriosa. Limpieza, paz, gozo, victoria y triunfos, están en las manos de Dios para todos sus hijos que vuelvan al hogar paterno.

He aquí que vienen días, dice Jehová, en los cuales

*haré nuevo pacto con la casa de Jacob . . . Daré mi ley
en sus entrañas, y escribiréla en sus corazones; . . . per-
donaré la maldad de ellos, y no me acordaré más de
su pecado* (31:31, 33b, 34b).

Jeremías estaba bien familiarizado con la idea de la
religión basada en una alianza. El sabía que el pueblo había fallado lamentablemente en el cumplimiento
de sus obligaciones en el pacto con Dios, debido a la
falta de responsabilidad personal. No había ni la más
remota esperanza de renovación del antiguo pacto vio-
lado. Era menester establecer una nueva alianza con
Dios. El nuevo pacto debería ser: personal, del corazón, universal, espiritual y eficaz. La naturaleza moral debería ser saneada; Dios debía ser visto con toda
claridad. Era menester que su voluntad fuera concien-
zudamente asimilada. Esto es lo que debía llegar a constituir un nuevo pacto de discernimiento espiritual, de
adoración divina y de purificación moral. En Lucas
22:14-20, hallamos el cumplimiento pleno de esta hermosa promesa. El nuevo pacto con Cristo en la relación de su gracia, fue la resolución al problema que el
pecado había creado. El autor de la carta a los Hebreos,
describe en los capítulos 8 y 9 la superioridad de este
nuevo pacto en todos sentidos y como mucho más digno de ser alcanzado y adoptado; con un sacerdote eterno y divino, en lugar de sacerdotes humanos, con un
sacrificio perfecto y único, en vez de los muchos sacrificios; con realidades, en vez de sombras y promesas;
con una victoria perfecta al través de la muerte expia-
toria del Cordero de Dios que quita el pecado del mundo.

*He aquí que yo los juntaré . . . ; los haré tornar . . . ,
harélos habitar seguramente; . . . , seré a ellos por Dios.
Y daréles un corazón, . . . haré con ellos pacto eterno, . . . pondré mi temor en el corazón de ellos, . . . ale-
graréme con ellos . . . , los plantaré en esta tierra en
verdad, . . . (32:37-41).*

¡Qué cuadro tan glorioso del amor redentor de Dios!
Después de la tormenta y del sufrimiento el tierno corazón de Dios y el amante brazo divino, restauran a su
pueblo escogido nuevamente a su tierra. El fuego pu-
rificador del exilio había hecho su parte quemando los
elementos de pecado, convirtiéndolos en sinceros y
leales adoradores del Dios vivo y ejecutores fieles de
su voluntad. La liberación y el perdón otorgados por
Dios los capacitaría para establecer una relación un
conocimiento y un gozo plenos para todos los que go-
zaban de este gran privilegio. El eterno amor de Dios
no es para ser descrito por lenguaje humano alguno.
La magnitud de este amor es demasiado maravillosa para ser comprendida por los humanos.

LECCIONES PRACTICAS DE VALOR PERMANENTE

1. El propósito de Dios incluye la elección, la consagración, el llamamiento y la concesión del poder
   para su honra y gloria.
2. Cuando un hombre recibe su preparación directamente de Dios, llega a ser un poderoso mensajero
   contra el pecado.
3. El corazón de Dios sufre y es lastimado dolorosa-
   mente, cuando sus escogidos quebrantan sus votos.
4. La repetición formal de las ofrendas y sacrificios,
   así como el repetir frases piadosas, son un grave
   insulto a Dios.

5. Dios nunca llama al hombre a competir en carrera con los caballos, sino hasta que ha competido ventajosamente con los hombres.

6. El pecado es un asunto del corazón y debe ser removido por el Cirujano divino, quien va directamente a la raíz del mal.

7. El arrepentimiento verdadero, produce bendiciones individuales de parte de Dios en la vida.

8. La religión verdadera, es interior, espiritual y constituye la respuesta natural a la justicia divina.

9. La senda del poder se halla en la profundidad de la experiencia personal con el Infinito.

10. El pecado siempre termina en la ruina del que cae en él. El juicio es inevitable, automático, eterno.

11. La calidad de la religión se prueba por los resultados que produce en la vida.

12. El pecado no puede triunfar definitivamente; Dios tiene la victoria final sobre el mal.

13. Cada hombre comparecerá sólo ante la justicia divina y será juzgado como un alma individual.

14. El nuevo pacto hace provisión para que la nueva vida engendrada en el corazón, quede plenamente garantizada por el elemento de la verdad en él.

15. El ministro que más sufre y más se apoya en Dios, es el que mejor conoce las profundas verdades del Señor.

16. Dios establece con todo aquel que llama a su ministerio, la relación más íntima y definida con cuya comunión proporciona dirección y fortaleza para todos los momentos de la vida.

HABACUC

610 a 605 A. de C.

En Jerusalem

En honor suyo, Robert Browning dice:

En densas tinieblas o en mar de nubes,
Será solamente por un tiempo;
Oprimo la lámpara de Dios contra mi pecho;
Su esplendor tarde o temprano,
Disipará mis sombras: yo emergeré un día.

Algunas veces es sumamente difícil entender y justificar los procedimientos divinos. Habacuc estaba perplejo sobre manera y preocupado por las circunstancias que lo rodeaban como muchos de los hombres de hoy día lo están. ¿Por qué Dios, se preguntan, tolera tan devastador desenfreno? ¿Por qué la mayoría de la gente en el mundo ha de sufrir mientras los indignos criminales la arrojan impunemente al abismo? ¿Cuándo levantará Dios su mano para cambiar la situación haciendo que reine la justicia en la tierra? El estudio cuidadoso de los mensajes del libro de Habacuc nos ayudará para hallar una solución satisfactoria a estas preguntas que han traído perturbación a los hombres de todas las épocas.

LA EPOCA

El profeta Habacuc, fue testigo de la fructífera obra de reformas religiosas dirigida por Josías, uno de los mejores y más dinámicos reyes de Judá. Vio también el ocaso del poderío asirio. Un gran imperio estaba agonizando y sucumbiendo ante sus ojos. Egipto y Babilonia, estaban ahora contendiendo por la supremacía y el señorío de las gentes. En un vano intento de frustrar los planes conquistadores de Necao, rey de Egipto, Josías fue muerto en Megido. Esta situación indecisa de dominio fue resuelta con una aplastante derrota de los egipcios ocasionada por Nabucodonosor, rey de Babilonia en 605 asumiendo toda la autoridad sobre el mundo civilizado y conocido de su tiempo. Habacuc estaba perplejo ante lo que resultaría de potencias militares tan poderosas y por las batallas tan destructivas y positivamente ruinosas para todos. Posiblemente el profeta escribió el libro en una fecha no muy lejana a la caída de Nínive, en 612, o en 605, un poco antes de las victorias guerreras de Babilonia.

La tiranía, las rivalidades y la ilegalidad, reinaban en Judá. Los hombres se levantaban unos contra otros en contenciones (1:1), prevalecían la opresión y la violencia (1:2,13), vivían abiertamente en el pecado (2:4,5, 15,16), eran adoradores de ídolos (2:18,19), oprimían a los pobres e indefensos (1:4,14,15). Sin lugar a duda, eran días muy tenebrosos de pecado, prevaricación y desastre, que hacían inevitable el castigo con una invasión inminente. Muy grandes desastres fueron vistos sobre el pueblo escogido de Dios en Jerusalem.

EL HOMBRE

Casi nada se sabe de Habacuc, excepto lo que de su

propia obra escrita se puede conocer acerca de él, y es
bien poco. Evidentemente era un ciudadano prominente de Jerusalem, merecedor de la confianza de los
caudillos principales de la ciudad. Pudo muy bien haber sido llamado el "libre pensador entre los profetas"
y el "padre de los deberes religiosos de Israel"; pero a
la vez comprobamos que fue un hombre de fe definida y poderoso en Dios. En un sentido muy real era el
portavoz de Dios delante de Israel. A pesar de su
grande y fortalecida fe, los conflictos de la vida en
derredor suyo y lo arduo de la tarea profética eran mucho para él. No hallaba respuestas satisfactorias a sus
preguntas. La perplejidad lo abrumaba con frecuencia.
Como hombre de espíritu reverente y fervoroso, con
agudeza de pensamiento, con una notable sensibilidad
y facultades mentales tan desenvueltas, sentía con mayor fuerza los problemas que afectaban a la nación,
que cualquier otro hombre del reino.

Ward dice de él: "Habacuc ocupó un lugar de prominencia entre aquellos que escribieron los oráculos
divinos y a su vez, es uno de los más delicados esti-
listas de la antigua dispensación. La belleza de su lenguaje y la pureza de su estilo, lo colocan en el grupo
delantero de la escuela profética."[1]

Robinson dice de Habacuc: "Fue un filósofo profundo, ardiente y sencillo; poseía una originalidad inusitada y una potencia poco común; era sensible, espe-
culativo, el suplicante entre los profetas y el predicador
del optimismo teocrático."[2]

Fue Habacuc un estudiante atento de los cuidados

[1] *Ibid.*, p. 226.
[2] *Ibid.*, p. 119.

de Dios, prodigados a su pueblo escogido en el curso de los siglos. La obra profética de Amós, Oseas, Miqueas e Isaías, le era completamente familiar. La Ley de Moisés y los preceptos dados en ella, constituyeron la base fundamental de gran parte de su obra escrita. En adición a estos conocimientos básicos, se hallaba su experiencia enriquecida por el estudio cuidadoso y la detenida observación que hacía de la vida humana. El mayor de los problemas de su vida, consistió en armonizar las preciosas promesas de Dios, con los resultados de la observación diaria de la vida.

Cuando sus dudas surgían y no podía conciliar a un mundo malo con un Dios bueno, y una ley "justa, santa y buena", rehusaba en todo caso, dejar a sus dudas sin respuesta. Fue honesto, resuelto, e inflexible en sus determinaciones de hallar siempre una solución a cada perplejidad y una respuesta a cada problema de la vida. Demos gracias a Dios por este investigador honrado, de la verdad, quien acudió directamente a él para hallar las respuestas a sus preguntas.

EL LIBRO

El libro está concebido y arreglado en una forma dramática, al través de un diálogo entre el profeta y Dios. A aquél, sigue una descripción de las crueldades de los caldeos y un hermoso y consolador poema, expresando su confianza en el Dios de su salvación.

1. *La protesta apasionante del profeta* (1:2-4). ¿Por qué permite Jehová que los malos y violadores de la Ley en Judá, permanezcan aun sin castigo? ¿Por cuánto tiempo aún tolerará el Señor la injusticia, la brutalidad y el error en Jerusalem? Esta es una queja definida del profeta delante de Dios.

2. *La primera respuesta de Dios.* (1:5-11). Dios recha-
za el cargo de que no está prestando atención a la situación, o de que es inactivo o indiferente a los acontecimientos. El Señor invita al profeta a mirar más allá
de las fronteras de Israel a fin de que observe el castigo en vías de preparación. Jehová está adiestrando
a los caldeos para castigar a los habitantes de Jerusalem. Los caldeos son crueles, rápidos, son instrumentos mortales que traerán grande e irreparable ruina
sobre la tierra de promisión. El juicio sobre Jerusalem
y Judá se aproxima.

3. *El problema moral* (1:12-17). El profeta, que se había quejado de la indiferencia de Dios hacia el pecado,
está ahora horrorizado al oír lo que el Señor se propone
traer sobre Israel. ¿Cómo puede Jehová usar un instrumento tan cruel y tan vil para someter a Judá? ¿Cómo puede un Dios justo usar a los gentiles caldeos para castigar a los vecinos, amigos y compatriotas del
profeta? ¿Cómo puede el Señor conciliar la crueldad y
la inhumanidad del enemigo caldeo, con su pureza y
santidad? Este es un agudo conflicto de ideas que ator-
menta al piadoso y anciano profeta. Deseafía Habacuc
a Dios, a defender y a justificar sus acciones.

*Muy limpio eres de ojos para ver el mal, ni puedes
ver el agravio: ¿por qué ves los menospreciadores, y
callas cuando destruye el impío al más justo que él, . . . ?*
(1:13).

4. *Una decisión importante,* (2:1). El profeta halla
la solución del asunto que le preocupa, sólo cuando
obedientemente toma el lugar del paciente expectador
que espera la revelación de la verdad procedente de
Dios. El mundo está en la ruina moral según el profeta;

y para consumar esa obra de castigo y destrucción, vienen los hostiles caldeos para derribar lo que ha quedado en pie y él está procurando hallar una solución al complicado problema, pero al no hallarla, pacientemente espera la respuesta de parte de Dios.

5. *La segunda réplica divina*, (2:2-4). La respuesta al problema, de parte de Dios, no se hace esperar mucho. Dios admite la indignidad de los caldeos y la maldad de ellos; pero ellos también, perecerán por sus pecados en su tiempo. El propósito divino está en proceso lento, pero seguro, hasta su final y fiel cumplimiento. La crueldad y el orgullo arrogante, deben ser destruídos en donde quiera que se hallen, a fin de que triunfe la justicia. La situación presente, demandaba paciencia. No había nada que justificara el apresuramiento divino. Con él, las cosas vienen a su hora; ni antes, ni después.

Aunque los molinos de Dios se mueven lentamente,
De todos modos muelen delicadamente fino:
Aunque con paciencia El espera, y espera,
Con grande precisión lo tritura y muele todo.

Longfellow, "Retribution"

Harrell dice: "Dios es dueño de todas las edades en las cuales puede demostrar su justicia. La prueba del tiempo revelará lo que es el hombre, como el fuego separa el oro de la escoria. Los caldeos podían prosperar temporalmente a pesar de su maldad y triunfar sobre un pueblo más justo que ellos. Los caldeos llevaban en sí mismos, los gérmenes de su propia destrucción. Los años, que son el crisol de Dios, harían manifiesta la maldad de un pueblo indigno."[3]

---

[3] *Ibid.*, p. 113.

Robinson declara: "El futuro pertenecía a la justicia; por cuanto las almas de ellos se hincharon e hicieron arrogantes; para ellos no había perspectivas futuras alentadoras. Los caldeos estaban concentrados en sí mismos; por tanto, estaban sentenciados a la ruina también; la justicia de Dios se halla centrada en él mismo, y por tanto, es permanente y segura."[4]

6. *Cinco aflicciones predichas* (2:5-20). El altivo conquistador, es descrito y condenado. La acusación es terrífica. 5-8, la codicia por las posesiones y la tierra. 9-11, la avaricia. 12-14, la opresión. 15-17, los banquetes impíos eran ofensivos a Dios y opresivos para el pueblo aumentando el sufrimiento. 18-20, el necio, irracional y tonto culto a los ídolos. Antes de la manifestación de la gloria divina, es menester que todo lo malo y falso perezca. Los caldeos debían ser destruídos juntamente con los demás pueblos que se opusieron a la voluntad divina.

7. *Un hermoso himno antifonal* (3:1-19). Este poema ha sido justamente llamado: "la oda pindárica de Habacuc". Robinson comenta: "Es ardiente en concepción, sublime en el pensamiento, majestuoso en dicción y puro en retórica."[5] Después de una fervorosa plegaria, el profeta es favorecido con una manifestación gloriosa de Dios. Al través de los años y los siglos, Dios había sido fiel respondiendo al clamor de su pueblo directamente o al través de sus profetas. En cada crisis, Jehová había aparecido como soberano al través de su poder infinito. Sin gran esfuerzo, el profeta contempló el desenvolvimiento del dominio soberano de Dios, al

---

[4] *Ibid..* p. 123.
[5] *Ibid..* p. 125.

través de los siglos descubriendo para satisfacción propia y nuestra, que la realización de sus propósitos, viene en su oportunidad y en su tiempo. De manera que, el desastre, la destrucción y la ruina, vendrían; era asunto nada más de tiempo, llegando el profeta a la conclusión de que puede confiar en Dios con todo su corazón. También se da cuenta Habacuc, de que no es posible conocer los planes de Dios, sino de una manera muy limitada, y que por tanto es menester esperar que el Señor vaya completando su revelación.

Aunque la higuera no florecerá, ni en las vides habrá frutos; mentirá la obra de la oliva, y los labrados no darán mantenimiento, y las ovejas serán quitadas de la majada, y no habrá vacas en los corrales; con todo, yo me alegraré en Jehová, y me gozaré en el Dios de mi salud (3:17-18).

Ward dice: "Fuera de sus dudas, el profeta se forja una nueva idea acerca del carácter infinito de Dios. Por encima de un mundo de odios humanos, de voracidad y de opresión, permanece la presencia santa y omnipotente de Dios. Donde no había habido más que un estrecho margen antes de llegar a la desesperación, como un transeúnte perdido en el desierto, ahora las circunstancias quedan subordinadas a la fe. Después de todo, nosotros somos el linaje de Dios. No estamos atravesando por el valle del temor, sino por las cumbres de la fe; no por las llanuras del desaliento, sino por las deliciosas cúspides de las montañas orientados por los destellos de la ciudad celestial y los bienes que están por venir."[6]

---

[6] *Ibid.*, pp. 239,241.

LECCIONES PRACTICAS DE VALOR PERMANENTE

1. Dios nunca deja sin respuesta, a quien sinceramente lo interroga.
2. Algunos problemas no pueden ser satisfactoriamente resueltos, con preguntas y respuestas.
3. Se puede, y se debe confiar en Dios, en cada época de crisis.
4. No siempre el camino más corto es el mejor, ni la perspectiva más alentadora, verdadera.
5. Cuando la fe prescinde del uso de sus pies, descubre que tiene alas.
6. El mal lleva en sí, los gérmenes de la muerte para los que caen en él, y de su propia destrucción.
7. Podemos ver y entender a Dios, solamente cuando nos elevemos sobre el nivel de las nieblas de nuestras dudas.
8. Lo que nos puede ayudar a comprender, aunque sea parcialmente la vasta simpatía de Dios hacia la humanidad.
9. El propósito evidente de la religión, no es real y finalmente solucionar todas las dudas, sino que el hombre acepte a Dios y lo sirva.
10. En las dudas y perplejidades, Dios invita al hombre a esperar de él la respuesta apetecida.
11. Recuerde siempre estos versículos: 2:4, "Mas el justo en su fe vivirá." 2:12, "Ay del que edifica la ciudad con sangres," 2:20, "Jehová está en su santo templo; calle delante de él, toda la tierra." 2:14, "Porque la tierra será llena de conocimiento de la gloria de Jehová, como las aguas cubren la mar."

NAHUM

625 a 612. A. de C.

En Jerusalem

En un día, cuando los dictadores estaban a punto de hincar su garra cruel y sanguinaria sobre el mundo conocido, aparece Nahum, con una frescura peculiar en su mensaje y con una intención sana y nueva acerca de la vida. La venganza no ha de ser ejercida por los hombres; ella corresponde a Dios. Sobre tales monstruos que han desdeñado a Dios y su justicia, se desencadenará el castigo. Cualquier nación que deliberadamente funda su razón de ser en la violencia, rehuye a Dios y pisotea a los pueblos débiles sin motivo, es menester que sienta el toque fulminante de la mano divina. El profesor Kennedy llama a Asiria: "Una lección objetiva a los gobernantes del mundo moderno, enseñando el eterno gobierno divino sobre el mundo y la necesidad inaplazable y absoluta de que la nación vitalice su organismo en la justicia divina, tanto en lo individual, como en lo colectivo, que es lo que en realidad puede engrandecer a cualquier nación".[1] El libro de Nahum es una terrorífica acusación a cualquier pueblo que establece su poderío y grandeza por la

---

[1] *Hastings' Bible Dictionary.*

guerra y la opresión. Dios puede imponer el silencio al odio, a la brutalidad, a la violencia y a la injuria.

LA EPOCA

Nahum vivió y predicó en el tiempo que medió entre la caída de Tebas ocurrida en 633 A. de C., y la caída de Nínive, acaecida en 612. Jorge Adam Smith señala la fecha del libro en 640, entre tanto que la mayoría de los críticos modernos, lo sitúan más cerca de la caída de Nínive.

Esarhadón que vivió en Nínive de 681 a 669 A. de C., contribuyó en mucho a construir el gran imperio asirio. Egipto fue conquistado y hecho parte de él. Asurbanipal, que gobernó de 669 a 626 A. de C., continuó la obra de su ilustre padre al través de un prolongado y tormentoso reinado. Su interés en embellecer los palacios y en establecer grandes bibliotecas, absorbieron gran parte de su tiempo y energías hasta constituir lo que se conoce como "el mayor volumen literario de conocimientos en los siglos precristianos." A su muerte, en 626, un enemigo de Asiria, Nabopolasar subió al trono de Babilonia. Los tañidos fúnebres de la caída de Nínive, se oyeron. Nínive podía prevalecer sólo temporalmente, su poderoso imperio estaba llamado a desmoronarse. Los medos bajo la dirección de Ciaxares y los sedientos de sangre de los scytas, se unieron a los demás pueblos enemigos de Nínive y acometieron contra la capital que sucumbió al fin.

Nínive, fundada por Nimrod, había sido famosa por muchas centurias. Provista de una muralla de 100 pies de altura, y de 114 kilómetros de circunferencia y suficientemente ancha como para que tres carros pudieran caminar paralelamente con amplitud, la ciudad presentaba un gran problema de conquista a cualquier enemigo. Tenía 1200 torres estratégicamente distribuídas en el muro, para una defensa más eficaz; además, fuera de los muros, un foso circular paralelo a la muralla, de 140 pies de ancho por 60 de profundidad. Sin embargo, la devastación de la ciudad fue tal, que Alejandro el Grande ni siquiera menciona el sitio que contra ella estableció en 331 A. de C. En 1824, después de haber trazado un esquema de la ciudad, sus ruinas fueron descubiertas por Layard y Botta.

En el año 612 A. de C., cayó la ciudad para no levantarse jamás. La majestad, la pompa y la gloria de la poderosa Soberana del mundo, se vino al suelo. Un nuevo poder se había levantado para dominar a los pueblos de la tierra.

En Jerusalem, Manasés reinó desde 698 hasta aproximadamente 643 A. de C. Su hijo Amón reinó solamente 2 años; el joven Josías, lo relevó en el poder. Jeremías y Sofonías, eran los profetas del día en Jerusalem. Huldah era también una profetiza de mucha influencia ante el rey y el pueblo. Las reformas religiosas emprendidas por Josías en 623, produjeron muchos cambios benéficos en la vida nacional. Cuando el libro de la Ley fue hallado en las ruinas del templo y fue leído al pueblo, se procedió a limpiar la tierra de la idolatría de que estaba plagada. La reforma religiosa no logró lo que se proponía pero puso nuevo énfasis en las justas demandas de la Ley.

EL HOMBRE

El nombre del profeta significa: "consolación" o "compasión". No se sabe dónde vivió. Algunos han insistido en que su hogar fue Elkós, lugar cercano a las riberas del Río Tigris. Jerónimo sostiene que era nativo de Galilea y que vivía cerca de Capernaum. Kennedy cree que vivió en una pequeña villa en el sur de Judá cerca del hogar de Miqueas.

Nahum puede ser considerado como un santo patriota. Sentía un profundo desprecio hacia los asirios. Su naturaleza sensitiva, llegaba casi al punto de estallar a causa de la impiedad y la crueldad de los guerreros; era casi un fanático en el hecho de regocijarse del horrible sufrimiento ocasionado al enemigo. Era también un penetrante observador de la vida, de las circunstancias y de la naturaleza. Para él, los mares, las colinas, las tormentas, las nubes y los ríos, eran símbolos de la cólera de Jehová. Su rápida imaginación lo constituye en un hábil pintor con las palabras. Su percepción de la santidad de Dios, tan obstinadamente desechada por los hombres sin escrúpulos, lo condujo a alturas espirituales no alcanzadas por otros. Como poeta, pocos lo igualan. Su alma ardía en justa indignación contra las injusticias y flameaba en arranques de bella poesía dramática.

EL LIBRO

El tema. En cada página se hace vívida descripción de la inevitable caída de Nínive. El juicio del Señor acerca de ella, es seguro y final. La venganza pertenece a Dios. Jehová está en contra de toda nación que acumula riqueza y gloria, valiéndose de la opresión, del despojo y la guerra, para lograr sus ambiciones finales. Farley dice: "El profeta habla en nombre de la humanidad ultrajada, oprimida y torturada por la brutalidad y crueldad de Asiria."[2]

---

[2] *Ibid.,* p. 112.

El estilo. Es puro, bello, poético, dramático, descriptivo y vívido. Por la lucidez de su imaginación y las características ya aludidas de su estilo, Nahum es insuperable entre los profetas. Describe la velocidad, la inflexibilidad y lo arrollador del enemigo, con la energía de lenguaje del que ha sido testigo ocular de los hechos. G. A. Smith opina: "Su lenguaje es enérgico y brillante; su ritmo es rugiente y arrollador; palpitante y fulgurante como los veloces jinetes y raudos carros descritos."[3] Nahum estaba cargado de emoción como la nube antes de la tormenta. Todo su ser estaba dominado por una poderosa catarata de emociones y sentimientos.

De Wette dice: "El estilo de Nahum, es clásico en todos los sentidos. Es notable por su claridad, por su refinada elegancia, tanto como por el fuego expresivo, por lo rico y original. El ritmo es regular y gallardo."[4] Brice, lo llama: "El más vívido y apasionado fragmento de declamación en toda la literatura."[5]

BOSQUEJO DEL LIBRO

Capítulo
1: Una descripción sublime de Dios.
2: Una patética y gráfica descripción de la caída de Nínive.
3: Un resumen de las razones de la ruina final de la ciudad mala.

---

[3] *Ibid.*, p. 90.
[4] Citado por Scroggie en *Know Your Bible.* (Vol. I) p. 180.
[5] *Ibid.*, p. 49.

Morgan da las siguientes divisiones:[6]

1: El veredicto de la venganza.
2: La visión de la venganza.
3: La vindicación de la venganza.

Scroggie los divide así:[7]

1: El juicio sobre Nínive, declarado.
2: El juicio sobre Nínive, descrito.
3: El juicio sobre Nínive, defendido.

GRANDES IDEAS RELIGIOSAS DEL LIBRO

Es bueno recordar que el Dios de los cielos gobierna sobre el universo y que ejerce su dominio sobre todos los asuntos del mundo. Su soberanía conducirá los destinos de la tierra hasta el fin. Cuando Jehová levanta su dedo en el juicio, la nación más poderosa, a pesar de su grandeza y de su magnífica organización, puede derrumbarse con estrépito. La paciencia de Dios no es inagotable frente a los opresores arrogantes.

Nahum da un nuevo énfasis a la eterna verdad de que los reinos del mundo fundados en el egoísmo, la voracidad, la violencia y en la perfidia, deben ser completamente destruídos y ejemplarmente escarmentados. Nahum es completamente definido en cuanto a la doctrina del reino de Dios, fundado en la verdad, la justicia y la integridad, conteniendo en sí, los elementos de su propia permanencia. Para él, la tierra de Judá, era la tierra de Dios. Por tanto, cualquier opresor de Judá, era en consecuencia, un enemigo de su Dios.

---

[6] *Ibid.*, p. 72.
[7] *Ibid.*, p. 183.

Cuando Dios destruyó a Nínive, estaba descargando sobre su enemigo, el castigo tan justamente merecido. Nahum estaba plenamente convencido de la existencia de un orden moral; de la adopción del cual, dependía el establecimiento de la justicia en la tierra. Ninguna nación podía, ni puede, infringir impunemente los conceptos de la ética divina y las normas generales de la moralidad. Dios había establecido un tribunal supremo para garantizar un tratamiento equitativo para cada nación y para cada individuo. La retribución era cierta y segura.

Nahum no insistió en el arrepentimiento de Judá, aunque reconoció la necesidad de tal arrepentimiento en ella. Estaba primariamente interesado con su mensaje único, tocante a la sentenciada Nínive y el triunfo de las justas retribuciones divinas. Parece que el profeta no se da cuenta de que los crueles opresores que darán el golpe mortal a la capital de Asiria, serán tan crueles e impíos en su trato con los pueblos vecinos, como los asirios lo habían sido con los demás. Definida y claramente denuncia a los asirios, manifestando meridianamente que Dios se opone a la clase de conducta observada por Nínive hacia los demás, y que tal conducta traerá siempre consigo, la retribución dolorosa inevitable. Todo pecado, trae automáticamente el consabido castigo.

Este mensaje debió haber traído gran consuelo a los corazones que estaban confiando en Dios, pero afectados por los problemas de aquellos tiempos. Dios estaba bien dispuesto a establecer la justicia en la tierra y a premiar a todos aquellos que fueran fieles a él. Este pasaje justiciero contenido en las páginas proféticas que llega hasta nosotros, es un igneo "canto de odio".

Al través del libro puede verse sin gran esfuerzo, la verdadera naturaleza de Dios, expresada en su ternura y en su compasión, que brillan siempre, después de la manifestación trágica de su enojo contra las gentes. Es por causa de su tierno amor, que su cólera consume tan fieramente.

LECCIONES PRACTICAS DE VALOR PERMANENTE

1. Siempre hay un límite para la paciencia de Dios.
2. El Señor ejerce dominio activo sobre el universo.
3. La ira de Dios, debe ser interpretada en los términos de su amor.
4. Así para los hombres, como para las naciones, la paga del pecado es muerte.
5. La arrogancia que favorece en alguna forma la destrucción de la vida o de la propiedad, enoja grandemente a Dios.
6. Una nación edificada sobre el orgullo, la crueldad, la fuerza y el egoísmo, no espere tener amigos en el día de la calamidad.
7. En los vastos y eternos propósitos de Dios respecto de la familia humana, la destrucción de una ciudad indigna, es una cosa pequeña.
8. En el día del desastre y de la angustia, el hombre que no tiene relación alguna con Dios, debe sufrir con sufrimiento indecible.

SOFONIAS

630 a 622 A. de C.

En Jerusalem

Todos los profetas presentaron a Dios, a la vez que en su severidad, en su ternura. Su naturaleza divina expresa muy claramente este contraste. Su ternura inigualable y su rígida severidad, son una manifestación constante en su trato íntimo con los hombres. Este contraste es evidente en Sofonías, más que en cualquiera otro de los profetas. En este escrito profético, quedan exhibidos, en su sorprendente grandeza, el terror divino y la ternura del amor de Dios.

En el capítulo 1:2 Dios dice: *Destruiré del todo todas las cosas de sobre la haz de la tierra, dice Jehová.*

En 3:17 se agrega: *Jehová en medio de ti, poderoso, él salvará; gozaráse sobre ti con alegría, callará de amor, se regocijará sobre ti con cantar.*

ANTECEDENTES

Sofonías vivió en una época de franca decadencia y de pronunciada disolución social y moral, cuando el mundo estaba experimentando bruscos y rápidos cambios en lo general. Las hordas salvajes de los scytas procedentes de las fronteras sur de Rusia, como aluvión estaban cayendo sobre las tierras del medio día, tra-

yendo la desolación y la tristeza a todos los pueblos al
sur del Eufrates. Eran estos invasores, crueles, sanguinarios, temibles y rufianes de la peor calaña que lograron penetrar hasta lugares tan remotos como Egipto. Su
conducta, completamente sin misericordia sembró el
pánico en el corazón de todos los hombres, aun de los
muy valerosos. La gran potencia de Asiria, que había
logrado mantener un poderío casi invencible desde que
surgió como monarca del mundo, con Tiglat Pileser, a
la cabeza en 745 A. de C., perdió rápidamente sus dominios. Cuando Asurbanipal murió en 626 A. de C.,
con él, prácticamente moría el Imperio Asirio. Para este
tiempo, Nabopolasar, rey de Babilonia, había logrado
hacer de esta nación, una genuina potencia que estaba
perfectamente capacitada desde el punto de vista militar para ejercer la supremacía de todo el este. Aunque
Nínive, capital de Asiria, no cayó sino hasta 612 A. de
C., en verdad Babilonia era de hecho y de derecho, la
Señora del Mundo. La unión de las armas de los medos, de los scytas y de los babilonios, ocasionaron una
poderosa conmoción en el mundo. No era por supuesto
cosa pequeña, ver la abrupta agonía y muerte de un imperio y el resurgimiento de otro a la vida. Sofonías, el
profeta bisoño estaba presenciando todos estos acontecimientos en torno suyo.

Josías llegó al trono de Judá, después de la muerte
de Manasés y Amón. Sería tarea verdaderamente ardua, describir los graves efectos que el reinado del impío Manasés dejó en el pueblo. La nación estaba hun-
dida en el gentilismo, las prácticas del paganismo y del
culto idolátrico, normaban la conducta diaria de la nación. El culto verdadero de Jehová, el Dios vivo, estaba
relegado al olvido. Los efectos de la bajeza moral del

pueblo, se exhibían en todas partes. Los príncipes de Judá degeneraron a tal grado, que el ejercicio de la justicia llegó a ser algo imposible. La opresión, la injusticia y la violencia, eran los resultados naturales y lógicos de la conducta desordenada y licenciosa de los reyes anteriores, problemas a que tuvo que hacer frente el nuevo rey Josías. Este no esperaba hacer mucho en un pueblo tan estrechamente adherido al paganismo reinante. Habían pasado ya dos generaciones desde la actuación del buen profeta Isaías y del magnífico rey Ezequías. Ningún otro profeta se había levantado para revelar las profundidades de la voluntad divina al pueblo. La corte se oponía sistemáticamente a toda clase de predicación restrictiva y enmendatoria de los profetas verdaderos, entre tanto que se deleitaba con la lisonjera y aduladora predicación de los profetas mercenarios. El pueblo había sido estimulado por tantas cosas tan falsas que se había endurecido a cualquier otro estímulo. En la descripción que Sofonías hace de la ciudad de Jerusalem, dice que el pueblo era ignorante; los gobernantes, rapaces; la corte, sin misericordia; los profetas, traidores y los sacerdotes, profanos. Era una época sombría para la tierra, otrora de promisión.

Josías dedicó todo su esfuerzo a limpiar la casa de Dios de todo inconveniente religioso, y a hacer que el extraviado pueblo de Judá volviera a la adoración verdadera. En el curso de las reparaciones hechas al Templo, se halló lo que un poquito después produjo una poderosa y estable impresión en el pueblo y en el propio rey: el hallazgo de un libro, el libro de la Ley, en el cual Dios había dado a su pueblo, en mejores tiempos, todas las instrucciones necesarias para conducir

correctamente todos los aspectos de la vida. El joven
rey Josías, comprendió desde luego, el alcance y significación del libro. Había en esos días una mujer profetiza llamada Huldah la cual fue consultada sobre este
hallazgo y Dios dio palabra por ella al rey. Como resultado inmediato de la lectura del libro de la ley, se
emprendió la obra de reformación religiosa, que halló buena acogida en el pueblo. Los ídolos, las imágenes, las enramadas, lugares de adoración, los altares
paganos y sus abominaciones, fueron destruídos unos,
y abandonados otros. El gran esfuerzo reformador había dado ópimos frutos. Fue indudablemente una grande empresa que unificó grandemente el reino. El único
peligro de fracaso estaba ahora en el hecho de que
aquella reforma religiosa no hubiera llegado hasta lo
más profundo de la vida: el alma. Como quiera que
sea, aquel fue un gran suceso que mucho acredita a
aquel rey de alma celosa y joven.

No estamos en condiciones de poder decir con precisión cuál fue la participación de Sofonías y de Jeremías en el movimiento reformador. Ambos estaban tan
profundamente interesados en la reforma, y en el deseo
de que la tierra de Israel estuviera completamente limpia de idolatría y en que hubiera un verdadero retorno a Dios. Jeremías era en esos días un joven apacible
y piadoso cuya participación en esta obra le valió la
aceptación y la confianza de su pueblo. De una cosa,
sin embargo, podemos estar seguros, y es ésta: que
tanto Jeremías como Sofonías, apoyaron con todo su
entusiasmo la digna tarea emprendida por el rey Josías, ayudándolo en todo lo posible a la realización de
las órdenes regias tendientes a restaurar el culto de
Jehová. Esta fue posiblemente, la mejor época de acti-

vidades proféticas de Sofonías partiendo de 625 A. de C.

EL HOMBRE

Todos los profetas hebreos, cual más cual menos, sintieron honda simpatía por los pobres, tanto así, que sus mensajes llegaban a constituir una tremenda acusación contra los nobles, poseedores tanto de la riqueza, como de las tierras. Sofonías, a pesar de que era de la aristocracia, fue un decidido defensor de los humildes. Con justificada satisfacción podía trazar su línea genealógica desde el piadoso rey Ezequías. Esto le daba derecho a ocupar lugar prominente entre los príncipes y gobernantes. Era, posiblemente, de la misma edad que Josías y Jeremías.

Su libro revela que tenía un conocimiento excepcionalmente completo de Jerusalem. Debió haber vivido en ella mucho tiempo. Su austeridad, su templanza y la rectitud de su vida, seguramente le hubieran conquistado el mote moderno de: "Puritano" o "Protestante". Parece que le obsesionaba la terrible concepción de la destrucción que sobre el mundo se estaba cirniendo. No había esperanza de salvación inmediata, la destrucción estaba por venir sobre amigos y enemigos igualmente. Sofonías tenía una concepción histórica amplia. Uno se ve naturalmente tentado a especular sobre el tipo de educación que podían impartir las instituciones educativas de aquellos tiempos, donde los profetas eran educados. Sofonías nos recuerda a Isaías en el conocimiento que tenía éste de la culpabilidad de las demás naciones. El opinaba que la generación en que le tocó vivir, era incurablemente degenerada. Todas las naciones vecinas estaban igualmente envueltas en la culpabilidad y en el pecado. Su propia tierra ama-

da estaba envuelta en el sufrimiento, en la crueldad
y en la tortura y debía recibir la justa retribución divina que no podía desviar el castigo a causa de su mala
conducta. Jehová iba a barrer literalmente todo lo indeseable, como con un diluvio, en todas las naciones;
Judá debería sufrir también toda la severidad del castigo. Una nueva era de paz, de felicidad plena seguiría
a la avasalladora ola de destrucción.

Sofonías no fue un poeta. Fue un hombre profundamente impresionado por el hecho de que Dios se hubiera dignado escogerlo como su profeta y de que el
Señor lo comisionara para advertir a su pueblo de las
próximas calamidades a fin de que las evitaran arre-
pintiéndose. Su sensibilidad moral era de tal naturaleza, que podía percibir los susurros más delicados
procedentes del Señor. Su imaginación creadora de
bellas imágenes y sus ardientes emociones, t e n í a n
papel preponderante en su predicación. Fue un evangelista ardiente, que hablaba con la furia de los vientos
y con la efectividad del martillo que maja en el yunque
el hierro, con mensajes de represión dirigidos a un
pueblo que estaba perdiendo rápidamente poder para
reaccionar correctamente frente a tantos cambios sociales y desafíos del presente. Siendo que con decisión se
opuso a las condiciones prevalecientes del mundo de
su tiempo dejó la impresión de que era demasiado
enérgico y que carecía de simpatía hacia los demás,
resultando inadaptable al medio. Algunos lo han llamado: "fanático".

EL LIBRO

El libro de Sofonías está integrado por breves mensajes pronunciados o escritos durante los días de pre-

paración para la reforma religiosa emprendida por Josías. En lenguaje muy enérgico, anunció la venida del día de destrucción contra todos los que habían pecado contra Jehová de los Ejércitos.

En el párrafo inicial de su obra predice la eliminación de todos aquellos que se han entregado a la adoración de los ídolos. El gentilismo y la idolatría, deben ser barridos de la tierra de Israel. Jehová no puede consentir tales abominaciones. En el capítulo 1:14-18, se describe cómo la ira de Dios se derramará quemante sobre toda la tierra infestada de idolatría, con peculiar furia sobre los habitantes de Jerusalem. El día de Jehová, será de espantosa retribución. Todo el pueblo temblará ante la presencia de Jehová.

En el capítulo 2 el profeta comienza con un llamado urgente al arrepentimiento (2:1-3), hablando de la posibilidad de que algunos puedan escapar de la ira justa de Jehová. Nadie podría impedir el castigo anunciado sobre la nación, salvo un genuino arrepentimiento y un auténtico retorno al Señor. Después (2:4-15), Dios tornaría su ira, expresada en castigos, sobre algunas de las naciones vecinas, como Filistia, Moab, Amón, Etiopía y Asiria, con muy duro trato y destrucción. En el día de su ira, no dejaría el Señor a nación alguna sin castigo.

En el capítulo 3 el profeta vuelve su mirada a su ciudad natal, con una amenaza segura. Judá había sido obstinada y rebelde. El profeta expone a la luz de la justicia y santidad de Jehová, los pecados de Judá. El llamado al arrepentimiento hecho a sus vecinos, parece haber caído en oídos sordos. Luego afirma el profeta que el remanente de los temerosos en Dios, no sufrirá daño alguno, por cuanto su Dios los protegerá. Estas

gentes salvadas del peligro, constituirían el rebaño de
Dios que estaría siempre en su presencia. Las promesas
de salvación dadas por Dios al través de este remanente, es una de las características espirituales sobresalientes en el mensaje de los profetas. Sofonías supli-
ca a Dios que la paciencia se prolongue hasta que sea
hallada una doble razón de castigo, o una oportunidad
más de arrepentimiento. Los gentiles deben ser juzga-
dos y destruídos, entretanto que Judá tiene para sí un
remanente de pueblo santo que será motivo de bendición sobre ella de parte de Dios. El grupo de redimidos
volverá con sus ofrendas a Sión, se establecerá en la
tierra para deshacer las transgresiones. Cuando quede
este pueblo finalmente establecido en su tierra, con
Dios como centro de su vida, Sión llegaría a ser un canto
en el corazón de las naciones y una plegaria muda en
el alma de cada creyente. Estos cantos de liberación y
regocijo, son una adecuada conclusión del libro de
Sofonías.

La porción más hermosa del libro, está en el capítulo 3 del 11-13. Las partes más valiosas, probablemente, son las del capítulo 1:2 al 2:3 y 3:1-13. Las profecías contra las naciones extranjeras en el capítulo 2:4-
15, revelan un pronunciado espíritu nacionalista.

Un breve e interesante bosquejo del libro, es el siguiente:

1:1-18. Una declaración de retribución.

2:1-3:8. Una exhortación al arrepentimiento.

3:9-20. Una promesa de redención.

LECCIONES PRACTICAS DE VALOR PERMANENTE

1. Lo que el hombre crea acerca de Dios, determinará
   su conducta, su presente y su futuro.

2. Es una verdad universal, que cada uno es según el dios a que adora y sirve.

3. La vida es un asunto tan serio, que debería ser usada en los esfuerzos más elevados y en las empresas más nobles.

4. La ira de Dios, es cosa terriblemente indescriptible, cuando cae sobre el hombre, a causa de los pecados.

5. Las advertencias ardientes, son seguramente necesarias, para hacernos regresar a la presencia de Dios.

6. El Señor asegura que todos los que humildemente le busquen, estarán seguros en él, el día de la destrucción.

7. Los ministros del Señor, deben poner especial énfasis en la naturaleza espiritual del reino de Dios.

8. Las promesas de gozo, desplazan a la lamentación; la tranquilidad seguirá a la tormenta, trayendo consuelo a los corazones atribulados.

9. El día de Jehová, día de ira, es inevitable para los hombres de cualquier raza.

10. Los propósitos de Dios, no están al servicio de la venganza, sino de la pureza y refinamiento espiritual de los que son salvos, o habrán de serlo.

ABDIAS

586 A. de C.

En Jerusalem o en Babilonia

El libro profético de Abdías, es el más pequeño en extensión, de todos los del Antiguo Testamento. Está escrito en contra de Edom, pequeño país al sur de Judá, el cual expresó grande gozo y hasta se burló de los judíos, a causa de la destrucción que les sobrevino. Jorge Adam Smith llama a este escrito: "Una oración indignada".

LA TIERRA DE EDOM

La historia de una familia envenenada por el rencor y furibundamente contenciosa, que nos conduce hacia atrás en la historia, hasta los remotos días de Jacob y Esaú; historia que se desenvuelve hasta nuestros ojos. Los descendientes de Esaú se establecieron, como ya hemos dicho anteriormente, al sur de Palestina; poseyendo una faja de tierra como de 160 kilómetros de longitud por 80 kilómetros de anchura, partiendo del extremo meridional del Mar Muerto hacia el occidente. Los edomitas poseyeron una parte montañosa, con numerosos valles fértiles aunque pequeños, provistos naturalmente por muchos torrentes que fecundaban aquellos jirones cultivables. La naturaleza rocosa de su tierra, constituía una inexpugnable barrera de defensa. Sela (Petra) Temán y Bosra, eran las ciudades principales en las cuales se refugiaban en tiempo de guerra. La ciudad de Petra, era uno de los portentos arquitectónicos de aquellas edades. Tenía acantilados de roca, con alturas en muchos casos, superiores a 200 metros. Las habitaciones de la ciudad, estaban construídas en las grietas y hendeduras de la roca en una barranca de 1 y medio kilómetro de longitud; de modo que por cualquier extremo que los enemigos atacaran, serían fácilmente rechazados. Estando situada a lo largo de una ruta de caravanas, llegó a ser un centro comercial como pocos. Para asombro de los viajeros, todavía permanecen entre los riscos restos de edificios de piedra color de rosa, incrustados en los inmensos muros de roca. Las rocas de color púrpura, de hierro y manganeso, le dan un aspecto a la vez que extraño y solitario, indescriptiblemente solemne y bello.

Los idumeos, o edomitas, rehusaron permitir a Israel pasar por sus dominios hacia Canaán cuando el éxodo, Núm. 20. En la batalla de Israel por la conquista de Palestina, los idumeos lucharon en contra de Israel. David sojuzgó a la tierra de Edom y esa sujeción se prolongó por todo el tiempo de Salomón. En los días de Achaz los idumeos se rebelaron recuperando su libertad. Cuando Nabucodonosor subió contra Judá en 587 A. de C., no sabemos exactamente cómo quedaron. Judas Macabeo arremetió contra ellos desalojándolos del sur de Judá en 164 A. de C. Juan Hyrcano los obligó más tarde a aceptar el judaísmo. Los idumeos eran muy despreciados por los judíos en los días del Nuevo Testamento. De una familia de idumeos, salieron todos los herodes que gobernaron a Palestina durante el Imperio Romano. Después de la destrucción de Jerusalem, ocurrida en el año 70 D. de C., los idumeos desaparecen para siempre del escenario histórico.

Harrell dice de los edomitas: "Desde el día en que Jacob astutamente escamoteó la bendición de la primogenitura a su hermano Esaú, quedó en una situación muy comprometida. Las dificultades de familia, fueron amargas y trágicas. Sin embargo, a pesar de ser parientes tan cercanos, había diferencias profundas de carácter entre los idumeos descendientes de Esaú y los hebreos procedentes de Jacob. Las diferencias generales entre Jacob y Esaú, circulaban en su propia sangre y en la de sus descendientes. Los idumeos, como su padre Esaú, eran de tendencias sensuales, carnales, materialistas, sin ninguna inclinación por lo invisible e inmaterial y sin ningunas ambiciones para el futuro. Vivían para comer, para el pillaje y para la venganza y sin una idea nacional definida. Es de llamar la atención el hecho de que en ninguna parte del Antiguo Testamento se mencionan los dioses de los edomitas.

"Indudablemente que los tenían, como toda otra nación, pero debieron ser sus ídolos tan rústicos y faltos de atracción, que no lograron impresionar en lo más mínimo a Israel, que tanto se entregó a la adoración de los ídolos de las otras naciones vecinas."[1]

EL PROFETA

Nada se sabe del autor de estos 21 versículos, excepto lo poco que se puede inferir de sus propias palabras. El nombre de Abdías, es muy común en los escritos del

---

[1] *Ibid.*, p. 166.

Antiguo Testamento; Dlitzsch sugiere que el hombre enviado por Josafat en calidad de Maestro para el pueblo, fue probablemente el autor de estas líneas, 2 de Crón. 17:7. El nombre significa: "Adorador de Jehová" o "Siervo de Jehová" de acuerdo con la vocalización de la palabra.

Podemos saber por el contenido del libro, que el profeta era un hombre piadoso, patriota, de naturaleza espiritual y emocional muy sensibles; residente de Judea, quien puso en estas palabras algo de la llama patriótica y religiosa de su propia alma. El profeta se sentía seriamente lastimado por la falta de decencia de sus vecinos, manifestada en todas sus relaciones humanas. Con un severo lenguaje denunció a los orgullosos pecadores el inevitable castigo procedente de Dios. Parece que Abdías estaba completamente resuelto a esperar que Dios a su debido tiempo destruyera la fortaleza edomita, porque él tenía completa confianza en que el Señor se glorificaría así mismo, en su completa y gloriosa victoria sobre Edom. Esta profecía está a salvo del rígido criticismo, por el espíritu manifestado en el último versículo que dice: "Y el reino será de Jehová."

EL LIBRO

El tema predominante en el libro, es la destrucción de Edom. Nada puede salvar a la nación culpable. Las recias rocas, las ciudades inexpugnables, los estrechos acantilados ni los altivos y orgullosos guerreros podrían desviar el castigo decretado por Dios. Sus artificios serían abolidos, su rico comercio aniquilado y su poder quebrantados; su orgullo y arrogancia humillados y finalmente, su nombre olvidado para siempre. Dios estaba listo ya, para poner fin al sórdido egoísmo, a su

amor a la injusticia, a su perfidia, a su odio, su arrogancia y su vana seguridad.

La ocasión y la fecha. ¿Qué fue lo que ocasionó tal
desastre contra Edom? ¿Por qué Abdías fue tan áspe-
ro en sus palabras de denuncia contra Edom? Cuando
la ciudad de Jerusalem estaba en su hora más trágica de
derrota, saqueo y pillaje, los idumeos desplegaron un
espíritu inhumano hacia el pueblo de Judá. Mientras
los enemigos consumaban su feroz asalto y se ensaña-
ban contra los habitantes del reino del Sur, los idumeos, con inhumano regocijo y con pecaminoso deleite,
celebraban la calamidad venida sobre Jerusalem. Ellos,
los idumeos, ayudaron a los enemigos, capturando a
los fugitivos israelitas, entregando a algunos al enemigo, esclavizando a otros, vendiendo a los más y saquean-
do también a los vencidos. ¿Cuándo se produjo este
ataque artero de los hijos de Edom? El profeta dice:

*El día de su quebrantamiento... el día de su que-
branto... el día de su calamidad.*

Esta era la quinta invasión de Jerusalem que había
causado terribles estragos a ella y a sus habitantes.
Sisac de Egipto, arremetió contra ella en días de Roboam hijo de Salomón. Después, los filisteos y los árabes, le ocasionaron daños, durante el reinado de Joram. Joas de Israel, la tomó en días del rey Amasías.
Más tarde, Rezín rey de Damasco y Peka, rey de Israel, la capturaron en días de Achaz, antes que Tiglat
Pileser pudiera venir en su auxilio. Nabucodonosor,
rey de Babilonia fue el último en esta época en tomarla y llevarse cautivos a muchos del pueblo, en 587.

A falta de datos exactos, en el propio libro, se puede
colocar la ocasión histórica, entre los años 845 cuando

reinaba Joram y 587, cuando cayó en manos de Nabucodonosor. Abdías sería uno de los profetas más recientes, si hubiera escrito su libro después de la caída de Jerusalem. Pudiera resultar mucho más fácil hallar la ocasión del libro en la captura que de Jerusalem hizo Nabucodonosor, por las citas que parece que Abdías hace directamente del libro de Jeremías, concernientes a Edom, halladas en Jeremías 49:7-22, o inferir que ambos profetas citaron de algún manuscrito anterior a los de ellos. Si estas palabras de Jeremías fueron dichas en los primeros días del rey Joacim, entonces hay que concluir con que Abdías profetizó antes de la trágica caída de Jerusalem. Pero parece más razonable, por muchos conceptos, aceptar las opiniones de Kirkpatrick, de Dlitzsch y Orelli, quienes están de común acuerdo en que Abdías está describiendo la mala conducta de los edomitas, durante la invasión de los filisteos y los árabes, ocurrida en el reinado de Joram entre 848 y 844. De acuerdo con esta teoría Abdías sería uno de los profetas más remotos en cuanto a tiempo.

Wellhousen sostiene que los versículos 10 al 14, describen la actitud de Edom en la caída de Jerusalem, entre tanto que los versículos 1 al 9, lo que ya había sucedido a Edom, en vez de referirse a un hecho futuro. El considera que la conclusión del libro debió haberse realizado antes de que terminara el siglo V A. de C. Farley dice: "Los versículos 1 al 9, quizás también el 10, son anteriores a la cautividad y obtenidos de alguna escritura más antigua, mientras que los versículos 11 al 21, pertenecen al exilio, o bien, son posteriores a él."[2] Kirkpatrick dice: "Mucho se ha dicho

---

[2] *Ibid.,* p. 211.

ya en cuanto a la unidad del libro de Abdías. Evidentemente que forma un todo simétrico. La caída de Edom está naturalmente seguida de la causa por la cual cayó, mientras que las promesas de restauración de Judá constituyen el natural contraste a la fatalidad de Edom, y una conclusión muy apropiada de la profecía."[3]

Bosquejo:

Vs. 1 al 9: Edom debe ser destruída.

Vs. 10 al 14: Las razones en que se funda la destrucción.

Vs. 15 al 21: La exaltación de Israel y la humillación de Edom.

LECCIONES PRACTICAS DE VALOR PERMANENTE

En este libro, de proporciones tan pequeñas, no esperamos hallar un gran acervo de material para la predicación. Pudiera ser que uno estuviera dispuesto a pasar por alto estos versículos, colmados de indignación, pensando que no tienen lecciones de valor para nosotros. Sin embargo, hallamos en ellos, una denuncia enérgica de la dureza humana, la cual permanece inafectable frente a la calamidad y el desastre de los demás, sin ninguna disposición de ayudar a sus semejantes. Se puede hallar también, una seria advertencia contra la enemistad, el odio, la envidia y la conducta humana carente de fraternidad. Pusey atinadamente llama a esta conducta: "La criminal y maliciosa mirada que se deleita con la calamidad; que se olvida del origen común de los humanos y de la mutua obligación

---

[3] *Ibid.*, p. 39.

246 LOS PROFETAS DEL ANTIGUO TESTAMENTO

moral de protección recíproca, que es la peor de las manifestaciones del odio humano. Esta fue una de las contumacias humanas, frente a la cruz del Calvario, cuando escarnecían al Señor Jesús."[4]

Abdías creyó en un Dios que mantiene en su potente mano, el dominio pleno sobre el universo y cada una de las fases de la creación, en particular y que todo está gobernado conforme a la ley de la justicia. Estaba completamente seguro de la integridad inflexible de Dios. Jehová está empeñado en el cumplimiento de sus propósitos sobre todas las naciones; pero especialmente pone sus afectos en su pueblo escogido.

1. Las defensas humanas, resultan inútiles, cuando el poder de Dios se abate sobre los hombres.
2. Siempre es ridículamente malo que el hombre se engolfe en su orgullo vano, lo cual puede llegar a significar que cierra para siempre su corazón a toda necesidad humana y fraternal.
3. El juicio eterno y divino, al fin prevalecerá.
4. El orgullo viene antes de la destrucción; la humillación del espíritu, después de la caída.
5. Dios revela a su debido tiempo sus propósitos santos de justicia.
6. Es cosa criminal regocijarse en la calamidad de otros, y hallar deleite en los infortunios de los demás.
7. Ningún profano espere hallar favor en la mano divina del Dios que nunca ha sido temido ni amado.
8. El reino de Dios vendrá. Esta es la más preciosa evidencia de que Dios alcanzará resonante victoria.

---

[4] Citado por Farley en *The Progress of Prophecy*, p. 208. Usado con permiso de los editores: Fleming H. Revell.

9. Cadman dice: "Esto nos enseña, que el odio calla
a la voz de compasión, ciega la visión del alma,
corrompe a la sociedad y aflige y desmaya a las
multitudes inocentes y establece los sistemas políticos violentos, que llevan en sí mismos, el ger-
men de su propia ruina. Ningún nacionalismo que
limita el amor de Dios a fronteras y su justicia a
concepciones estrechas o restringe nuestras obligaciones morales a nosotros, es digno de ser aceptado y defendido."[5]

_____

[5] *Ibid.*, p. 149.

EZEQUIEL

592 a 571 A. de C.

En Babilonia

Este fiel predicador del exilio babilónico, es una monumental apelación para los ministros de cualquier lugar y de cualquier generación. Su método, su estilo, su celo y su peculiar efectividad, unidos a la solidez de su mensaje, serán una valiosa contribución al ministerio, para la buena dirección del pueblo a quien en el nombre del Señor, está sirviendo. Por más de 20 años, se constituyó en el valeroso caudillo de los cautivos israelitas.

LA EPOCA

En Jerusalem (598 a 587 A. de C.) el pueblo de Israel vivía en problema constante. Al rey Joacim lo sucedió en el trono su hijo Joachin, el cual reinó solamente tres meses, antes de que en unión con lo mejor del pueblo de Judá hubiera sido llevado prisionero a Babilonia. Ezequiel fue llevado en este g r u p o de 10,000 cautivos. Los tesoros del templo, los artesanos, los soldados, los príncipes y todo lo que era de valor, fue llevado a Babilonia. Sedecías fue dejado en el trono de Judá tan sólo con el carácter de gobernante auxiliar del rey de Babilonia. Jeremías era el predicador de Jehová en la ciudad de Jerusalem y sus contornos, el cual continuó trasmitiendo el mensaje de Dios a las gentes. Posiblemente Habacuc y Sofonías fueron contemporáneos de Ezequiel durante estos días de ruidosas conmociones. Los egipcios estaban constantemente clamando por la liberación del yugo caldeo y los hebreos también estaban buscando el apoyo egipcio con igual propósito. Jeremías recomendó la sumisión a Babilonia como el único modo de impedir la pérdida completa de la soberanía nacional. Como resultado de esta predicación patriótica, Jeremías se hizo impopular entre sus compatriotas. El fin del reino de Judá había llegado. En 587 A. de C., Nabucodonosor regresó para deponer a Sedecías, sofocar la rebelión y llevar consigo al resto del pueblo a establecerlo juntamente con los otros exiliados en las riberas del río Chebar. Esta fue la hora más trágica de Jerusalem; los muros derribados; las casas quemadas; el Templo destruído y el pueblo llevado a cautiverio, constituyeron la prueba más fehaciente del repudio divino. Jeremías y el pueblo, vieron plenamente cumplidas las predicciones proféticas y la ira de Dios manifestada sobre los pecadores.

En Babilonia (598 a 597), las condiciones eran completamente deplorables. Daniel y unos cuantos jóvenes judíos habían sido traídos de Jerusalem a Babilonia el año 606 A. de C. Ezequiel y las clases socialmente superiores de la nación judía fueron llevados en 598 A. de C. Podemos muy bien comprender que mientras por once años estos 10,000 vivían en el exilio, en un campo de concentración, en Babilonia, Jeremías continuaba con el resto del pueblo en las ruinas de Jerusalem. Los cautivos no habían tenido predicador alguno durante cinco años. Ezequiel comenzó sus funciones

proféticas en 593, y durante 6 años observó diligente-
mente cómo las predicciones de los profetas falsos
acerca de un pronto retorno a Jerusalem, se vinieron a
tierra; a su vez, contribuyó a preparar a sus hermanos
para la trágica nueva de la caída y de la destrucción
de Jerusalem.

Los cautivos hebreos fueron obligados a establecerse a lo largo del Canal de Chebar, al este de Babilonia,
la ciudad más bella del mundo en ese tiempo. Palacios,
jardines, templos, y fortificaciones fueron multiplica-
dos hasta hacer de ella, la ciudad más notable del Este
y la Señora del mundo en su tiempo. El pueblo judío
pasó; su Templo estaba en ruinas; la vida nacional
estaba en bancarrota; de modo que cualquier oportunidad de afianzamiento y prosperidad, parecía ilusio-
ria. Los escritos aparecieron entre ellos en su oportunidad. Los rabíes, los maestros, los escribas y los lectores, al fin aparecieron en escena para ayudar al pueblo en sus discusiones y en sus investigaciones. Abun-
daron los falsos profetas. Las quejas, las murmuraciones y los lamentos llenaron los aires. Ezequiel llama al
pueblo: "rebelde, imprudente, duro de corazón, con-
tumaz, cardos y escorpiones." Al servicio de tales gentes, dedicó Ezequiel los mejores años de su vida.

EL HOMBRE

Un erudito eminente dice que Ezequiel "es el hombre de mayor influencia en todo el curso de la historia
hebrea." En su vida joven, fue muy poderosamente
influído por la predicación de Jeremías y por el valor
y determinación de Josías en sus reformas religiosas.
Estos dos siervos de Dios ejercieron una poderosa influencia en él. Era Ezequiel, un cortesano joven y

aristócrata, descendiente de Sadoc. A pesar de los días problemáticos relacionados con la caída del Imperio de Asiria fue cosa fácil para Ezequiel mantener su orgullo de hebreo y su confianza en el futuro sacerdotal del pueblo escogido.

Cuando Joacim se rindió a los invasores en 598 A. de C., en el grupo de los diez mil exiliados a Babilonia, estaba el joven profeta. Vivió cinco años en el exilio sin la más leve idea de que llegaría a ser predicador. Quizás sus sueños estaban encaminados en el sentido de volver pronto a Jerusalem, y reasumir su vida natural entre sus amigos.

Su llamamiento. Dios puso sobre él su mano, llamándolo para ser profeta a los solitarios desterrados. En una forma muy dramática, nos describe su visión de Jehová y su llamamiento al servicio. El llegó al cargo de profeta, por la poderosa mano de aquel que puede ir en cualquier dirección; que tiene poder en todas partes; capaz de ver todas las cosas y que gobierna en todo el Universo. En un sentido muy real, le fue ordenado "comer el rollo" y luego, iniciar sus funciones de profeta. El mismo se encarga de relatarnos que fue a los desterrados a orillas del Canal de Chebar con amargura de espíritu. Afortunadamente, no comenzó a hacer su obra inmediatamente, sino que permaneció 7 días sin decir palabra. Durante este lapso, su enojo y su amargura se apartaron de él, quedando en aptitud de comprender el corazón de su pueblo. Ezequiel vio la vida al través de las ventanas de su aguda observación, y miró algunos de los problemas que estaban surgiendo en torno suyo. Podemos estar completamente seguros de que llegó a ser un mejor predicador después de esta preparación. Ahora sabía más acerca de su propia consagración, podía entender mejor a los humanos, estaba en aptitud de simpatizar con ellos, los amaba más y podía, por tanto, ayudarlos de modo más efectivo. No podemos comprender en todo su alcance su magnífica obra como pastor, maestro y predicador. Pero sabemos que fue un hombre de Dios, para una época crítica.

Su misión. Está claramente r e v e l a d a en su propio espíritu. Fue puesto por Dios para deshacer las falsas esperanzas de un retorno casi inmediato, como lo estaban enseñando los profetas falsos; apareció para interpretar a su pueblo, el significado del exilio; fue un comisionado para restituir las enseñanzas de la historia, los profetas y los salmos; para establecer nuevas formas de adoración y de vida en la nueva comunidad restaurada; para preservar las almas de Israel en Babilonia e inyectar nuevas esperanzas para el futuro de la nación. Su tarea era: advertir, exhortar, consolar, ahuyentar los temores, fundar las esperanzas del futuro y actuar como un hombre honesto, durante los días calamitosos de la cautividad. Hasta donde podemos darnos cuenta, en sus manos estaba todo el programa religioso de sus días entre los suyos. Cuando los otros cautivos llegaron en 587 A. de C., su trabajo se duplicó. Posiblemente su ministerio se prolongó por 22 años más o menos.

Su método de enseñanza es único. Su imaginación vívida, su estilo dramático, su mente creadora, sus estados psíquicos peculiares y la efectividad en la presentación de la verdad, hacen de él un profeta singular. Con el propósito de atraer poderosamente la atención de sus oyentes y observadores, y transmitir su mensaje, se cortó el cabello y la barba con una espada y dividiéndolos en partes iguales, esparció una al viento, quemó otra e hirió la tercera con la espada, dando una elocuente y vívida lección objetiva de cómo caería inevitablemente la ciudad de Jerusalem. Hizo a la vez una maqueta de la ciudad amada, con sus muros, al través de los cuales abrió una brecha, todo lo cual el pueblo miraba atónito. En lenguaje muy descriptivo relató una visita hecha a Jerusalem en visión, en que fue tomado por los cabellos y llevado sobre las montañas y los valles para que contemplara los males que se hacían en Jerusalem. Hizo uso de la historia como texto para muchos de sus sermones interpretando los hechos al pueblo. Como predicador, escritor, pastor y profeta de Dios, Ezequiel ocupa lugar muy prominente entre todos los profetas del Antiguo Testamento. Su naturaleza peculiar fue hábilmente usada por Dios como una contribución valiosa para la vida de Israel en el exilio.

Su carácter queda parcialmente descrito en lo que antecede. En adición a lo dicho, podemos añadir la observación de que tenía plena conciencia de que la mano de Dios era con él. Nunca se colocó fuera de las realidades. Matizó sus enseñanzas filosóficas con atractivos colores. Finalmente, se entregó sin reserva a la dirección divina de la que nunca careció. Gastó mucho tiempo en la meditación y en la profundización del pensamiento. A causa de sus hondas convicciones y de sus valerosas determinaciones, se le considera como uno de los hombres más estrictos moralmente hablando, de su época, lo cual le ganó la impopularidad. Su corazón estaba poseído de una gran simpatía hacia su pueblo, para el que sentía también un gran amor; pues estaba urgentemente necesitado de un pastor.

Jehová lo usó poderosamente en la realización de su voluntad entre los cautivos del Río de Chebar.

EL LIBRO

El libro de Ezequiel tiene evidencias abundantes de que fue cuidadosamente planeado y correctamente fechado. Es ordenado, sistemático y está bien bosquejado. Osterley y Robinson sostienen que Ezequiel profetizó en Jerusalem entre 602 y 597 A. de C., y que los capítulos 1 al 24 fueron escritos aquí durante esos años. No es necesario adoptar tal teoría en virtud de que toda la evidencia es contraria. Nosotros creemos que los capítulos uno al veinticuatro fueron escritos en Babilonia durante los años 593 a 587 A. de C., y los capítulos 25 al 48 escritos en el mismo lugar, después de la caída de Jerusalem ocurrida en 587 A. de C.

Bosquejo: el libro puede bosquejarse de la siguiente manera:

I. 1 al 24 Caída segura de Jerusalem (593-587).

    Caps. 1 al 3 Visión y llamamiento.
    Caps. 4 al 24 Pecados denunciados.

II. 25 al 48 Nuevas esperanzas para el futuro (587-571).

    Caps. 25-32 Siete naciones vecinas, denunciadas.
    Caps. 33-48 Israel debe ser restaurado y bendecido.
       33-39 Concerniente al pueblo.
       40-48 En relación con la adoración en el nuevo Templo.
       40-43 El Templo.
       44-46 ¿Quién puede entrar en él?
       47-48 Bendiciones para todos.

PORCIONES PREDICABLES

El libro de Ezequiel es rico y ameno en enseñanzas y verdades espirituales directas, que llegan con fuerza al corazón humano. Al través de su lectura nos acercamos a Dios hasta contemplarlo cara a cara en toda su magnificencia y eternidad, cuyo poder absoluto se revela constantemente de gloria en gloria. El gobierno ejercido por él en el mundo, le ha exhibido como un ser celoso de su honor, y en el ejercicio de su gobierno, es completamente imparcial; incluso cuando envía sufrimiento sobre los hombres. En los principales pasajes, Dios aparece vitalmente interesado en su pueblo, dispuesto siempre a aceptar el arrepentimiento de parte de ellos y a recompensarlos. Jehová mirará al hombre que sufre por sus pecados y en su justicia otorgará un perdón completo a todo aquel que sinceramente se convierta. Ezequiel presenta a Dios como a un pastor diligente el cual no descansa hasta conducir a todas sus ovejas al redil.

La abundante gracia de Dios, responde adecuada y satisfactoriamente a las necesidades de la salvación del hombre. El antiguo corazón de piedra, puede ser removido solamente por la mano divina. El Espíritu Santo siempre está dispuesto para escribir la Ley divina en el corazón de los hombres. Ezequiel es el que más da énfasis a la responsabilidad individual delante de Dios. La idea de que algún día obtuviera su religión en su calidad de miembro de una nación y nada más, sería en verdad una idea extraña y hasta revolucionaria; pero tanto Ezequiel como Jeremías, sostienen que el hombre tiene individualmente, el derecho y el deber de servir y adorar a Dios. Cuando el hombre acepta tal derecho, debe estar preparado para aceptar también los deberes que tal derecho entraña y permanecer en pie, ante un juicio que de parte de Dios será imparcial. Ninguna culpa y ningún mérito pueden ser transferidos a otra persona. Farley dice: "Tan fuertemente hizo Ezequiel sentir esta responsabilidad, que resulta muy desemejante a sus antecesores, hablando en nombre de Dios a la nación. Era menester que el profeta llegara a ser un pastor con una doctrina individual; fue portador de un mensaje característicamente personal."[1]

Nuestro Salvador hizo énfasis y hasta embelleció muchas de las verdades predicadas por Ezequiel. Algunas de ellas, como la eficacia del arrepentimiento, el supremo valor del alma individual, la horrenda y trágica naturaleza del pecado exhibida en la ingratitud de un pueblo, la necesidad de un nuevo corazón y el cuadro de la amorosa misericordia de Dios perdonando a cualquier alma que proceda al arrepentimiento, tuvieron origen más definido en el profeta del exilio.

Pasajes de gran significación:

Hijo del hombre, yo te envío a los hijos de Israel . . . y les dirás: . . . levantóme pues el espíritu, y me tomó; y fuí en amargura, . . . mas la mano de Jehová era fuerte sobre mí. Y vine a los trasportados en Telabib, que moraban junto al río de Chebar, y asenté donde ellos estaban asentados, y allí permanecí siete días atónito entre ellos (2:3-3:15).

El llamamiento a Ezequiel a abandonar un hogar cómodo e ir a predicar a los cautivos de Telabib vino

---

[1] *Ibid.,* p. 190.

como una indeseable interrupción en su vida. El sintió
que la mano de Dios estaba sobre sí y experimentó la
compulsión divina que no podía resistir; así que fue en
amargura de espíritu, a su desagradable tarea. Afortunadamente para él y para su pueblo, no comenzó su
predicación inmediatamente sino que permaneció callado por toda una semana. Esta experiencia le dio una
idea clara y completa de los problemas de su pueblo,
de sus miserias y de sus más lamentables necesidades.
El predicador que sea capaz de ver como Ezequiel, las
necesidades de su pueblo, estará en condiciones, como
él, de dar orientación y hacer provisión segura para su
pueblo. Si el esposo y la esposa, si el padre y el hijo, el
pastor y el pueblo, el patrón y el obrero, quisieran adoptar estos principios en sus relaciones mutuas, muchos
pesares y amarguras y penas, podrían evitarse. Ello resultaría en un creciente conocimiento, en una amplia
simpatía, en un profundo amor, en un pleno gozo y
en el establecimiento de mejores relaciones humanas.
Ezequiel fue un gran predicador, con un verdadero
corazón pastoral.

*Hijo del hombre, yo te he puesto por atalaya . . .
amonestarlos has de mi parte . . . y tú no le amonestares, . . . su sangre demandaré de tu mano. Y si tú amonestares al impío, . . . tú habrás librado tu alma* (3:17-
19).

¡Qué tremenda responsabilidad puso Dios en su atalaya! ¿Cómo podemos ser indiferentes, perezosos y descuidados, a la luz de estas terminantes palabras? Ezequiel oyó la palabra de Dios que puso sobre él la responsabilidad de amonestar. Se le dice: "Si tú vieres la
maldad venir y amonestares al impío, él puede perecer

en sus pecados; pero tú eres libre de su alma. Pero si tú no lo amonestares del peligro y muere en su pecado, yo demandaré su sangre de tu mano. ¿Cuál es tu respuesta personal a estas palabras? ¿Cómo podremos eludir la responsabilidad que entrañan? ¿Por qué no aceptarlas en toda su trascendencia, como una verdad que nos atañe? (33:1-9).

Y darles he un corazón, y espíritu nuevo daré en sus entrañas: ... y me sean por pueblo, y yo sea a ellos por Dios (11:19-20).

Ezequiel secunda eficazmente a Jeremías en las demandas de una religión individual y espiritual. Esta es, en un sentido definitivo, la religión que Dios demanda de cada hombre. El corazón requiere una reparación; en todo caso, se hará provisión de parte de Dios, de uno nuevo. El formulismo religioso debe ser dejado atrás. El énfasis espiritual pondrá al hombre en contacto directo con Dios, el cual transformará su pensamiento, su culto, su carácter y su fidelidad. Un nuevo espíritu le será dado por Jehová (18:31; 36:26).

¿ .. Los padres comieron el agraz, y los dientes de los hijos tienen la dentera? ... he aquí que todas las almas son mías; ... el alma que pecare, esa morirá ... ¿Y por qué moriréis, casa de Israel? Que no quiero la muerte del que muere. (18:2-32).

En este capítulo, la religión personal halla su expresión más definida y rica. La responsabilidad individual está presentada directa y efectivamente. En los versículos 1 al 20 declara que la posición de un hombre ante Dios, no se determina por sus antecedentes. El padre (5-9), por su justicia vivirá. El hijo (10-13), que eli-

giere la injusticia, morirá. El nieto (14-17), si es
justo, por su justicia vivirá. Descender de notables an-
cestros piadosos, no es señal ni garantía de liberación
individual. En los versículos 21-29, que el estar o no
en pie delante de Dios, no se determina por la buena
o mala conducta pasada. Dios rehusa obrar capricho-
samente. En los versos 30-32, Ezequiel apela a la libertad individual que cada hombre tiene para proceder al
arrepentimiento ante un Dios que perdona. Dios es
misericordioso, lleno de gracias y con una compasión
siempre dispuesta a otorgar el perdón más alto al alma
que desea ejercer su soberanía en el arrepentimiento.
El elemento volitivo está claramente delineado en
esta doctrina. ningún hombre debe ser estorbado por
ninguna cosa cuando él comprende que la Gracia de
Dios es gratuita y desea ser perdonado.

*Vivo yo, dice el Señor Jehová, que no quiero la muer-
te del impío, sino que se torne el impío de su camino,
y que viva. Volveos, volveos de vuestros malos caminos:
¿Y por qué moriréis oh casa de Israel?* (33:11).

Dios expresa en estas palabras, su grandioso amor
hacia el hombre. Impropiamente ha sido descrito por
algunos extravagantes como un Dios tirano y cruel que
haya infinito placer en aplicar penas a los humanos.
Ezequiel, sin embargo, descubre en él a un Dios clemente cuyo placer no está en herir o matar, sino en
amar al hombre con un amor tierno y compasivo. Su
propósito salvador, incluye una gozosa bienvenida a
todo aquel que respondiendo a su llamamiento, regresa
a su seno. La pregunta placentera del pastor se propone
despertar en todo errabundo de la vida, el deseo de
volver al amante regazo del padre. Esta pregunta es-

tará en pie entre tanto haya almas extraviadas en el camino.

¡Ay de los pastores de Israel, que se apacientan a sí mismos! ... Coméis ... os vestís ... la gruesa degolláis, no apacentáis las ovejas ... Y anduvieron perdidas ... y no hubo quien buscase, ni quien requiriese (34:2-6).

Hállase en estos versículos descrita en colores sombríos la infidelidad de los pretendidos pastores de los días de Ezequiel. El rebaño era desparramado, desatendido, padecía hambre, mientras que los egoístas pastores se obsequiaban a sí mismos descansando en lujosos reclinatorios sin ninguna noción de responsabilidad. Los guías espirituales, estaban empeñadísimos en obtener su propia alimentación, su lujoso vestido y su comodidad, pero ninguno paraba mientes en las necesidades del rebaño. El amor verdadero de los pastores, está totalmente encaminado a buscar la felicidad y bienestar de sus ovejas. Ninguno busca lo suyo propio, cuando de verdad ama a su rebaño. Otra vez el profeta ha dirigido su flecha hasta lo más profundo del ser. ¿Cómo es posible vivir con tanta indulgencia y de manera tan egoísta, mientras que los perdidos y ciegos vagan sin rumbo fijo? (Jer. 23:1-8; Zac. 11:17; Mat. 9:36; Marc. 6:34; Jud. 12).

He aquí, yo, yo requeriré mis ovejas y las reconoceré ... Yo las sacaré ... las juntaré ... las apacentaré ... yo buscaré la perdida ... y ligaré la perniquebrada ... yo las apacentaré (34:11-16).

El pastor verdadero, está representado aquí, amando entrañablemente a su rebaño e invirtiendo vida y

tiempo, en el cuidado y protección de sus ovejas. El
Señor Jesús debió haber tenido en su mente este pasaje, cuando habló de sí mismo como el Buen Pastor.
Ezequiel descubrió en Jehová al grande y amoroso Pastor de su pueblo, y de la humanidad, dedicando lo más
precioso y amado para sí mismo, en bien de su rebaño
al cual conducía, protegía y alimentaba. (Sal. 23; Jn.
10:8, 11; Mat. 9:36; 25:32; Luc. 19:10; Heb. 13:20; 1
Pedro 2:25.)

*Hijo del hombre, ¿vivirán estos huesos?... y pon-
dré mi Espíritu en vosotros, y viviréis (37:3-14).*

Con viveza, y realismo dramático poco comunes, presenta a Israel algunas perspectivas de vida. Un avivamiento, no estaba fuera de lo posible. Algunos de los
huesos secos, sin nervio, sin carne y sin sangre, podían
vivir. El descenso del Espíritu de Dios sobre ellos, les
comunicaría la vida. La misma verdad de antaño, es
necesaria hoy en un mundo en que abundan los huesos
secos en todas partes. Lo que el hombre de cualquier
lugar y tiempo ha necesitado siempre, es el Espíritu
Santo, con su poder renovador para producir verdaderos y permanentes avivamientos en el corazón humano
(Gén. 2:7 y Rev. 11:11).

*Y he aquí aguas que salían de debajo del umbral de
la casa hacia el oriente:... y vivirá todo lo que entra-
re en este arroyo... y su fruto será para comer, y su
hoja para medicina (47:1-12).*

El agua de la vida es figura favorita en los escritos del
Antiguo Testamento. Los desiertos áridos, necesitan
del agua para hacer posible la vida. Estas fuentes de
cristalinas aguas, que Ezequiel vio fluyendo del Tem-

plo de Jerusalem, iban hacia los desiertos de Arabia. Obteniendo a cada paso estas corrientes una profundidad mayor y dejando en su trayecto, vida, salud y frutos abundantes. Este es el único y eficaz remedio, necesario a los males. Jesús tomó esta figura del agua como base de su conversación con la mujer de Samaria junto al pozo de Jacob. (Sal. 1:3; 46:4; Joel 3:18; Zac. 14:8; Jn. 4:7-15; 7:38; Rev. 22:1,2.)

LECCIONES PRACTICAS DE VALOR PERMANENTE

1. El corazón de Dios anhela siempre la salvación del hombre.
2. Cada hombre debe responder por sus propios pecados.
3. El ministro que provoca penas y despierta murmuraciones, está deshonrando su ministerio.
4. La voluntad humana, es la que finalmente determina el destino humano, y no las relaciones de familia, o la influencia del ambiente.
5. La ineludible responsabilidad humana que descansa sobre cada uno de los que son portadores del mensaje divino.
6. Un énfasis apropiado, debe ser hecho sobre la vida religiosa, si esperamos verdaderos cambios en la conducta humana.
7. Ezequiel nos ayuda a entender mejor la eficacia del arrepentimiento y la realidad de la expiación.
8. Dios procura hacernos comprender el profundo significado de su amor, expresado en la historia de el Buen Pastor.
9. De Dios proceden las corrientes de agua viva, que hacen posible la salud celestial para todo hombre que desea beberlas y vivir.

10. Antes de que alguno pueda ser un buen maestro,
    pastor o predicador, debe ser capaz de conocer a
    fondo los problemas de los demás, tan bien como
    los suyos propios.

J O N A S

800 A. de C. En Israel

¿Qué predicador sincero no ha deseado hacer algo para ayudar a los hombres a descubrir los inmensos tesoros que yacen sepultados detrás de una interpretación correcta del libro de Jonás? Algunos han dado interpretaciones ridículas a este libro con la aparente intención de dar un pasatiempo a los lectores. Pero nosotros volvamos nuestra mirada y pensamientos al libro, a fin de captar el punto de vista de aquello que nos puede ayudar a amar el mensaje divino hallado en él y también para que podamos enseñarlo inteligentemente.

¿COMO SE INTERPRETA EL LIBRO?

Solamente consideraremos tres interpretaciones:

1. La interpretación mística. En ésta, se sostiene que Jonás es un personaje completamente ficticio; que es místico y por tanto, con una experiencia imaginaria.

2. La interpretación *alegórica*. De acuerdo con ésta, el libro contiene una parábola arreglada con fines didácticos. Jonás es el tipo humano del pueblo de Israel, el gran pez representa el cautiverio de Israel.

3. La interpretación *histórica*. En ella se afirma que los hechos consignados en el relato son históricamente verdaderos, literales. Cristianos y judíos han sostenido

esta opinión uniforme hasta hace unos 100 años. El autor de Tobías, el de los Macabeos y Josefo, lo consideran como una historia literal. Tobías amonesta a su hijo (14:8), a huir de Nínive, porque la predicción de Jonás, estaba a punto de cumplirse. Si el evento no es cierto, sino una mera invención, entonces sobre el autor recae un tremendo estigma en virtud de que se le consideró fiel predicador de Israel, a quien en 2 de Reyes 14:25, se le llama por nombre.

LA EPOCA

Queda dicho ya por el autor de 2 de Reyes, que Jonás vivió en los días de Jeroboam II. Históricamente, sabemos que este poderoso rey de Israel extendió sus dominios desde el lejano reino de Hamat, en el norte, hasta el extremo meridional del Mar Muerto. Mientras en su reino había paz y prosperidad, los asirios estaban siendo rechazados casi en todas partes y obligados a replegarse a sus propios dominios por algunas de las naciones vecinas. Entre tanto, Uzías edificaba y fortalecía el reino del sur. Lado a lado, estos dos vigorosos reinos, crecieron y prosperaron. Abad-nirari (810 a 782 A. de C.) de Asiria, hizo tres incursiones a Palestina, para mantener a sus tributarios vecinos en obediencia, pero nunca molestó a Jeroboam.

Aconteció que un día de excesos sin paralelo y de lujos incomparables, Jonás hijo de Amitai empezó a predicar en Israel. Israel no estaba dispuesto en modo alguno, a fraternizar con los pueblos vecinos. Un estrecho y hasta necio nacionalismo, se había desenvuelto en sus corazones. Israel era el pueblo escogido de Dios y había tenido varias disputas y guerras con casi todas las naciones cercanas. Ninguna nación había escapado a las consecuencias de su espíritu nacionalista. Ciertamente, ningún hombre en Israel, amaba al pueblo de Nínive, capital de Asiria por el hecho de ser enemigo y además, gentil.

EL HOMBRE

Jonás el hijo de Amitai, nació probablemente a unos 7 kilómetros al norte de Nazareth. Era un predicador muy popular que daba buenas nuevas para el reino de Israel (2 de Reyes 14:25). Siendo como era, un exaltado nacionalista y amando fervorosamente a su tierra y a su pueblo, tuvo una dificultad muy grande en obedecer el mandato divino para ir a Nínive a anunciar la ruina de la ciudad, que solamente podía ser impedida por el arrepentimiento de sus habitantes. Odiando a Asiria como la odiaba, procuró escapar a fin de eludir el cumplimiento de la voluntad divina. No era en modo alguno un cobarde, pero sí un obstinado; impulsivo capaz de cometer muy serias equivocaciones y yerros. Tenía hasta cierto punto, una mente antisocial, lo cual le incapacitaba para procurar algún bien en favor del enemigo. Era temeroso de Dios, pero a pesar de ello, pretendió huir de él y deliberadamente rehusó ser empleado en la realización del plan divino encaminado a salvar una gran ciudad, como lo era Nínive. Era sin duda un poderoso predicador que ejercía inusitado poder e influencia en todo aquel que oía su mensaje.

EL LIBRO

El libro se atribuye unánimemente a Jonás y se reputa como producción literaria suya. No hay nada en el libro mismo que indique que haya sido escrito por él. Contiene un relato interesante de las peripecias del

profeta y de su conducta subsecuente delante de Jehová, después de la corrección que recibió. Farley dice:
"El libro de Jonás, por tanto, como otras muchas porciones del Antiguo Testamento, es una parábola; posiblemente la más grande del A. Testamento, que halla comparación solamente con las grandiosas parábo-
las de Jesús, como la del Hijo Pródigo, por ejemplo. Sin
embargo ya sea que el libro se considere como una historia literal, o como una alegoría, los propósitos son evi-
dentes, aunque cuando se considera como una parábola, toda dificultad en su interpretación desaparece. En
cualquier caso, el libro es en sí, una poderosa apelación
en favor de las misiones extranjeras."[1]

El libro de Jonás, puede ser llamado: "el comentario
de Dios en Abdías." Los judíos tienen la obra en muy
alta estimación. Ha sido elegido muchas veces como
la porción que debe ser leída el gran día de la Expiación. El gran erudito alemán, Cornill dice del libro:
"No puedo tomar este libro maravilloso en mis manos
o hablar acerca de él, sin que mis ojos se llenen de
lágrimas".

Análisis del libro. Se ofrecen a continuación dos bos-
quejos.

Capítulo

1: Desobediencia.—Huyendo de Dios.
2: Oración.—Volviendo a Dios.
3: Predicación.—Caminando con Dios.
4: Lamento.—Corriendo delante de Dios.

---

[1] *Ibid.,* p. 215.

Se ha sugerido otro bosquejo, como sigue:

1:1-3. Desobediencia.

1:4-16. Castigo.

1:17-2:10. Conservación.

3:1-4. Predicación en Nínive.

3:5-10. Perdón del pueblo.

4:1-11. El cuadro de un profeta de visión estrecha.

Algunos comentarios pertinentes. Posiblemente ayude al estudiante diligente en la estimación del libro, el hecho de conocer las opiniones de algunos buenos hombres de Dios, que lo han estudiado a fondo.

Cadman, por ejemplo, dice: "No es el de Jonás, un libro moderno en el Antiguo Testamento. Su ingenioso relato y su fuerza dramática, parten de las ideas religiosas, al calor de las cuales, el libro fue formado. Se asienta en él con fuerza, la hermosa verdad de que el Creador de todos los hombres no puede hacer distinciones de raza, credo o color, por cuanto todos los humanos son sus criaturas... El profeta escribió el documento que se considera debió aprender que, bueno es extender una mano auxiliadora a todo hombre en desgracia."[2]

Ward dice: "Por encima de los prejuicios humanos de todo tiempo, hallamos la inagotable misericordia de Dios, ofrecida al penitente. Todos los hombres de cualquier tiempo o clima, son criaturas de Dios. Sus pecados entristecen a Dios y su salvación le interesa sobremanera. El libro es un intento, desde su aparición, de inculcar a los judíos y a todo hombre exclusivista, la

---

[2] *Ibid.,* p. 182.

idea de que la gracia es el único medio por el cual Dios establece y confirma a su pueblo."[3]

Cohon dice: "El libro de Jonás, es evidentemente un ataque a la estrechés nacionalista judía de su tiempo, y una piedra fundamental de la universalidad. Dios es uno, y el linaje humano también es uno. Claramente al leer el libro de Jonás como historia, se suscitan algunos problemas a causa del estupendo milagro registrado en ella, al que algunos han explicado con ligereza, pervirtiendo en gran parte, el mensaje profético cayendo en burlescas y hasta insanas conclusiones."[4]

Montefiore agrega: "Este es el triunfo del judaísmo. El autor de Jonás corre parejas con el segundo Isaías como maestro constructor del judaísmo. Uno enseña la suprema verdad del monoteísmo absoluto; el otro, la grandiosa verdad de la unidad y fraternidad de la raza. Uno enseña la naturaleza de la misión de Israel; el otro la ilustra con su ejemplo. El servicio, y no los privilegios; o de otro modo, el privilegio del servicio; esta era la razón de la existencia de Israel."[5]

Gordon añade: "La más pura esencia de liberalismo judío se halla, sin embargo, en la noble concepción del libro de Jonás, porque posiblemente es la porción más semejante al espíritu de Cristo, hallada en todo el Antiguo Testamento."[6]

Jorge Adam Smith: "La verdad de más quilates que hallamos en el libro de Jonás, es una completa revelación de la voluntad divina, que debe ser obedecida en todas partes. Que Dios se agrada de los gentiles que

---

[3] *Ibid.,* p. 211.
[4] *Ibid.,* p. 219.
[5] *The Bible for Home Reading,* p. 419.
[6] *Ibid.,* p. 348.

vienen a él en genuino arrepentimiento, es cosa frecuentemente ilustrada en el Antiguo Testamento. Estas destacadas verdades del libro de Jonás, son paralelas a la segunda parte del libro de Isaías y más cercanamente del Nuevo Testamento."[7]

Cornill dice: "Este libro, aparentemente trivial, es uno de los más grandes y profundos que hayan sido escritos. Deseo decir a cada uno que desea aproximarse a él, 'que se quite las sandalias, porque el terreno que va a pisar, es santo.' En este libro, la profecía israelita deja victoriosa el campo de batalla y triunfa en su severa lucha contra sí misma, en virtud de la naturaleza nacionalista de los otros escritos."[8]

LECCIONES PRACTICAS DE VALOR PERMANENTE

1. La senda de la voluntad propia, es siempre de falsas consecuencias.
2. Si en la hora del desastre torna uno a Dios, el lo atiende.
3. Cuán necio y fútil es resistir la voluntad divina.
4. Cada corazón lleva en sí, la capacidad de conocer y recibir a Dios.
5. Dios conoce a todos los hombres, los ama y procura su salvación.
6. Los humanos, generalmente corren hacia la tormenta, en lugar de correr hacia Dios.
7. Es muy trágico tener que encontrarse con las tormentas de la vida, sin contar con la presencia de Dios.
8. Frecuentemente uno limita a Dios, por la desobediencia.

---

[7] *Ibid.*, p. 484.
[8] *Ibid.*, p. 457.
[8] *Ibid.*. p. 457.

9. El arrepentimiento verdadero, puede evitar la ca-
tástrofe predicha.
10. Ninguna tarea divinamente encomendada, debe ser
ligera y superficialmente considerada.
11. Finalmente, es imposible escapar de Dios.
12. Como Dios me ama a mí, ama a los otros hombres;
y a usted y a mí, nos ha dado la tarea de ganarlos.

JOEL

835 a 820 A. de C.

En Jerusalem

El nombre de Joel, aparece 14 veces en el Antiguo Testamento y está formado por dos hombres divinos: Jehová y El, que significan: "Jehová es Dios." El profeta vivió y predicó en los días de Joas, o durante los últimos años de la cuarta centuria, A. de C. El contenido de su mensaje es una apelación a Judá para que se arrepienta.

La ocasión. El pueblo estaba afrontando la plaga más devastadora de langostas que la tierra habitada por los judíos haya conocido jamás. Una ola tras otra de langosta descendía sobre ellos en sus campos. Como si la calamidad de la langosta fuera poco, una terrible sequía también se estaba abatiendo sobre toda la tierra, completando la ruina. Era una hora muy dolorosa. Los hombres estaban desesperados en su condición ruinosa, y por tanto, listos para oír al mensajero de Dios como el intérprete de la voluntad divina. Esta era una hora magnífica para el predicador. Ardientemente el profeta aparece ante el pueblo atemorizado con la invitación divina al arrepentimiento.

La fecha. Los investigadores del Antiguo Testamento, casi de manera unánime, le asignan una fecha pos-

terior al exilio hebreo. Esta afirmación se funda en el
hecho de que en el libro no se hace alusión a los asirios,
a los babilonios, a ninguno de los reyes de Judá o de
Israel ni a los reinos del norte ni del sur o de los
"lugares altos" (Bamoth). La palabra Israel, es usada
en lugar de la de Judá; el único santuario está en Jerusalem, el sacerdote es el director del santuario; el
énfasis principal está colocado sobre el ritual y en el
desenvolvimiento de la idea del Día de Jehová. Todas
estas consideraciones ayudan a fijar la fecha del libro,
la que después de muchas conclusiones, se sitúa en 432
A. de C. La relación en 3:2.

*Y allí entraré en juicio con ellos a causa de mi pue-
blo, y de Israel mi heredad, a los cuales esparcieron
entre las naciones, y partieron mi tierra:*

Esto parece indicar que el cautiverio ya había pasado.

Es significativo sin embargo, el hecho de que Joel
esté entre Oseas y Amós. Si Joel vivió después del
exilio, ¿por qué su libro figura entre los de los profetas
del siglo octavo? En los principios del reino de Joas,
el anciano sacerdote Joiada, estaba conduciendo los
asuntos del reino. El depuso a la usurpadora Atalía y
su religión de los baales. Puesto que el joven Joas no
tenía la edad suficiente para asumir sus responsabilidades de gobernante, en estas funciones los substituía
el Sumo Sacerdote. Como consecuencia inmediata a
la abolición del culto de Baal, siguió una restauración
religiosa notable del culto de Jehová en la tierra; el
Templo de Jerusalem volvió a ocupar su sitio de preferencia, en el corazón de Israel. Entonces las condiciones eran las mismas que las que describe Joel. Por estos

datos, muy lejanos y remotos, quizá no figuren las referencias a Asiria, Babilonia y Siria. En Joel, las naciones que estaban ocasionando problemas eran: Egipto, Filistia, Edom y Fenicia.

En adición a estas sugestiones ya señaladas, parece razonable que Amós cite a Joel en 3:16. En Amós 1:2, parece continuarse la idea de Joel, con referencia al "Día de Jehová" que fue muy familiar en los días de Amós. Llegaron a estar tan familiarizados con la idea, que pretendían interpretar su naturaleza y sus implicaciones. Por esta causa, Amós se vio compelido a sentir los principios de una interpretación correcta del día de Jehová. Kirkipatrick dice: "El argumento positivo para fijar al libro de Joel una fecha temprana, que me parece preponderante, y la fuerza de él para la fijación de una fecha posterior, disminuye en la investigación... No hay signo de apatía o de negligencia, en lo que Haggeo y Zacarías reprenden o de la desdeñosa indiferencia de lo que Malaquías censura... Es extremadamente difícil ver cómo Joel puede ser colocado en cualquier sitio posterior a la cautividad, sin considerar estas suposiciones."[1]

ANTECEDENTES

Si aceptamos la fecha más remota, tenemos que pensar que la ciudad de Jerusalem estaba real y efectivamente gobernada por los sacerdotes mientras que el pequeño rey llegaba a la edad apta para el gobierno. Atalía, como su madre Jezabel, había destruído la fe del pueblo de Dios. Joiada estaba poniendo las bases del reino sobre magníficos principios. Jehú, rey de Is-

---

[1] *Ibid.*, p. 71.

rael, estaba empeñado en quitar del reino todo vestigio de la mala influencia de Jezabel y del culto idolátrico establecido por ella en la tierra. Eliseo y su escuela de profetas, ejercieron una fuerte y benéfica influencia. Hazael, el cruel rey de Siria, se constituyó rápidamente en el terror de Israel y de todos los reinos cercanos. Salmanasar III de Asiria fue avanzando en dirección del oeste, en incontenible conquista. Este era un período de prueba para Palestina y su historia.

La langosta, el hambre, la sequía y la pobreza que siguieron a este desastre, prepararon al pueblo para oír los pensamientos de Dios. El miedo y la muerte por hambre, trajeron sobre el pueblo la desesperación; sólo una revelación de Dios podía ser útil en época tan aciaga. Dios por su parte estaba deseando que su pueblo le diera una oportunidad para probarle su amor.

EL HOMBRE

No es posible saber mucho acerca del profeta. Razonablemente puede creerse que vivió en Jerusalem y posiblemente era nativo de la ciudad. Era hombre piadoso, religioso y valiente predicador que en la hora más oportuna y necesaria, viene para entregar sus mensajes al pueblo escogido de Jehová. Posiblemente era de linaje sacerdotal, puesto que manifiesta estar familiarizado con los lugares del templo y conocer los programas religiosos. Tenía una individualidad distintiva y un modo original de abordar los problemas de sus días. Clara, directa y valerosamente afrontó los problemas que se le presentaban y sugería el remedio divino para resolverlos llamando la atención a su condición. Como predicador del arrepentimiento, ocupa lugar preponderante entre los profetas de Dios.

EL LIBRO

Los 73 versículos que forman el libro, están escritos en un estilo rítmico, elegante y apasionado. A causa de la frescura y elegancia de su estilo, han creído algunos que no sea tan antiguo como se piensa. El libro cita, o es citado por Isaías, Amós, Miqueas, Nahum, Sofonías, Abdías, Ezequiel y Malaquías.

Joel tiene dos divisiones naturales. En los primeros 37 versículos (1:1-2:17), el profeta llama al pueblo al arrepentimiento. En los siguientes 36 versículos (2:18-3:21), habla Jehová, prometiendo exterminar la plaga, dar prosperidad y conceder abundantes bendiciones espirituales.

Brice divide el libro en la siguiente forma:[2]

1:1-2:11. La devastación. La señal del juicio.
2:2-17. Súplica. El llamamiento al arrepentimiento.
2:18-3:21. Restauración. Las bendiciones de Dios.

¿Cuál es la interpretación de la langosta en el capítulo dos uno al once? Se ofrecen tres interpretaciones.

1. *La interpretación alegórica.* Conforme a ésta, las langostas se refieren a los ejércitos enemigos que estaban constantemente invadiendo a Israel, para despojarlo de sus bienes.

2. *La interpretación apocalíptica.* De acuerdo con ella, las langostas en consideración, simbolizan a los ejércitos terrenales que librarán la última batalla, como se lee en Rev. 9.

3. *La actual o histórica.* Según ella, las langostas fueron reales, literales, a las cuales Joel vio descender en enjambres sobre la vegetación de la tierra para devo-

---

[2] *Ibid.*, pp. 13,14.

ıarla. Sin duda, esta es la interpretación más correcta y satisfactoria.

VERSICULOS DE GRAN SIGNIFICACION

Oid esto, viejos, y escuchad, todos los moradores de la tierra (1:2).

Joel estaba interesado en que el pueblo de Jerusalem no perdiera la significación de aquella calamidad. Se encararon a ella y no debía ser fácilmente olvidada. A la vista y alcance de cada uno, está el hecho desastroso. Ellos, por otra parte, eran culpables de pecado, consciente o no; y era menester que el castigo viniera sobre ellos. El quería que su pueblo viera en aquello, la mano de Dios que estaba empuñando la vara del castigo. Ante este sufrimiento, los hijos de Israel podían reaccionar de diferentes maneras, pues aquel desafortunado acontecimiento, bien podía producir piedad, cínica dureza o petrificante indiferencia. Pero Joel quería que pensando acerca de sí mismos como ofensores de Dios, procedieran al arrepentimiento que les traería como consecuencia el perdón divino.

Pregonad ayuno, llamad a congregación; congregad los ancianos y todos los moradores de la tierra en la casa de Jehová vuestro Dios, y clamad a Jehová (1:14).

Después del diagnóstico hecho por Joel, prontamente les recomienda el remedio. Todas las personas que formaban la comunidad debían congregarse y reconocer humildemente que aquel desastre procedía de la mano amorosa y severa de Jehová. Les recomienda reunirse en asamblea solemne uniendo sus plegarias a Dios en demanda de misericordia y liberación de aquella destructora plaga. Prontamente la oración y el arrepentimiento traerían el perdón de parte de Dios. Una aterradora crisis, que produce un sincero regreso a Dios.

Por eso pues ahora, dice Jehová, convertíos a mí con todo vuestro corazón, con ayuno y lloro y llanto. Y lacerad vuestro corazón, y no vuestros vestidos; y convertíos a Jehová vuestro Dios; porque misericordioso es y clemente, tardo para la ira, y grande en misericordia, y que se arrepiente del castigo (2:12,13).

Joel convoca al pueblo a elevar sus oraciones nacidas del corazón y producidas por un estado verdaderamente arrepentido del alma. Todavía es tiempo de hacer correcciones y enmiendas a la vida y volverse de sus pecados favoritos, advirtiéndoles que Dios tiene calamidades mayores preparadas, si persisten obstinadamente en sus pecados. Todos sus propósitos con la fuerza moral que debía caracterizarlos. incluyendo el intelecto y las afecciones del ser, debían tornarse a Dios. Con un dolor genuino motivado por el pecado y lloro y gemido, debían apresuradamente postrarse ante el compasivo Dios de amor, quien podía restañar su herida. Driver dice: "El profeta demanda por el pecado, un dolor profundo, una pena capaz, figuradamente hablando, de hacer que se rindiera y se ablandara el corazón de piedra, y lo hiciera accesible a los pensamientos de Dios. Compárese los corazones de los días de Joel con los de todos los tiempos, con aquél de que se habla en el Salmo 51:17 "quebrantado, contrito y humillado."[3] El carácter de Dios es de tal naturaleza, que

---

[3] *Ibid.,* p. 57.

el hombre puede depender de él cuando de verdad ha experimentado un genuino arrepentimiento.

Y Jehová celará su tierra, y perdonará su pueblo (2:18).

Con estas significativas palabras comienza Joel la segunda parte de su libro. Podemos imaginar cómo se opera un cambio completo, después del capítulo dos y versículo 17. De una escena de lloro, oración y arrepentimiento, con sus faces inclinadas delante de Dios, se pasa a otra de diferente naturaleza en la que aparecen las promesas de Dios. El profeta ha concluído su trabajo. Este acontecimiento debe recordarnos que Dios responde a nuestras oraciones genuinamente nacidas del corazón. La langosta debía ser destruída, las urgentes lluvias debían descender sobre la agrietada tierra, el pueblo debería gozarse en la renovación del favor divino. Joel se siente feliz de anunciar el fiel cumplimiento de estos favores de Dios. Su Dios, está listo para otorgar su amor eterno y compasivo a sus afligidos hermanos.

Y os restituiré los años que comió la oruga, la langosta, el pulgón, y el revoltón; mi grande ejército que envié contra vosotros (2:25).

Joel tenía un mensaje de esperanza en la hora de terrible calamidad. El arrepentimiento les había traído a la restauración tan completa como era posible, del favor divino. Ironsides dice: "¡Que lenguaje tan enérgico y directo es éste: mi grande ejército (de langostas) el cual envié. En la visión referida en el capítulo 1 los hebreos estaban en peligro, no solamente de olvidarse de la invasión de la langosta, sino de olvidarse de quién la había enviado. Dios las llama: su ejército, el cual envió contra la tierra, para la disciplina de su pueblo. Pero en la venida del día del Señor, día de bendición, él haría que se recuperara lo perdido en los días pasados."[4] Es bueno saber lo que Dios puede y quiere hacer para restaurar nuestras vidas para su propia gloria.

Y será que después de esto, derramaré mi Espíritu sobre toda carne... y será que cualquiera que invocare el nombre de Jehová, será salvo (2:28-32).

A las promesas de bendiciones materiales siguió la profecía del pentecostés con un cuadro de gloriosas bendiciones espirituales. Los ancianos y los jóvenes por su unción del Espíritu Santo, serían instrumentos especiales. Ellos tendrían una clara concepción de la verdad divina y estarían en condiciones de interpretar correctamente la voluntad de Dios al pueblo. Aun los esclavos serían favorecidos con esta señalada distinción en la recepción de este poder celestial. La universalidad de los propósitos de Dios son revelados a Joel, con lo que quedan prácticamente abiertas todas las puertas a las naciones, afirmándoles que no hay barreras levantadas de ninguna altura qué salvar, para todo aquel que invoque el nombre del Señor. Pedro habló de la promesa de Dios en Joel, como cumplida no solamente en pentecostés sino por cumplirse aún en un sentido más glorioso y completo (Hech. 2:17-21).

LECCIONES PRACTICAS DE VALOR PERMANENTE

1. La religión externa, no será tomada en ninguna consideración.

---

[4] *Notes on the Minor Prophets*, p. 127.

2. Los desastres sirven a los propósitos de Dios, para tornar al hombre al Señor y prepararlo para oír su voz.

3. Un sentido despierto de dependencia de Dios, produce una genuina experiencia religiosa.

4. El juicio sobre toda obra, es inevitable. Ningún hombre puede escapar a él.

5. El carácter del juicio, depende de la actitud del corazón. Puede ser un día de bendición, o un día de terror.

6. Las grandes calamidades nacionales, constituyen magníficas oportunidades para el arrepentimiento y la oración.

7. La única voz que puede ser oída, es la del corazón quebrantado.

8. Un arrepentimiento verdadero, da oportunidad a Dios para enviar bendiciones en lugar de calamidades.

9. Dios puede "restaurar los años que se ha comido la langosta."

10. La oración sincera trae promesas de bendición como la del pentecostés. (2:28; Núm. 11:29; Hech. 2:16).

11. Dios se deleita en incluir a los hombres de cualquier parte, en la gracia de su Espíritu Santo.

HAGGEO

520 A. de C.

En Jerusalem

El mundo pone cuidado y escucha, cuando un hombre viene y desafía a una nación a abandonar sus costumbres y sus hábitos ordinarios y a que se levante para edificar un templo magnífico para la adoración a su Dios. Haggeo puede muy bien catalogarse entre quienes más interés deben despertarnos por su sinceridad y porque fue un hombre inspirado de Dios, para realizar lo que humanamente nos hubiera parecido imposible. Él estaba capacitado para producir la chispa que pondría en pie a los judíos para trabajar en la reconstrucción de la Casa de Jehová.

LA EPOCA

En 586 A. de C., cuando Nabucodonosor capturó a Jerusalem, el templo antiguo fue completamente arrasado. Después de 70 años de la destrucción del templo y de estar en Babilonia, se les concedió el privilegio de regresar a Jerusalem, reconstruir la ciudad y el antiguo templo. Ciro no solamente les concedió el permiso ya aludido, sino que les dio dinero, recomendaciones y garantías para el trabajo.

Bajo la dirección de Zorobabel gran parte del pueblo volvió al hogar antiguo, trayendo consigo la orden de Ciro para hacer su obra de reconstrucción. Con entusiasmo, casi con vehemencia y caracterizada constancia pusieron los fundamentos del sagrado edificio. Sin embargo, su fogosidad sufrió pronto un lamentable descenso llegando casi a la inactividad, a causa de la oposición de sus enemigos los samaritanos y quizá de otros pueblos también y por el enorme esfuerzo que la obra misma estaba demandando. Cada familia terminó por interesarse en su propia casa y negocios privados. Por 16 años el trabajo del templo estuvo en el más completo abandono antes de que Haggeo volviera a insistir en la terminación de la Casa de Jehová. Es casi increíble que el pueblo haya esperado tanto tiempo en hacer aquello para lo cual vino del cautiverio.

A Ciro, el gran conquistador, le sucedió en el trono su hijo Cambyses. El suicidio de Cambyses acaecido en 522 A. de C., condujo al Imperio a una situación sumamente crítica. Media y Persia, juntamente con otros 20 grupos de gobernados, se independizaron del gobierno central. Por unos cuantos meses, un usurpador ocupó el trono. Pero poco a poco la poderosa mano de Darío el Grande restauró el orden en el caos. En la consolidación del Imperio entraron tantos elementos, que considerada la obra en su resultado final, fue sencillamente una tarea monumental. Podemos leer algunos de estos eventos y proezas en la roca de Behistún.

Durante los días en que Darío llegó al trono, los judíos trabajaban febrilmente en la construcción de sus propias viviendas. Pobres cosechas, sequías, oposición de los enemigos, el abandono en parte, de los negocios comerciales, los disturbios y la miseria provocaron algún conflicto a los que del cautiverio habían regresado con grandes y rosados sueños de prosperidad y sobre todo, con la buena idea de levantar un nuevo templo digno del Señor. Aun cuando fueron esclavos y afligidos, no habían hallado la verdadera felicidad ni habían alcanzado aquellas metas para las cuales con tan fervorosa ansiedad se habían inscrito en el regreso. De manera que la Casa de Dios estaba aun en ruinas. Zorobabel era el gobernante temporal y Josué fungía como Gran Sacerdote. Parece que estos guías selectos, no ejercían mucha influencia en el pueblo para lograr la edificación del templo, o ellos mismos habían descuidado el asunto. Fue necesario que Dios levantara a un profeta más, para exhortar al pueblo, al gobernante y al sacerdote, a poner manos a la obra. Haggeo y Zacarías estuvieron uno al lado del otro en esta importante tarea.

EL HOMBRE

Es muy poco lo que se sabe de este hombre, tan bien dispuesto a oír el llamamiento de parte de Dios, con un espíritu tan patriota. Posiblemente era ya un anciano (2:3), quien antes de venir a Jerusalem había vivido en Babilonia y regresado con los libertados. Algunos piensan que vivió en Jerusalem antes de 586 A. de C. Su nombre se halla asociado con el de Zacarías como el autor de algunos salmos, el 137 en la versión de los Setenta; 14 y 148 en la versión citada y en la Peshito. Amaba devotamente el templo y entendía y simpatizaba con el sufrimiento del pueblo que estaba careciendo de su casa de oración. Estaba profundamente convencido de que había alguna manera de hacer llegar la verdad a los hogares y estaba casi seguro de poder hallar el modo más efectivo, e indicado. En un estilo sencillo despojado de galas presenta su mensaje. En él había una nota de urgencia que llamaba la atención a una obediencia inmediata. Sin embargo, ni un orador, ni un poeta, ha logrado los resultados tan rápidos que él obtuvo. Las conciencias despertaron, los sentimientos fueron sacudidos y el trabajo se hizo.

Haggeo fue hombre de una idea. Dios lo había dotado de un ardiente celo y esto era, casi bastante. El pueblo, sin resistencia, siguió sus órdenes. De algún modo Dios lo capacitó poniendo en él tal gracia y piedad, que él a su vez logró inspirar el corazón de los hombres para la vital empresa de la reedificación.

Marcus Dods dice: "De ningún modo resulta cosa fácil persuadir a todo un pueblo a hacer sacrificios pecuniarios; a posponer sus intereses de carácter privado, para atender los públicos; lo más probable es que en esta breve obra del profeta Haggeo, tengamos una o dos pruebas a lo más, de la diligente y persistente determinación de parte del pueblo, de concluir el trabajo de reedificación."[1]

Ward dice también: "Haggeo fue un completo artífice. Posiblemente ningún otro profeta haya ido más directamente a su propósito; pugnante en su cristicismo y tan resuelto a alcanzar el propósito principal sin obstruir sus métodos o comprometer su personalidad. Agudiza sus flechas con desdén, les pone alas de sarcasmo y luego las dispara con tremenda fuerza hacia el blanco con certera puntería . . . Su deber era congregar las flamas del orgullo nacional y la piedad, con su ins-

---

[1] *Haggai, Zechariah, Malachi*, p. 46.

pirador aliento, para encender la hoguera del patriotismo y de la religiosidad."[2]

Bewer comenta: "En Haggeo influyó determinantemente el punto de vista de Ezequiel en cuanto a la necesidad e importancia del nuevo Templo en la comunidad y su temor de una profanación por extranjeros; y como él, prudentemente combinó los intereses sacerdotales y proféticos. Fue sin lugar a duda un gran profeta; pero su iniciativa práctica hizo mucho más valiosa su obra, porque con ello rindió un inestimable servicio a su pueblo. Su recuerdo, su vehemencia y entusiasmo se conservan frescos, no se han marchitado."[3]

Cadman dice: "Haggeo emergió de uno de los niveles bajos de la sociedad hebrea que vivían en un descontento general, con el fin de decir a sus compatriotas que el hambre que sufrían eran el resultado de que hubieran dejado de adorar al Señor . . . De manera simple, y sin pretensiones, el profeta se esforzó para reanimar las energías religiosas de Judá. El era un tradicionalista más bien que un pensador original, y la influencia de la casta sacerdotal es evidente en sus homilías . . . Carecía de la austeridad y del espíritu investigador de Jeremías, quien ya había declarado que una fe inmaculada debía ser completamente independiente de las ayudas que vinieran del exterior . . . Usó el lenguaje diario del pueblo corriente no para justificar su decaimiento religioso sino para atacarlo."[4]

Harrell agrega: "Haggeo no fue un hombre de ideas

---

[2] *Ibid.,* p. 283,292.
[3] *Ibid.,* p. 235.
[4] *Ibid.,* p. 196.

espaciosas, como las que caracterizaron el ministerio
de Amós, Isaías y Jeremías. La ocasión histórica, no era
para hombres de la talla de ellos y Dios levanta a sus
profetas según los tiempos y las circunstancias. La
grandeza de Haggeo descansa en esto: comprendió el
deber que estaba al alcance de su mano; inspiró a su
pueblo a afrontarlo con todo empeño. Aunque no ocupa un lugar de prominencia entre los grandes profetas, de cualquier modo es un hombre llamado, conducido y sostenido por Dios."[5]

EL LIBRO

El libro es una colección de cuatro pequeños artículos escritos entre la última semana de agosto y el 24
de diciembre del año 520 A. de C. Cada oráculo está
fechado específicamente. En la obra, se destaca un
sólo propósito principal: reconstruir el templo de Jehová, persuadiendo al pueblo a ejecutar la obra.

El primer oráculo, (1:2-11) contiene palabras de amonestación y de llamamiento a la acción. El fracaso había consistido en el miedo a los enemigos y en el egoísmo personal. Aquellos que se estaban absteniendo de
ayudar eran los que vivían en el lujo. Estos debían ser
castigados en alguna forma porque no habían hecho
honor a Jehová. Naturalmente, no podían esperar ni
regocijarse en Jehová, por cuanto habían postergado
los asuntos espirituales. El único modo de complacer a
Dios, era hacer el trabajo de reconstrucción de su casa
de una buena vez. La madera y las piedras, debían ser
traídas y preparadas a fin de evitar que la ira justa de
Dios cayera sobre ellos.

---

[5] *Ibid.,* p. 196.

El interludio histórico (1:12-15), describe los señalados efectos de su sonoro desafío. El gobernador, los
sacerdotes, el pueblo deben disponerse inmediatamente a hacer la voluntad de Dios. Esta fue la respuesta
inmediata y efectiva a su sermón.

El segundo oráculo (2:1-9), constituye un urgente
llamado impregnado de resolución y valor en la hora
del mayor desaliento. Algunos de los hombres más ancianos, cuando vieron que el nuevo templo no revesti-
ría la magnificencia y grandeza del templo de Salomón, se desalentaron. Este pesimismo trascendió a los
constructores, minando su entusiasmo original. Haggeo
vino comisionado por Dios, con un mensaje revelado,
indicando que nuevos recursos debían ser aplicados a
la nueva estructura. El Dios viviente estaría en su nuevo templo, y en él sería glorificado por todas las naciones. El propósito de Dios es glorificarse a sí mismo en
su Santuario. La alianza eterna prevalecía; el pueblo
podía confiar y esperar en Jehová su Dios, quien va-
ciaría sus abundantes bendiciones sobre ellos.

El tercer oráculo (2:10-19), contiene otra apelación
a la conciencia en adición al llamamiento hecho a la
paciencia. Haggeo oyó las quejas del pueblo, consisten-
tes en que las bendiciones ofrecidas no habían llegado
aún, a pesar de tener ya, tres meses trabajando. El profeta les manifiesta que por su negligencia la tierra había sido invadida y profanada. La corrupción se había
desparramado y profundizado en la vida del pueblo.
El mal se manifestaba con poder en todas partes des-
alojando la santidad donde la había. Su pecado no podía ser tan fácil y rápidamente expiado. Estos años de
negligencia, egoísmo y apatía, estaban considerados
como manchas imborrables todavía delante de Dios.

Si permanecían constantes en su trabajo y en su Dios siéndole fieles, ciertamente obtendrían la victoria. Los sucesos felices, las productivas cosechas y las bendiciones feraces de Dios, serían indudablemente posesión de ellos. El nuevo día de bendición se estaba acercando ya.

El cuarto oráculo (2:20-23), contiene un mensaje de esperanzas para el gobernador Zorobabel fundado en la seguridad de que él era el divinamente escogido para ocasionar las consiguientes derrotas de las naciones vecinas que procuraban obstruir la obra restauradora de Judá.

El era el representante de Jehová entre los pueblos de la tierra. Brillan con celestial fulgor, algunas promesas mesiánicas que traen nuevas esperanzas al desfallecido corazón del pueblo. En la hora de la fatal destrucción de las naciones vecinas, este heredero de David, estaría seguro como el escogido de Jehová. Le fue concedido a Israel el privilegio de resolver en cierto modo, por sí sólo, los arduos problemas del presente en la seguridad de que nuevos y mejores días le esperaban.

LECCIONES PRACTICAS DE VALOR PERMANENTE

1. Los deberes difíciles, deben ser afrontados con valor y decisión.
2. Un severo llamado al deber, es con frecuencia un buen tónico.
3. Un mensaje procedente de Dios, se traduce en acción.
4. No tenemos derecho a vivir en palacios mientras que la Casa de Dios está en ruinas.
5. Si las consideraciones materiales nos parecen ho-

nerosas, en relación con la Casa de Dios, más honeroso resultará rendir culto a la riqueza.

6. ¡Cuán serios y destructivos son los efectos finales del pecado! (2:10-19).

7. ¡Cuán fútiles son los esfuerzos humanos, cuando están divorciados del énfasis espiritual!

8. La mejor prueba de la oratoria, se halla en la acción que despierta y sostiene.

9. Una obediencia completa a Dios, es condición de acercamiento a él.

10. La grandeza y el esplendor, no constituyen necesariamente, la gloria verdadera.

11. El libro es una apelación permanente a los predicadores, a fin de que con entusiasmo y visión, emprendan grandes cosas para Dios.

ZACARIAS

520 A. de C.

En Jerusalem

Sería un honor muy señalado, poder ocupar un sitio al lado del anciano Haggeo y predicar con el estímulo que él lo hizo, cuando logró que su pueblo acometiera una tarea difícil. En estos días de prueba de 520 a 516 A. de C., Zacarías probó su valía en la empresa. Su apasionado entusiasmo por la terminación del templo, fue una poderosa apelación a los suyos, para llevarlos hasta la conclusión de la obra.

LA EPOCA

Darío el Grande, al ascender al trono de Persia, después de la sentida muerte de Cambyses en 521 A. de C., se halló con una multitud de problemas pendientes de resolución. El gran imperio estaba formado por varios reinos pequeños y tribus que fueron sometidos y gobernados por la férrea mano de Ciro y de su hijo Cambyses. La muerte del rey fue una señal de sublevación en todas partes del imperio. Las últimas 19 batallas importantes, fueron ganadas por Darío, antes de que pudiera asumir el gobierno a la cabeza del grupo de pueblos. A esto siguió un reinado de grande prosperidad bajo su dirección, que históricamente lo coloca entre los más destacados estadistas de la Historia.

Una serie de calamidades se había abatido sobre el pueblo judío, cuando Haggeo los llamó para la reconstrucción de la Casa de Jehová. Ante la presión enemiga y la falta de valor y entusiasmo del pueblo en el trabajo, dieron al traste con la obra. La palabra de Haggeo, aunque un tanto prosaica, había hecho sus efectos, pero se necesitaba otra voz después de la suya, para levantar el entusiasmo nuevamente que debería haberse conservado en ascenso constante hasta la terminación de la labor. Zacarías llega en el momento más oportuno para suplir la falta y para ayudar. Los dos profetas dieron un gran impulso a la obra, conservando el interés con su palabra y su ejemplo, haciendo que las manos continuaran en la obra a pesar de las dificultades. Esta fue una grandiosa empresa realizada en tiempos difíciles hasta su feliz conclusión en 516 A. de C.

EL HOMBRE

Posiblemente Zacarías nació en el destierro y muy joven aún, vino con los repatriados, bajo la dirección divina, con la tarea específicamente encomendada de ayudar con su predicación y su presencia a los constructores. La significación de su nombre parece ser: "Aquel a quien Jehová recuerda." Su alma sensible, era extrañamente movida por el penoso convencimiento de que la casa de Jehová aun estaba en ruinas. Cuando Haggeo comenzó a predicar, no pudo mantenerse en silencio por más tiempo. Ardientemente y sin más reticencias, unió su ayuda a la de su gran amigo. Dios lo había llamado y ya era hora de comenzar a predicar.

Así que se consagró a la honrosa tarea de proclamar su mensaje.

No reprendió al pueblo, no lo condenó ni lo censuró acremente. Con vivos colores y clara imaginación, pinta la intervención de Dios fortaleciendo y auxiliando a los suyos. Las palabras inspiradoras fluyen liberalmente de sus labios. Sus esperanzas de un nuevo reino, descansan en los pilares de la fe, de sí mismo y de su pueblo, así como en el fiel cumplimiento de los deseos divinos. La obediencia traerá consigo las bendiciones prometidas.

Ward dice de Zacarías "Boyante y celoso, tenía el alma de un artista y el ojo de un observador. Consideraba comunes sus deberes, iluminándolos con la luz de su ingenio. Confortó a los hombres con los pensamientos clementes de Dios y con las recompensas preparadas para su pueblo escogido. Proclamó el advenimiento de una época áurea con el cumplimiento de las promesas de Dios."[1]

Cadman dice: "La profecía de Zacarías no es tanto un mensaje de índole emocional, cuanto una producción literaria tal vez comparada con algunos de los más notables dramas de la edad Media. Sus méritos artísticos son admirables, pero carecen de la persistente apelación a la regeneración y el arrepentimiento, elementos característicos inseparables de la profecía hebrea."[2]

James agrega: "Zacarías no estaba interesado solamente en la construcción del templo, sino también en las viviendas del pueblo. Cuando habla acerca del an-

---

[1] *Ibid.*, pp. 298,306.
[2] *Ibid.*, p. 142.

tiguo pueblo de Israel recreándose a la luz del sol, de los niños y niñas jugando en la calle; cuando invita a los hombres a ser fuertes y a no temer nada, pero que edificaran; cuando da la bienvenida a todas las naciones a la Casa de Dios, entonces es cuando lo comprendemos. Era muy humanitario y su buena influencia fortaleció las relaciones humanas, por lo menos en su día."[3]

Harrell comenta: "Los oráculos de Zacarías, lo revelan como un personaje simpático y atractivo. Estaba empapado de la enseñanza de los profetas anteriores a él y su espíritu se había bañado muchas veces en la enseñanza de ellos. En su calidad de hombre enviado por Dios, cumplió con fidelidad su misión delante de su pueblo. Ninguno de los profetas menores escribió tanto como él. Manifiesta una gran afición por las visiones y los símbolos, los cuales parece que acudían en tropel a su fogosa imaginación. Sus ideas, sin embargo, son en lo general, simples y prácticas."[4]

EL LIBRO

El libro contiene tres secciones naturales. La primera comprende los capítulos 1 al 6 en los que se halla una serie de visiones encaminadas a alentar a los constructores a seguir su obra. Se encuentran en estos capítulos también, advertencias y promesas. La segunda sección, está formada por los capítulos 7 al 8 y contiene un discurso sobre el ayuno, como respuesta a una pregunta procedente de Bethel. Contiene amonestaciones en el sentido de que todo hombre debe renunciar a

---

[3] *Ibid.*, p. 412.
[4] *Ibid.*, p. 197.

meras formas exteriores del culto y a vivir una vida
verdaderamente religiosa y moral. La tercera sección
abarca los capítulos 9 al 14 que describen un pintoresco
y hermoso porvenir para la nación hebrea. Dios, el pastor de Israel, ha sido rechazado por su pueblo y es menester que sufra grandes tribulaciones todavía; pero
pasadas éstas, vendrán días gloriosos de restauración
espiritual y supremacía moral, entre todas las naciones
de la tierra.

Brice divide el libro en esta forma:[5]

1 al 6 Visiones de restauración.

7 y 8 Oráculos de apelación.

9 al 14 Revelaciones del destino de Israel.

Capítulos uno al seis. Un grupo de visiones encaminadas a impartir aliento a los fatigados obreros del templo, haciendo que lleven su obra, hasta la conclusión.

La apelación inicial (1:1-6). Es uno de los llama-
mientos más fervorosos y patéticos al arrepentimiento,
que se registra en el Antiguo Testamento. El pueblo se
había desentendido de las instrucciones de los profetas
y habían fallado casi por completo en vivir de acuerdo
con la voluntad divina. Podían estar completamente seguros de que la voluntad de Dios, menospreciada por
ellos, indicaba que muy pronto se desencadenarían sobre ellos amenazas y juicios. Era menester que comprendieran, y que lo comprendieran bien, que el único modo de obtener los favores divinos, era obedecer
realmente los preceptos de Dios y proceder inmediatamente al arrepentimiento.

Las visiones (1:7 al 6:8). Fueron enviadas a un pue-

---

[5] *Ibid.*, p. 120.

blo cansado, desmoralizado y escéptico en virtud del
trabajo y de la tardanza en el cumplimiento de las
promesas dadas por Haggeo. Dios ratifica esas promesas por mediación de Zacarías, exhortándolos a levantarse y dar cima a la obra.

1. Los Jinetes—(1:7-17) (Rev. 6:1-11). Estos cuatro jinetes que habían cumplido· su deber recorriendo la
tierra, regresaron informando que estaba en completa
paz, a causa de la presencia de Jehová.

2. Los Cuatro Cuernos y los Cuatro Carpinteros —
(1:18-21). Zacarías miró a los cuatro poderes más hostiles que habían peleado contra Israel esparciéndole.
La fuerza bruta, será al fin reducida a la impotencia.

3. El Hombre con la Medida en su Mano—(2:1-13).
Esta visión significa que el Señor había de aumentar
la población de Jerusalem haciéndola habitar en paz.
La población debería aumentarse a tal grado, que habría necesidad de ensanchar el sitio de la ciudad y
eliminar los muros, porque Dios sería muro para la
ciudad y protección segura.

4. Josué es Acusado por el Adversario — (3:1-10). Dejando a la ciudad ahora se torna al pueblo. Josué, con
sus ropas convertidas en harapos, es un tipo representa-
tivo del pueblo. Es perdonado, purificado, ungido y
vestido ricamente; pues en su exaltación es un tipo de
Cristo.

5. El Candelero de Oro y las Dos Olivas—(4:1-14).
Esta visión es enviada para infundir valor al gobernador Zorobabel. Es ciertamente ungido por Dios como
príncipe y dotado de poder procedente del Señor, para
su trabajo. Josué y Zorobabel los dos caudillos ungidos
por Dios son canales por los cuales Dios haría descender sus bendiciones a su pueblo escogido. La luz del

templo jamás se extinguiría, porque "no por ejércitos ni por espadas, se alcanzaría la victoria sino por el Espíritu de Dios."

6. El Rollo Suspendido en el Espacio — (5:1-4). Antes de que Israel pudiera recibir las bendiciones prometidas, debería limpiarse y purificarse. Las reformas religiosas y las enmiendas de carácter espiritual y moral, debían preceder a las bendiciones de prosperidad. Los pecadores y sus pecados, debían ser expulsados de la tierra de Israel.

7. La Mujer Sentada en la Epha — (5:5-11). El pecado, personificado en una mujer, fue puesto en aquel recipiente y transportado hasta la tierra de Shinar. Cuando el templo sea concluído, el pecado debe ser desterrado tan lejos, como sea posible. Esta visión y la que le antecede, indican el cumplimiento de la promesa divina en el capítulo 3:9, en donde se dice: "Yo removeré la iniquidad de la tierra en un día."

8. Los Cuatro Carros — (6:1-8). Estos caballos poderosos que salían arrastrando carros de entre los montes, simbolizaban los vientos de los cielos dominados completamente por la mano de Dios, como ejerce dominio en la distribución de sus promesas. El pueblo podía estar seguro del fiel cumplimiento de los ofrecimientos divinos y de aquellas naciones adversarias serían destruídas y que su pueblo descansaría en completa paz.

La escena de la coronación (6:9-15). De fino oro y reluciente plata recientemente traídos de Babilonia, construyeron una corona, poniéndola en la cabeza de Josué el Gran Sacerdote. Este acto constituyó una definida predicción del reino Mesiánico de gloria y de paz. Los oficios de Rey y Sacerdote, se fundieron en Jesús.

Algo sobre el autor y la fecha del libro. Desde 1632 D. de C., los eruditos han estado en desacuerdo en cuanto a los capítulos 1 al 8 y 9 al 14. Se ha admitido generalmente que estas dos secciones pertenecen a distintos autores. En los capítulos 1 al 8 el autor habla en primera persona, el estilo es didáctico, en lugar de apocalíptico, casi cada párrafo se refiere claramente a los eventos ocurridos entre 521 y 518 A. de C.; hay visiones en las cuales los ángeles desempeñan una parte importante. En los capítulos 9 al 14, no se menciona el nombre del autor, no se usa la primera persona, la ciudad de Jerusalem aparece amenazada con un sitio. No se determinan fechas, el método es apocalíptico, no se mencionan en ella ángeles ni visiones, tampoco se hace referencia a la construcción del Templo.

No esperamos por supuesto, aclarar el asunto ni agotarlo, pero fuera de toda cuestión podemos provechosamente ocuparnos de la obra escrita de Zacarías. Si los capítulos 9 al 14 fueron escritos por Zacarías, seguramente que los produjo fuera del período a que los primeros se refieren. Bajo la dirección del Espíritu Santo, pudo haber escrito estos capítulos finales en su vejez, describiendo la venida del reino del Mesías. El se encargó de preparar el camino, por el cual debía transitar en solemne grandeza el Rey de reyes.

IDEAS DISTINTIVAS

1. *Una consideración acerca de los planes de Dios en el mundo.* Zacarías quedó sorprendido de la participación que los profetas tuvieron en la comunicación de la verdad divina al mundo. Los profetas habían muerto

ya, pero los propósitos de Dios sobre su pueblo, conti-
nuaban realizándose total o parcialmente. El Señor
deseaba que sus representantes escogidos se arrepin-
tieran y se apartaran de la maldad que había devorado
a sus padres, en tiempos pasados. Para Zacarías, la palabra de Dios era algo más que una tienda de anti-
güedades históricas. Ella era para él un eterno presente
y testigo de la presencia de Dios en la experiencia humana. El propósito de Dios es ayudar al hombre y en
ese sentido encamina todos sus esfuerzos.

2. *El anchuroso mundo, conquistado para el reino
de Dios* (2:11; 6:15; 8:23 y 14:16). Zacarías captó algunas de las enseñanzas de los profetas del exilio y predijo el crecimiento del reino. En lugar de una ciudad
edificada en los antiguos fundamentos y una religión
que correspondiera con exactitud a la anterior al exilio, concibe el plan de Dios que comprende a multitudes, teniendo como propósito céntrico el establecimiento de una religión espiritual, cuya influencia individual se dejara sentir en términos de universalidad.
La ciudad no tendría necesidad de fortificaciones guerreras ni de armamentos de ninguna especie porque
Dios era su fortaleza, de modo que en plena seguridad
podían habitar en ella, los hombres, las mujeres, los ancianos y los niños.

3. *La venida del Mesías* (2:10; 6:12; 9:9-17; 11:4-14;
12:10; 13:7-9 y 14:8). La descripción de la venida del
Mesías hecha por Zacarías, estruja el alma. Este gran
Rey, vendría como el Príncipe de Paz (9:9,10) vindi-
cado, victorioso y humilde. Vendría triunfante y sin embargo, en son de paz. En lugar de montar un brioso
corcel, cabalgaría sobre un humilde pollino, usado por

el hombre, por el rey y por el noble, en misiones de trabajo y de paz.

Observemos algunas expresiones importantes, tales como: "Pesaron para mi salario, 30 piezas de plata, y tomélas y echélas en la Casa de Jehová, al tesoro. Fuí herido en la casa de mis amigos; el que comió pan conmigo levantó su mano contra mí; y mirarán al que traspasaron; heriré al pastor y las ovejas serán esparcidas," y las referencias al reino Mesiánico y al Buen Pastor, señalan hacia la vida, el Ministerio y muerte de nuestro Señor.

4. *La Soberanía de Dios (14:7-11)*. Finalmente, el gran conflicto y la gloriosa victoria venidera de Israel. Los triunfos temporales obtenidos por los enemigos de Dios, palidecerán y quedarán olvidados, cuando el Mesías con todo su poder y gloria ponga a todos sus enemigos por estrado de sus pies y establezca su reino en Jerusalem. Sión, como la capital, será la ciudad Santa de Dios.

LECCIONES PRACTICAS DE VALOR PERMANENTE

1. La predicación dinámica tiene poder peculiar para restaurar la fe decaída.
2. Dios dará torrentes de bendición a los edificadores de su Casa.
3. La gloria verdadera de la ciudad estará en su devoción por el Dios vivo.
4. El pastor que oye la voz de Dios, alimenta, guía y guarda al rebaño.
5. Para el alma piadosa es gozo el saber que la luz de Dios nunca le faltará.
6. El ayuno será una cosa completamente inútil, si el corazón está lejos de Dios.

7. Un templo es necesario para el desenvolvimiento integral de la vida universal.

9. Es de vital importancia para todo seguidor del Señor, mantener la esperanza y el optimismo, sabiendo que él no faltará.

10. Zacarías tenía un señalado ideal para su ciudad: "Jerusalem será llamada la ciudad de la verdad."

MALAQUIAS

435 A. de C.

En Jerusalem

Tenemos ante nosotros a otro hombre de Dios, que se pronunció contra las frías e inútiles formas exteriores del culto y contra lo que en la vida religiosa no era sino una farsa y una pantomima. En una oposición dinámica, el profeta asume la pesada, peligrosa y difícil tarea de hacer volver al pueblo sobre sus pasos antiguos, a la religión verdadera y espiritual, requerida por Dios. En sus valerosas censuras a los sacerdotes, se destaca como un héroe. Por el curso y naturaleza de sus cargos y acusaciones contra el pecado y contra los hombres, no dejaba lugar a duda de la dirección divina sobre él y de que era un hombre escogido por Dios para aquella hora.

LA EPOCA

Casi nada se sabe de la pequeña comunidad judía de Jerusalem desde la dedicación del templo tenida en 516 A. de C., hasta la venida de Nehemías, en 445 A. de C. Por más de 60 años los libros permanecen cerrados y las crónicas y los anales históricos, guardan completo silencio. Esdras vino de Babilonia con otro pequeño grupo de repatriados judíos en 458 A. de C., pero la información que se da acerca del pueblo, es escasísima. Darío permaneció en el trono persa desde 521 hasta 485 A. de C. Lo substituyó en el cargo, Jerjes, desde 485 hasta 465 A. de C. Su hijo Artajerjes reinó de 465 a 435 A. de C. En los días de éste, acometieron los medo-persas contra los griegos, para lograr el supremo dominio de todo el mundo conocido entonces. En 490 A. de C., el gran caudillo griego Milcíades, derrotó a los persas en las planicies de Marathón en una de las más grandes batallas por el dominio del mundo. En 480 A. de C., los griegos consumaron su memorable batalla de las termópilas, donde destruyeron la poderosa flota persa en Salamina. Jerjes perdió a Europa como dominio y lo mejor de sus ejércitos en la batalla de Platea en el año siguiente. Estas victorias militares de los griegos, pusieron los cimientos para el advenimiento de la cultura griega en su edad de oro. Pericles nació precisamente cuando se libraban las batallas de Marathón. Sócrates vino al mundo 20 años después. La república romana se estableció definitivamente en 509 A. de C. Europa estaba ya en condiciones de llegar a ser el árbitro de los asuntos del mundo, en lugar de Asia.

En Jerusalem, la situación era grave. Las bendiciones prometidas de parte de Jehová por medio de Haggeo, así como por Zacarías no se habían cumplido. El pueblo había incrementado su despreocupación religiosa y los asuntos espirituales dejaron de interesarle. Ningún otro profeta se había levantado para interpretarle la voluntad de Dios; con la pérdida de las emociones espirituales de la religión de Jehová, el pueblo se hizo cínico, escéptico e impío. Cuando vino Esdras, el brillante escriba de la Ley, de la Capital persa, trajo consigo muchos de los pergaminos y rollos de las escrituras sagradas, pero falló finalmente en hacer volver al pueblo a la vida verdaderamente piadosa.

En el año 445 A. de C., Nehemías, un prominente judío y miembro de la corte de Artajerjes fue enviado a Jerusalem para reconstruir los muros que habían estado en ruina desde que Nabucodonosor tomó la ciudad en el año 587 A. de C. A pesar de la oposición de propios y extraños, los muros fueron levantados y la ciudad puesta a salvo de los ataques del enemigo. Nehemías, en su carácter de gobernador logró reunir en torno de sí a un grupo compacto de pueblo, dispuesto a cooperar con él obedeciendo sus disposiciones. Como gobernador de la ciudad, podía, haciendo uso de su autoridad, introducir las reformas necesarias a que hubiera lugar. Hay indicios de que él retornó a Persia en el año 433 A. de C., regresando algún tiempo después.

El pueblo estaba por este tiempo en un grave problema de carácter económico, que ejercía una enorme presión sobre él. Las cosechas eran escasas, las plagas, sistemáticamente destrozaban los campos; los demás frutos de la tierra se malograban. Los sacerdotes estaban enfrascados en una lamentable degeneración produciendo este estado de cosas un escepticismo profundo en el pueblo. La nación estaba quejándose contra Jehová lamentando su triste situación; rehusaba pagar los diezmos y llevar las ofrendas al templo. Eran los poderosos, responsables de muchos pecados sociales y casi todos se habían hecho culpables contra los preceptos divinos y las costumbres de Israel; se habían mezclado con los pueblos vecinos en matrimonio gentílicos. El divorcio era una de las faltas más comunes. Los mandamientos de Dios eran cosa olvidada, la vida diaria era de una calidad moral sumamente baja. Las alianzas que establecieron con las naciones vecinas en materia comercial, para poder subsistir, envolvían otra variedad de obligaciones que hicieron deprimentes para Israel aquellos convenios. La adoración había degenerado en un vacío e indecente formulismo. Los nobles de la tierra, que deseaban derivar, o derivaban provecho de la religión, pero que no estaban dispuestos a pagar el precio, causaron muy serios problemas. La conducta reprobable de los nobles y de los sacerdotes, produjo perniciosa influencia en toda la comunidad. Cada quien disputaba libre y neciamente sobre la autoridad de Dios y los métodos divinos. Todos estos asuntos constituyeron una seria situación de desafío para el siervo de Dios. Malaquías era el hombre indicado para una época tan crítica como esta.

EL HOMBRE

Malaquías fue un intrépido reformador que habló muy directo a los poderes de su día, sin ningún titubeo y sin embarazo alguno. Su nombre significa: "Mi mensajero", esto está en armonía con la referencia en 3:1 en ausencia de cualquiera otra referencia concerniente al autor. Sabemos que todavía por el siglo II de nuestra era, se consideró como nombre propio. El Targum, asigna el libro a Esdras. La versión de los Setenta dice: "Es un oráculo de la mano del Señor contra Israel, enviado por medio de su 'mensajero'. Nunca se ha logrado saber si la palabra Malaquías es nombre propio, o se escribe en lugar del nombre. No sabemos tampoco, si sea un nombre conveniente para todos. Si el nombre fue éste, posiblemente le fue dado en ocasión de su llamamiento al oficio profético. Afortunadamente, la identificación del autor no es esencial para establecer la autenticidad del mensaje.

Podemos estar completamente seguros de que fue un hombre de rigurosas convicciones, de una personalidad influyente y distinguida y que se enfrentó valerosamente a toda persona que despreció el Templo y las cosas del Espíritu con indiferencia y descuido. Era Malaquías, uno de esos hombres de Dios que ardía en celo por las cosas del Señor y completamente dispuesto a introducir toda suerte de reformas capaces de garantizar el derecho y la justicia para todos y traer a su nación al verdadero culto del Dios vivo. Posiblemente Nehemías influyó determinantemente en él, para establecer la justicia y la rectitud en el pueblo hasta donde esto fue posible. Es probable también, que su mejor trabajo lo haya hecho cuando Esdras y Nehemías emprendieron su grande obra de reformas religiosas y durante su regreso de éste a Persia.

Harrell dice de él: "Su libro es el discernimiento analítico de un Maestro con la apasionada apelación de un evangelista. Se puede ver entre líneas, la perspicacia y la sutilidad de un alma sensible en contacto con un pueblo sordo y negligente hacia sus obligaciones religiosas."[1]

Ward añade: "Si bien es cierto que carece de originalidad y de la profundidad vista en otros de los profetas anteriores, ciertísima cosa es también, que poseyó un indiscutible poder para medir sus fuerzas con el mal y oponerse a la ola de abusos que en todos los órdenes de la vida se estaban cometiendo. Sin desmayar a causa de sus adversarios, aunque eran muchos y podero-

---

[1] *Ibid.*, p. 205.

sos, Malaquías, con indómita bravura, se dispuso a presentar batalla en cualquier lugar y a cualquier hora, en que el enemigo pretendiera atacar. No temía al hombre, por que temía a Dios. Como con espadín de doble filo, fustigó a los hogares gentílicamente formados, y con una rara habilidad desenmascaró a la hipocresía quitándole también las vestiduras a la maldad, con las que los sacerdotes la habían cubierto."[2]

Farrar describe a Malaquías: "Como la última ráfaga de luz en la puesta del sol de la profecía hebrea. Fue como un atardecer lleno de arreboles, que clausura un día; pero es también, como una mañana brillante que inicia un nuevo amanecer lleno de promesas y pleno de gloriosas esperanzas."[3]

Cohon comenta: "A los jactanciosos escépticos de sus días, Malaquías responde con una reafirmación de su propia fe en el justo Dios. En los registros de su libro, ha dejado una huella imborrable de su fe; y cuando venga el día de la gran separación, él formará parte del número de los justos. Posiblemente 'Malaquías' no fue el nombre real del profeta, pero resulta completamente acertado que tal nombre le haya sido puesto al hombre con cuyas palabras concluye el Cánon profético."[4]

Smith agrega: "El autor de Malaquías, se pone a cuestas la enorme tarea de infundir valor a su pueblo para su misión histórica y para restaurar su fe. Reconoció con claridad el estado de ánimo de sus contemporáneos y atrajo a todos los que pudo, a su propio nivel. El mismo estaba henchido de entusiasmo santo y su vida estaba dominada por una fe proveniente de lo invisi-

---

[2] *Ibid.,* p. 327.
[3] Citado por Farley, p. 275.
[4] *Ibid.,* p. 212.

ble. Estos méritos personales del profeta hicieron que su recuerdo se mantuviera fresco en la mente de su pueblo."[5]

EL LIBRO

El libro de Malaquías difiere en muchos sentidos de los otros tratados proféticos. El no presenta ciertos sermones o disertaciones independientes, sino que se lanza a una argumentación con sus contemporáneos. Podemos ver y escuchar la manera como sus oyentes responden a su predicación al aire libre, con comentarios, preguntas, objeciones y excusas. El maestro polemista toma en consideración cada objeción contestándola antes de pasar a otra. Los sacerdotes y el pueblo, son acusados de crímenes específicos, mientras que la réplica de la maldad, cual débil eco, vuelve sobre el profeta. Al través de toda la obra, describe el amor divino de Dios, revela la falta de fe e ingratitud del pueblo, llama frecuentemente al arrepentimiento verdadero, contesta a los escépticos, insta a que abandonen la impiedad común y corriente y hace una larga serie de promesas gloriosas para todos aquellos que se conserven fieles.

En los capítulos 1 al 2:9, describe la grandeza del amor de Dios hacia Israel. En los 2:17 al 4:6, discute la equidad divina. Contra el pueblo que negaba tanto la equidad de Dios así como su justicia, su propia personalidad era un irrefutable argumento. A aquellos que dudaban del amor de Dios, les señaló los privilegios que estaban disfrutando. Otras naciones permanecían en ruinas, mientras que Judá disfrutaba de las bendi-

---

[5] *Ibid.*, p. 215.

ciones de Dios. Tal amor y cuidado de parte de Dios, debería constituir un poderoso llamamiento a sentir gratitud y a un servicio gozoso. En lugar de enfado y decepción, deberían mostrar disposición para las cosas sagradas del templo y los requerimientos del ritual divino. Los sacerdotes habían conducido al pueblo extraviadamente. Ellos debían ser los maestros de la nación (2:7). Dios está demandando mayor santidad personal. Estaba necesitando con urgencia intérpretes capaces y fidedignos de su palabra ante el pueblo ignorante. Esta era una demanda que entrañaba una tremenda acusación contra los hombres escogidos de Dios como representantes suyos ante el pueblo. Estos directores de la nación, habían conducido equivocadamente al pueblo y como falsos guías de los ciegos, habían llegado a ser viles y despreciables a los ojos de Dios y a los de los hombres.

Cuando los hombres comprendieron que sus ofrendas no eran aceptadas en el altar, Malaquías les recordó que un Dios santo no aceptaba ofrendas ni sacrificios que procedieran de las manos de quienes viviendo en el pecado, que eran culpables de divorcio o de haber contraído nupcias con mujeres gentiles. A la vista de Dios, estas eran prácticas abominables. Cuando uno vive en abierta rebeldía con Dios y está imbuído en el pecado, no espere que Dios sonría a sus presentes y sus sacrificios. Malaquías sabía mucho del amor divino por el hogar legítimamente formado y de la sagrada unión del matrimonio.

Los hebreos, por otra parte, eran culpables del robo, de la fidelidad y amor que le debían a Dios. Este amor y fidelidad demandados de Dios, debían manifestarse en un fervoroso servicio activo y permanente. Los judíos, en consecuencia, habían robado a Dios más de lo que ellos mismos podían entender. Este era otro tremendo cargo. Las acusaciones fueron seguidas de advertencias muy serias. Tal actitud y tal conducta, tenía que traer sobre ellos, consecuencias muy graves. Dios tenía que sanear, limpiar, reprender y castigar a su pueblo, antes de que llegara a ser digno de sus bendiciones.

Las exhortaciones a volver a Dios por medio de un sincero arrepentimiento incluían algunas cosas. Debían desistir de robar a Dios. Deberían suplir a todos los gastos que demandaba el sostén de la Casa de Dios. Los diezmos y las ofrendas debían ser traídos religiosamente al Santuario. Los corazones deberían ser limpios y rectos, de manera que los labios purificados, pudieran elevar oraciones aceptables al Señor. Dios estaba dispuesto y hasta ansioso de poner a prueba la honestidad de sus seguidores, antes y después de darles sus bendiciones. Las ventanas de los cielos se habían cerrado, desde mucho tiempo atrás. Un torrente de bienes celestiales estaba listo para ser vaciado sobre todos los que se dispusieran a amar a Dios otra vez. El profeta ratifica la seguridad del bienestar y felicidad que habrían de reinar sobre todos los que procedieran a un verdadero arrepentimiento para con Dios y una completa renunciación al pecado. Aquello sería un nuevo día para el pueblo del Señor.

LECCIONES PRACTICAS DE VALOR PERMANENTE

1. Dios ama y bendice al hogar, cuando es puro, limpio y feliz.
2. El divorcio, fuera de la única causa bíblica, es una abominación para Dios y una calamidad social.

3. La falta de sinceridad en la adoración es una ofensa a Dios.

4. El pueblo de Dios, debe ser celoso del santuario.

5. La impaciencia conduce con frecuencia a falsas acusaciones contra Dios.

6. Quien vive en el pecado, no espere agradar a Dios, ni siquiera con costosos sacrificios.

7. El descuido y la indiferencia en la adoración, son los primeros escalones en la declinación de la vida religiosa.

8. La laxitud en los deberes religiosos del culto, es indicación de apatía espiritual.

9. El descuido en las relaciones espirituales con Dios y la pérdida de la moralidad, producen la muerte.

10. La temperatura espiritual, se mide por nuestra respuesta personal a las demandas divinas.

11. Las ideas bajas y pobres que los ministros tengan acerca de Dios, afectarán la vida de sus feligreses.

12. Cuando un ministro de Dios falla en el hecho de enseñar la verdad y en el estudio de la misma, y además es inmoral, el pueblo sufre hondamente.

13. Una religión barata, o que nada cuesta, y los sacrificios ofrecidos con mala disposición, son desagradables a Dios.

14. Cada persona ha de decidir, "si el gran día de Jehová" será para ella la bendición y paz, o de grande tribulación.

15. Dios tiene bendiciones incontables, reservadas para aquellos cuya fidelidad es antes probada.

16. En lugar de pregonar nuestras dudas a otros, hablemos en secreto con Dios, que puede resolverlas y guiarnos hacia la paz, la verdad y la felicidad.

BIBLIOGRAFIA

Bewer: *The Literature of the Old Testament.*
Brice: *Seers of Israel.*
Cadman: *The Prophets of Israel.*
Cheyne: *Hosea.*
Cohn: *The Prophets.*
Cornill: *Prophets of Israel.*
Crafer: *The Book of Hosea.*
Davidson: *Old Testament Prophecy.*
De Wette: Citado por Scroggie en *Know Your Bible.*
Dods, Marcus: *Haggai, Zechariah, Malachi.*
Driver: *Joel and Amos.*
Eiselen: *The Prophetic Books of the Old Testament.*
Farley: *The Progress of Prophecy.*
Farrar: Citado por Farley.
Gordon: *The Prophets of the Old Testament.*
Gordon: *The Rebel Prophet.*
Green, J. L.: Tesis: *The Problem of Unity in Micah.*
Harper: I. C. C., *Amos and Hosea.*
Harrell: *The Prophets of Israel.*
Ironsides: *Notes on the Minor Prophets.*
James: *Personalities of the Old Testament.*
Kennedy: *Hastings' Bible Dictionary.*
Kirkpatrick: *The Doctrine of the Prophets.*
Leslie: *Old Testament Religion.*
Macartney: *Wrestlers with God.*

Machiavelli: Citado por Gore en *The New Commentary on the Holy Scriptures.*

Montefiore: *The Bible for Home Reading.*

Merrill: *Prophets of the Dawn.*

Morgan, G. Campbell: *Voices of Twelve Hebrew Prophets.*

Osterley and Robinson: *An Introduction to the Books of the Old Testament.*

Pusey: Citado por Farley en *The Progress of Prophecy.*

Robertson, James: *International Standard Bible Encyclopedia.*

Robinson, George L. *The Twelve Minor Prophets. phets.*

Robinson, T. H. *Prophecy and the Prophets.*

Robinson and Osterley: *And Introduction to the Books of the Old Testament.*

Sampey: *Syllabus for Old Testament.*

Sellin: *Introduction to the Old Testament.*

Smith, George Adam: *The Book of the Twelve Prophets.*

Smith, J. M. P.: *The Prophet and His Problems.*

Storr: *From Abraham to Christ.*

Taylor: *Elijah.*

Walker: *Men Unafraid.*

Ward: *Portraits of the Prophets.*

Wiener: *The Prophets of Israel.*

INDICE DE NOMBRES Y LUGARES

Los nombres de los profetas que se discuten en este libro no están en el índice. Véase la Tabla del Contenido, Pág. vii.

INDICE DE LECTURAS BIBLICAS